U0115691

国家出版基金项目
NATIONAL PUBLICATION FOUNDATION

『十四五』时期国家重点出版物出版专项规划项目

『"一带一路"沿线国家教育研究书系』

王英杰　刘宝存　主编

India
....

王建梁

著

印
度
教
育
研
究

广西教育出版社　南宁

图书在版编目（CIP）数据

印度教育研究 / 王建梁著 . -- 南宁：广西教育出版社，2023.3
（"一带一路"沿线国家教育研究书系 / 王英杰，刘宝存主编）
ISBN 978-7-5435-9280-3

Ⅰ.①印… Ⅱ.①王… Ⅲ.①教育研究－印度 Ⅳ.① G535.1

中国国家版本馆 CIP 数据核字（2023）第 050248 号

印度教育研究
YINDU JIAOYU YANJIU

策　　划：廖民锂
责任编辑：潘　安
责任校对：陆婳澄　何　云
装帧设计：李浩丽
责任技编：蒋　媛

出 版 人：石立民
出版发行：广西教育出版社
地　　址：广西南宁市鲤湾路 8 号　邮政编码：530022
电　　话：0771-5865797
本社网址：http://www.gxeph.com
电子信箱：gxeph@vip.163.com
印　　刷：广西民族印刷包装集团有限公司
开　　本：787mm×1092mm 1/16
印　　张：18.75
字　　数：290 千字
版　　次：2023 年 3 月第 1 版
印　　次：2023 年 3 月第 1 次印刷
书　　号：ISBN 978-7-5435-9280-3
定　　价：59.00 元

（如发现图书有印装质量问题，影响阅读，请与出版社联系调换。）

序

2013 年，习近平总书记提出共建"丝绸之路经济带"和"21 世纪海上丝绸之路"的重大倡议（以下简称"一带一路"倡议）。2015 年 3 月 28 日，我国政府正式发布《推动共建丝绸之路经济带和 21 世纪海上丝绸之路的愿景与行动》。建设"丝绸之路经济带"和"21 世纪海上丝绸之路"（以下简称"一带一路"），是党中央、国务院主动应对全球形势深刻变化、统筹国内国际两个大局做出的重大战略决策。"一带一路"建设秉持和平合作、开放包容、互学互鉴、互利共赢的理念，全方位推进与沿线国家的务实合作与交流，打造政治互信、经济融合、文化包容的利益共同体、命运共同体和责任共同体，促进沿线国家经济繁荣发展，加强文明交流共享，促进世界和平发展，全面推动人类命运共同体建设。

"一带一路"贯穿亚欧非大陆，沿线各国资源禀赋各异，经济互补性较强，彼此合作的潜力和空间很大，合作的主要内容是实现沿线各国之间的政策沟通、设施联通、贸易畅通、资金融通、民心相通（以下简称"五通"）。在推进"一带一路"建设和促进人类命运共同体建设的进程中，教育有着举足轻重的地位，承担着独特的使命，发挥着基础性、支撑性、引领性的作用。所谓基础性作用，主要是指教育是"五通"的基础，特别是民心相通的基础。沿线国家历史文化不同，宗教信仰各异，政治体制多样，地缘政治复杂，经济发展水平不一。因此，"五通"首先要民心相通。要实现民心相通，主要是通过教育，促进"一带一路"沿线国家人民的相互了解、相互理解、相互信任、相互尊重，增进彼此间的友谊。所谓支撑性作用，主要是指教育特别是高等教育具有人才培养、科学研究、社会服务、文化交流等多种职能，可以通过其知识优势、智力优势、人才优势为"一带一路"倡议提供全方位的支持，为探索和建设新的国际合作以及全球治理新模式贡献宝贵智慧。所谓引领性作用，则是指教育不但要与"五通"的方向和要求相一致，而且必须优先发展，为其他方面的发展奠定坚实的基础。

因此，2016 年，教育部牵头制订了《推进共建"一带一路"教育行动》，通过积极推动教育互联互通、人才培养培训合作和共建丝路合作机制，对接"一带一路"沿线各国意愿，互鉴先进教育经验，共享优质教育资源，聚力构建"一带一路"教育共同体，形成平等、包容、互惠、活跃的教育合作态势，促进区域教育发展，全面支撑共建"一带一路"。"一带一路"教育共同体建设，要求加强对"一带一路"国家和区域的教育体系的研究，实现我国与沿线国家教育发展的战略对接、制度联通和政策沟通，实现区域教育治理理论的突围及重建，构建兼顾统一性与差异性的区域教育合作框架，构建科学的教育合作和交流机制，并在教育体系方面做出相应的制度安排及调整。"一带一路"沿线地域广袤，除了中国，还涉及东亚、东南亚、南亚、西亚、中东欧、中亚等地区的 65 个国家，这些国家在政治制度、经济发展、文化传统等方面都存在较大差异，因此也导致教育体系上有很大差异。我国在制定相应教育合作政策时不可能采取"一刀切"的粗放式做法，必须根据各个国家教育体系的实际情况采取差异化政策，有效实现与"一带一路"沿线国家的教育战略对接、制度联通、政策沟通。然而，客观地讲，我们对"一带一路"沿线国家的教育发展情况了解不多。传统上，由于改革开放后我国教育制度重建和经验借鉴的需要，以国外教育为主要研究对象的比较教育学科长期聚焦美国、英国、法国、德国、俄罗斯／苏联、日本等少数几个国家，即使是在 20 世纪 90 年代以后逐渐扩大研究对象国，澳大利亚、加拿大、新加坡、韩国、印度、芬兰、瑞典、挪威、西班牙、荷兰、南非、巴西等国相继被纳入研究范围，关于大多数"一带一路"沿线国家教育的研究仍然处于简单介绍的阶段，对于不少国家的研究仍然处于空白状态，严重影响了我国与"一带一路"沿线国家的教育合作与交流，影响了"一带一路"教育共同体的建设。

正是在这样的大背景下，我们申报了教育部哲学社会科学研究重大课题攻关项目"'一带一路'国家与区域教育体系研究"并成功获批。该课题是一项关于"一带一路"国家与区域教育体系的综合性研究，根据课题设计，研究内容虽然也包括关于"一带一路"国家与区域教育体系的基本理论，但是重点在于对东亚、东南亚、南亚、西亚、中东欧、中亚等地区的国家和区域教育体系的研究，了解不同国家的教育文化传统、现行学制和教育行政管理制度、最新教育政策、教育合作及交流政策与需求，弄清区域组织的教育政策及其对各国教育体系影响的途径与机制、区域内主要国家对区域教育政策及其他国家教育体系影响的途径与机制以及不同区域教育体系的基本特征。在国别与区域研究的基础上，课题进行"一带一路"国家与区域教育体系的比较研究，分析"一带一路"国家和区域教育文化传统、教育制度、教育政策、教育发展水平的共同性与差异性，弄清"一带一路"国家和区域教育体系的共同性与差异性的影响因素。在比较研究的基础上，课题再聚焦"一带一路"教育共同体建设的理论构建与战略选择，讨论"一带一路"教育共同体建设的理论突围、区域和全球教育治理理论模型构建、兼顾统一性与差异性的教育合作框架构建，我国与"一带一路"沿线国家的教育战略对接、制度联通和政策沟通，面向"一带一路"共同体建设的教育合作和交流机制构建，我国在教育体系上的制度安排与调整等政策性问题。

该课题的研究工作得到广西教育出版社的大力支持。广西教育出版社出于出版人的社会责任感和使命感，与我们联合策划了"'一带一路'沿线国家教育研究书系"，选择28个"一带一路"沿线国家开展系统研究，每个国家独立成册，分辑出版。为了全面反映"一带一路"沿线国家教育的全貌，并体现丛书的特征，我们统一了每册的篇章结构，使之分别包括研究对象国教育的社会文化基础、历史发展、基本制度与政策、学前教育、基础教育、高等教育、职业教育、教师教育以及教育改革走向。在统一要求的同时，各册可以根据研究对象国教育的实际情况，适度调整研究内容，使之反映研究对象国教育的特殊性。

"'一带一路'沿线国家教育研究书系"涉及国家较多，既有研究相对薄弱，在语言、资料获取等方面也困难重重。我们有幸获得一批志同道合者的大力支持，他们来自国内外不同的高等院校和研究机构，在百忙之中承担了各册的撰写任务，使得丛书得以顺利完成，在此我们谨向各册作者表示崇高的敬意和衷心的感谢！

"'一带一路'沿线国家教育研究书系"的出版，只是我们"一带一路"国家和区域教育体系研究的阶段性成果，粗陋之处在所难免，且各对象国研究基础存在差异，各册的研究深度也难免有一定差距，希望得到各位专家学者的批评指正。我们也衷心希望在"一带一路"教育领域涌现更多、更高水平的研究成果，为"一带一路"倡议的实施和"一带一路"教育共同体的建设提供有力的支撑，为教育学科特别是比较教育学科的繁荣发展赋能。

王英杰　刘宝存
于北京师范大学
2022 年 2 月

前　言

　　印度 2020 年通过《国家教育政策 2020》(National Education Policy 2020)，计划到 2040 年将印度教育体系建设成为世界一流的教育体系。我国学术界对印度教育的相关研究虽不能全然说无，但在面临百年未有之大变局、构建人类命运共同体的大背景下，仍然是不足的，亟须加大力气和加强力度。

　　改革开放以来，我国对于印度教育的研究开始勃兴。20 世纪 80 年代，我国著名比较教育和外国教育史专家马骥雄教授发表了关于印度教育的文章，曾向东教授编著的《印度现代高等教育》是目前见到的关于印度教育的第一本著作。之后的代表性人物为赵中建教授和安双宏教授。赵中建 1990 年完成了博士论文《独立后印度教育研究》，后以《战后印度教育研究》出版，2007 年又出版了《印度基础教育》。安双宏 2001 年完成了博士论文《论影响印度高等教育质量的几个因素》，之后可以说是专门研究印度教育，又撰写多本著作，包括《印度基础教育管理体制的多视角研究》(2010)、《印度教育战略研究》(2013)、《印度教育公平战略及其实施成效研究》(2015)。除了赵中建、安双宏两位外，其他涉足印度教育的学者多属偶一为之，长期坚守的尚不多见，所见著作大致有马加力《当今印度教育概览》(1994)、王长纯《印度教育》(2000)、宋鸿雁《印度私立高等教育发展研究》(2010)、杨洪《印度弱势群体：教育与政策》(2011)、沈有禄《中国、印度基础教育比较研究》(2011)、闫亚林等《印度高等教育发展研究：20 世纪 80 年代至今》(2011)、杨思帆《当代高校与高技术产业的联结研究：印度案例》(2014)、刘筱《印度工程技术教育发展研究》(2016)、杨洪等《印度教育制度与政策研究》（2020）、王建梁《印度教育治理研究》（2020）。就上述成果而言，多数是专题性研究，全方位、整体介绍的只有赵中建《战后印度教育研究》、马加力《当今印度教育概览》、王长纯《印度教育》、杨洪等《印度教育制度与政策研究》。前三本时间较久远，第四本又偏重于制度与政策研究，所以仍然需要一本采用最新资料的印度教育著作。

本书共分十章，对印度教育进行了全景式的扫描解读，并加以深度的阐释。本书认为教育受其他社会系统的影响，因此第一章从历史基础、社会基础、文化基础对印度教育的生存土壤进行概括。第二章分为四个阶段，勾勒了印度教育的历史进展。教育制度是认识一个国家教育的基础，因此第三章从学校教育制度、教育行政管理制度以及对印度教育影响重大的三大国家教育政策分析了印度的基本教育制度与政策。第四章到第九章从管理与实施、课程与教学、保障体系等方面依次细致剖析了印度的学前教育、初等教育、中等教育、高等教育、职业教育和教师教育。第十章在系统总结印度教育特色和经验的基础上，指出印度教育存在的问题和挑战，并展望了印度教育的发展趋势。

地理环境、政治经济体制、语言、宗教信仰、种姓制度等都影响着印度教育的面貌，传统哲学思想、古老的文学艺术是印度教育思想的渊源。此为第一章——印度教育的社会文化基础。

与印度历史分期相一致，印度教育的发展历史可以划分为古代、中世纪、殖民地时期和独立后。古代印度教育以宗教教育为鲜明特色，婆罗门教教育、佛教教育、印度教教育都兴盛一时。中世纪教育则以伊斯兰教教育为主，印度教教育处于附属地位。殖民地时期，则以英国教育为模板，逐步形成资本主义教育制度。独立后，印度教育走上了自主发展的道路，以重视高等教育和教育公平为其突出特色。此为第二章——印度教育的历史发展。

经过七十多年的发展，印度基本形成了"10+2+3"的教育体系，根据《国家教育政策2020》，未来将变更为新的教育体系——"5+3+3+4+3"。印度的教育管理制度，为联邦和各邦相结合的制度。《国家教育政策》对印度教育的改革与发展有着重要的引领作用。此为第三章——印度教育的基本制度与政策。

独立后，印度学前教育长期不受重视，直到1974年《国家儿童政策》颁布才有所改变。1975年，儿童综合发展服务项目标志着印度开始重视学前教育。目前印度学前教育的主管机构为妇女和儿童发展部。《国家教育政策2020》对学前教育进行了重大改革，把3～6岁的学前教育与初等教育的一、二年级重构为基础阶段。此为第四章——印度学前教育。

印度初等教育在独立之初就由宪法规定为义务教育，但直到21世纪以后，才实现普及。初等教育的管理以邦为主，分为两个阶段，初级小学和高级小学，主要课程包括语言、数学、科学、社会科学、艺术、健康与体育、和平教育。为了解决辍学率较高、教育质量不高的状况，印度重点实施了多种保障计划。未来，印度初等教育的发展，强调培养学生的21世纪技能。此为第五章——印度初等教育。

印度中等教育共4年，分初中2年和高中2年。中等教育由各邦进行管理，当前，印度中等教育的类型多样，私立中学占比较高，达到60%以上。印度中等教育倡导跨学科学习和体验式教学。此为第六章——印度中等教育。

印度高等教育具有悠久的历史，那烂陀大学是世界上最古老的学府之一。独立后，高等教育一直是印度发展的重点。目前，印度高等学校数量排名世界第一，学生规模仅次于中国，印度理工学院享誉世界。高等教育由联邦和各邦共同管理，大学享有自治权，大学拨款委员会对高等教育的发展影响巨大。近年来，印度高度重视跨学科人才的培养，出台了多个世界一流大学建设计划。此为第七章——印度高等教育。

　　职业教育是印度教育体系中最为薄弱的一环，由联邦教育部、技能发展和创业部共同管理。职业教育的学校形式主要有工业训练学校、多科技术学校、高中职业班、大学和学院。印度职业教育存在的最大问题是高中阶段职业学生的比例仅 10% 左右。未来，印度职业教育的发展任重道远。此为第八章——印度职业教育。

　　印度非常重视教师教育，教师教育由联邦和各邦共同管理，国家教育研究与培训委员会、全国教师教育委员会具体负责。实施机构包括综合大学教育系、高等教育学院、县教育与培训学院、教师教育学院。2021 年颁布的《〈国家教育政策 2020〉实施计划》要求，到 2030 年，中小学教师全部拥有四年制综合学士学位，并且制订新的教师教育课程框架。此为第九章——印度教师教育。

　　经过独立后七十多年的发展，印度教育取得了世界瞩目的成绩，呈现出重视传统文化、语言教育复杂多样、理工学院独树一帜、附属学院规模庞大的特色，形成了弥足珍贵的经验：优先发展教育，构建立体的教育治理体系，重视教育公平，国家教育政策指引教育发展。作为人口数量巨大的发展中国家，印度教育也存在着问题和挑战：义务教育辍学率居高不下，高等教育缺乏国际吸引力，职业技术教育发展不尽如人意，教育公平的成效未达预期。《国家教育政策 2020》立志打造世界一流的教育体系，从持续巩固基础教育成果，着力解决教育公平问题，强力推进高等教育国际化，优先培养技能人才，全面推动教育信息化方面持续发力。此为第十章——印度教育的改革走向。

王建梁

2021 年 11 月

目 录

第一章
印度教育的社会文化基础

印度历史悠久，地缘辽阔，是世界四大文明古国之一，也是南亚次大陆最大的国家，在东北部同中国接壤。公元前2500年至前1500年，印度河文明产生，以青铜文化为特征的城市文化开始出现。公元前1500年左右，原居住在中亚的雅利安人中的一支进入南亚次大陆，之后创立了婆罗门教。公元前4世纪崛起的孔雀王朝统一印度，公元前3世纪阿育王统治时期达到鼎盛，将佛教定为国教。公元4世纪笈多王朝建立，形成了中央集权大国。中世纪，印度进入小国林立阶段，印度教兴起。1526年建立莫卧儿帝国，成为当时世界强国之一。1600年英国开始入侵印度，1757年印度沦为英国殖民地。1947年6月，英国通过"蒙巴顿方案"，将殖民地分为印度和巴基斯坦两个自治领。同年8月15日，印度宣布独立。1950年，印度成立共和国，由此开启了政治、经济、文化等的复兴之路。

　　印度教育源远流长，从最初的吠陀学校，到佛教教育、伊斯兰教教育，再到英国殖民统治时期近代教育体系的初步建立，独立之后建设有特色的印度教育制度，均体现了在不同历史时期政治、经济、文化传统的影响下，印度教育的不断更迭与发展。在漫长的历史进程中，印度创造并积累了丰富、璀璨的文化，为教育的发展培育了丰沃的文化土壤和良好的传统。因此，要深入了解印度教育发展的来龙去脉，必然要回溯其历史传统，探究其现代教育体制建立与发展的历史、社会和文化基础。

第一节　印度教育的历史基础

印度是世界四大文明古国之一，其传统文明对世界历史文化的发展曾经具有强大的辐射力。本节主要聚焦于印度历史发展的基本脉络，呈现印度主要历史时期的政治和经济概况及特征，以全面了解印度教育发展的历史背景。

一、古代印度

印度作为世界上著名的文明古国，在公元前几十万年便已出现人类活动。在公元前 2500 年至前 1500 年，印度河流域文明产生，农业、手工业和商业贸易在这一时期已有所发展，促进了古代印度早期城市以及阶级社会的形成。

公元前 1500 年左右，雅利安人进入南亚次大陆，古代印度进入了吠陀时代。其中，约公元前 1500 年至前 900 年为早期吠陀时代，约公元前 900 年至前 600 年为后期吠陀时代。在吠陀时代，阶级社会和国家逐渐形成，种姓制度和婆罗门教也随之产生。在婆罗门教主导时期，家庭教育占据重要地位，教育目的除传授基本的生活知识、生产技能、风俗道德之外，最主要的是传授《吠陀》。公元前 8 世纪前后，随着知识和经验的日益丰富，口耳相传的家庭教育已不能满足人们的需求，因此，吠陀学校、"古儒"学校、"陀尔"学舍相继出现。[①]

公元前 6 世纪至前 4 世纪，印度进入列国时代。这一时期，各国之间为争夺领土纷争不断。在经济方面，恒河流域逐渐成为贸易和政治活动中心，农业、手工业和商业得到进一步发展。商品经济的发展也诱发了阶级、

---

① 马加力.当今印度教育概览［M］.郑州：河南教育出版社，1994：2-4.

种姓之间的尖锐矛盾。在意识形态层面，该时期各种思潮涌现，反对婆罗门教和反对婆罗门的特权地位成为各教派斗争的焦点[①]，佛教和耆那教应运而生，成为具有强大影响力的新教派。佛教的广泛传播对印度教育产生了重要影响，佛教寺院成为主要教育机构，学习内容以佛教经典为主，教学方法主要包括口授、诵记、讨论、辩经等，也强调以地方语言进行讲授。

公元前 327 年，马其顿国王亚历山大率军侵入印度西北部地区，虽给南亚次大陆带来了损害，但也在一定程度上拓宽了印度与欧洲的联系通道，希腊文明进入印度，印度的哲学、宗教思想、数学、天文学知识也传播到了欧洲。

约公元前 321（一说前 324）年，印度历史上第一个统一的奴隶制大帝国——孔雀王朝建立，实行君主专制制度，国王为最高统治者。该时期，农业、工商业和对外贸易均较为发达，佛教发展迅速，教育仍受佛教统治。阿育王去世后不久，孔雀王朝开始衰落。孔雀王朝灭亡后，印度陷入四分五裂的状态，直到公元 1 世纪上半叶，贵霜王国建立。贵霜王国统治者为加强统治，大力推崇佛教，大乘佛教也在这一时期产生。公元 3 世纪后，贵霜王国分裂，后于 5 世纪灭亡。从孔雀王朝灭亡到贵霜王国灭亡这一阶段，是印度奴隶制瓦解、封建制形成的时期。公元 1 世纪左右，古典梵语文学作为印度主要的一种文学类型开始产生，故事、传记等文学形式也开始出现并发展。

二、中世纪印度

古代印度时期，政权的争夺基本属于内部的矛盾。进入中世纪后，笈多王朝的建立为南亚次大陆部分地区创造了较长时期的和平安定局面，但在经过一个多世纪的繁荣后，6 世纪笈多王朝分崩离析，统一的印度再次分裂。在印度内部分裂割据、战争不断之际，阿拉伯人于 7 世纪末开始进攻印度。由于遭到外来入侵，印度在政治体制、土地制度、宗教等各方面均发生了全局性变动。

---

① 林承节.印度史：修订本［M］.2 版.北京：人民出版社，2014：28.

（一）德里苏丹国（1206—1526 年）

13 世纪，德里苏丹国在印度建立，共历五朝，分别为奴隶王朝（1206—1290 年）、卡尔奇王朝（1290—1320 年）、图格拉克王朝（1321—1414 年）、赛义德王朝（1414—1451 年）、罗地王朝（1451—1526 年）。德里苏丹国建立了具有印度特色的伊斯兰教体制，以苏丹为最高行政首脑，并将伊斯兰教作为国教。这一时期，伊斯兰教教育逐步取代佛教教育，初级学校和高等教育机构出现。

（二）莫卧儿帝国（1526—1857 年）

德里苏丹国的最后一个王朝灭亡后，印度建立起新的伊斯兰教国家——莫卧儿帝国。莫卧儿帝国的统治体制与德里苏丹国有一定的相似之处，但也有显著的不同点。1560 年，阿克巴自理国政，成为莫卧儿帝国杰出的君主，在他的领导改革下，莫卧儿型的统治体制形成，具体体现为王权至上的半世俗政体和强有力的中央集权。在宗教方面，阿克巴吸取了德里苏丹国灭亡的教训，实行宗教平等政策。在经济方面，开始鼓励农村兴办水利，并实行地税改革，这对国家财政的充实以及农业的发展起到了重要推动作用。在文化教育方面，莫卧儿帝国的统治者们均重视教育，使得这一时期的教育机构和设施日益完善，学校数量之多也超过了此前历史上任何一个时期。阿克巴对教育的发展做出了重要贡献，通过颁布鼓励政策建立了大量的伊斯兰教学校和印度教学校，并实行政府资助，将地理、历史、数学和天文等列入教学内容[1]。同时，在宗教宽容政策导向下，教育机构中的教派界限开始被打破，且妇女教育在某些阶层也开始广泛存在[2]。但直到莫卧儿帝国灭亡，印度教育均附属于宗教。

三、殖民地时期

随着莫卧儿帝国由盛转衰，印度内乱纷起，欧洲各国的殖民势力开始进入印度，葡萄牙、荷兰、英国和法国均将势力伸向印度。最后，英国统治了印度，并把印度作为殖民地，给印度近现代发展打上了深深的英国烙印。

---

[1] 林承节.印度史：修订本［M］.2 版.北京：人民出版社，2014：152.

[2] 马加力.当今印度教育概览［M］.郑州：河南教育出版社，1994：6.

（一）英国殖民统治时期

1600 年，英国东印度公司（British East India Company）成立，获得皇家特许状，享有好望角以东的贸易垄断权，最初目标在于垄断东方至欧洲的香料贸易，但在荷兰的掣肘下，决定将扩张目标转向印度。17 世纪初至18 世纪后半期，葡萄牙和荷兰相继退出印度舞台。在莫卧儿帝国积弱不振的情况下，英国、法国矛盾日益突出，在经过长期的商业竞争后，终于兵戎相见。1746—1763 年的三次英法争夺印度的卡纳蒂克战争将法国在印度的军事和政治势力极度削弱，英国在巩固和扩大在印度的殖民统治方面再无掣肘之忧。整个 17 世纪和 18 世纪初叶，英国主要靠不等价贸易掠夺印度。随着莫卧儿帝国的灭亡，殖民者开始谋求直接掠夺，并尝试实行武力征服政策。19 世纪初期，英国开始着手把印度变为自己产品的销售市场。1813 年，英国取消了东印度公司对印度的贸易垄断权，为英货倾销印度敞开大门。19 世纪中期，英国殖民统治在印度全面确立。

在殖民统治时期，印度固有的教育制度遭到破坏，西方教育开始引进，从客观层面推动了印度社会和文化的进步和发展。最开始是传教士以及殖民者自发办教育，引进西方教育。1813 年，英国国会指示东印度公司为印度教育采取有效措施，次年，东印度公司第一次宣布为印度教育支付 10 万卢比，这标志着官方办教育的开端。从 1835 年起，英殖民政府在印度创办了一批近代学校和学院。1854 年，《伍德教育急件》提出：要建立从小学到大学相互衔接的完整教育体系；不能以英语取代印度语言；在各管区城市设立大学，并实行附属学院制。1857 年，印度第一所大学——加尔各答大学仿照伦敦大学的模式创立。之后，以英国教育模式为参照的资本主义教育制度在印度逐渐发展起来。[①]

（二）民族解放运动与印巴分治

随着西方教育在印度的广泛推行，印度在 19 世纪初涌现出一批代表民族资产阶级和新兴地主阶级利益的知识分子，他们基于对印度社会的落后和殖民统治的不合理性的认识，开始维护民族利益，开展社会改良运

---

① 马加力. 当今印度教育概览［M］. 郑州：河南教育出版社，1994：6-10.

动，于是在各地建立起一批进步组织。①1885 年，印度的第一个资产阶级政党——国民大会党（简称"国大党"）建立，其最初目的在于维护本国的民族利益，但随着国大党的政治活动范围和影响力的不断扩大，其逐渐成为印度要求民族独立的代言人。1908 年，孟买 10 万工人举行了 6 天政治总罢工，成为 1905—1908 年斗争运动高潮的最高点。这场抵制运动虽以失败告终，但意义重大，标志着印度民族的觉醒。自从 1908 年运动失败后，印度民族运动陷入低潮，并一直延续到第一次世界大战。

第一次世界大战期间，在世界各地高涨的民族解放运动浪潮的推动下，印度人民同英国当局展开了争取民族自治的斗争。1920 年 9 月，国大党在加尔各答举行了具有历史意义的国大党特别会议，制订了"非暴力不合作计划"。在此计划中，莫汉达斯·卡拉姆昌德·甘地（也称圣雄甘地）规定运动采取渐进的方式，分为三步：第一步，放弃英国授予的爵位、封号和名誉职位；第二步，罢课、离职、抵制法院和司法机关，并辅以家家户户恢复手工纺织和不买英国布；第三步，逐步走上抗税阶段。②1922 年 3 月，圣雄甘地被捕，第一次非暴力不合作运动以失败告终，民族运动跌入低谷。1929—1933 年，世界性经济危机爆发，印度的民族解放斗争再度出现高潮。1930 年，圣雄甘地再次领导人民开展了一场规模更大、斗争更激烈的不合作运动，称为文明不服从运动。但由于民族力量分散，未能真正地在大范围内组织农民抗税，此次不服从运动仍然以失败告终。1935 年，印度共产党与国大党结成统一战线。1939 年，第二次世界大战全面爆发，英国统治者未与印度人协商就宣布印度参战，从而引发了印度各民族主义组织的反抗浪潮。

1945 年，世界反法西斯战争取得胜利，印度人民满怀希望，政治积极性空前高涨。这一年，全印度发生了 884 次罢工，要求结束殖民统治。迫于形势，英政府宣布在印度建立民选"临时政府"。1946 年，孟买海军起义爆发，标志着英国统治开始分崩离析。印度民族斗争开始在多条战线展开，并形成席卷全国之势。群众运动与国际上反帝反殖民斗争的蓬勃发展，

---

① 朱昌利.当代印度［M］.昆明：云南大学出版社，2016：96.

② 张延玲，隆仁.世界通史：第 5 卷［M］.图鉴版.海口：南方出版社，2000：2150.

迫使英国政府做出接受印度独立要求，准备移交政权的决定。1947 年 6 月，英国驻印度最后一任总督路易斯·蒙巴顿提出"蒙巴顿方案"，即印巴分治方案。在该方案基础上，英国议会通过《印度独立法》，提出在印度建立印度和巴基斯坦两个自治领。同年 8 月 14 日，巴基斯坦自治领宣告成立，8 月 15 日，印度自治领宣告成立。

这一时期，印度教育也有一定发展，形成了包含初等教育、中等教育、高等教育的较为完备的资本主义教育体系。民族教育运动期间，各级各类教育得到了整顿提升，特别是在 20 世纪 20 年代以后，印度的高等教育蓬勃发展，作为高等学府的大学纷纷建立，到 1947 年独立之时，大学数量已达 20 所，各类学院已达 626 所，入学人数近 20 万人。[①]

四、独立后发展

1947 年印度的独立是印度人民经过长期艰苦卓绝的斗争的结果，它为印度在政治、经济、文化等方面的发展提供了有利的条件，开辟了广阔的前景。独立后，印度逐渐成为世界舞台上一支重要的力量。

（一）自治领时期

1947 年 8 月 15 日，《印度独立法》生效，标志着印度自治领政府的成立，自治领政府成员在总督主持下宣布就职，由尼赫鲁任总理。自治领政府建立之初，为保证政府机构的正常运转，基本保持了旧时殖民统治机构，并将旧政府文官全部留任。1948 年，自治领政府开始对文官制度和军队领导体制实行改革，要求军队服从民选政府的领导。在司法系统层面，1949 年，联邦法院成为印度司法的最高权威。在这一时期，印度自治领政府也担当起了发展经济的重任，确定了经济增长、社会公平和自力更生的经济发展总目标，确立了将混合经济体制作为经济发展体制，并确定实行计划经济和改革土地关系的原则。在外交政策上，印度自治领政府奉行独立自主的外交政策，以维护独立自主为最高利益，并以不结盟为基本原则。就对外关系而言，印度首先是选择继续留在英联邦之内，与英国和英联邦国家建

---

① 马加力.当今印度教育概览［M］.郑州：河南教育出版社，1994：9.

立友好关系，其次则是发展与美国的关系。1950 年 4 月，印度与中国建交。[①]

印度自治领政府成立后，尼赫鲁和帕特尔领导制宪工作，1950 年 1 月 26 日，印度宪法正式生效，宪法规定印度结束其自治领地位，成为独立的共和国，其主权完整不再受任何阻碍。在政治体制方面，宪法规定实行联邦制和议会民主制，立法、司法和行政三权分立。[②]

（二）尼赫鲁时代

1951 年底，印度举行共和国首次大选，国大党获胜，组成了以尼赫鲁为总理的第一届政府。尼赫鲁作为国大党主要领导人，从 1951 年直至 1964 年逝世，执政长达 13 年之久，这在印度历史上被称为"尼赫鲁时代"。[③] 在尼赫鲁执政期间，印度政府在政治、经济、社会等领域开展了诸多改革。

第一，尼赫鲁提出，建立社会主义社会的目标，对统一全党认识，明确发展方向，加速国家发展建设十分必要。[④] 由此，以尼赫鲁为代表的国大党政府将建立社会主义类型社会作为国大党甚至全国目标，以期建立社会主义的、民主的共和国。

第二，基于社会主义发展目标，印度政府指出了计划经济的重要性，开始着手制定与国情相适应的经济发展战略。1951 年 4 月，印度开始实行第一个五年计划，并于 1956 年结束，其目标在于发展农业，增产工业原料，解决由于印巴分治所引发的经济失衡问题。1956 年和 1961 年，印度第二个和第三个五年计划相继执行，两项计划均执行由印度数理统计学家马哈拉诺比斯提出的印度经济发展的战略模式，"二五"计划所规定的发展指标大部分得以实现，但仍存在农业发展幅度较小，农村失业群体庞大等问题。在"三五"计划期间，印度基本建立起完整的工业体系，但在农业方面实施效果并不显著，失业人口也有增无减。

第三，在宗教层面，政府大力推行世俗化政策，即实现政治与宗教分离，坚持各宗教平等；取消印度教内的种姓压迫和妇女压迫。1954—1956 年，

---

① 林承节.印度史：修订本［M］.2 版.北京：人民出版社，2014：347-349.

② 林承节.印度史：修订本［M］.2 版.北京：人民出版社，2014：350-353.

③ 朱昌利.当代印度［M］.昆明：云南大学出版社，1995：133.

④ 林承节.印度史：修订本［M］.2 版.北京：人民出版社，2014：357.

议会通过了一系列法案（合起来被称为《印度教个人法法典》），以此提高表列种姓、表列部落的地位，以及印度教妇女的地位。

第四，在教育层面，在1948年和1952年，印度政府先后任命了以拉达克里什南为主席的大学教育委员会和以马达利尔为主席的中等教育委员会，分别就印度高等教育和中等教育的状况进行调查研究，并对今后各自的发展提出了详尽的建议，这对20世纪50年代至60年代中期印度高等教育和中等教育的改革和发展起了指导性的作用。这一时期，政府也着力改革殖民时期的学制，旨在建立符合印度政治、经济发展目标的学制体系。[①]

第五，在语言方面，1956年8月，议会通过了邦改组法，按语言划分原则将印度重新分为14个邦和6个中央直辖区，解决了印度大语种的划邦问题。到20世纪60年代中期，按语言原则建邦的工作基本完成。为实现宪法规定的在1965年以前用印地语取代英语成为官方语言的目标，政府于1956年成立了官方语言委员会，但遭到广大非印地语民众的反对。1959年，官方语言委员会提出折中方案，建议在印地语成为官方语言后，仍保留英语为第二官方语言。然而，印地语的推广工作仍遇到很大阻力。1962年，议会不得不宣布无限期延长官方语言的更替期限。[②]

（三）英迪拉·甘地执政时期

继尼赫鲁逝世和夏斯特里的短期执政之后，英迪拉·甘地（也称英·甘地）于1966年赢得大选，担任印度共和国的第三任总理，也是第一位女总理。除了1977—1979年人民党的短期执政外，在英·甘地执政的十多年中，她坚持尼赫鲁制定的印度发展目标和方向，为印度的发展进步以及国际地位的提高做出了诸多努力。

首先，在农业方面，英·甘地继续执行上一任总理夏斯特里的农业发展战略，并实行绿色革命，旨在通过增加农业投资，借助现代生物技术来提高农业生产率，这可谓是英·甘地执政期间的最大贡献。

其次，在经济发展方面，英·甘地第一次执政时期的政策虽有重大失误，但在第二次执政时期，她从实践中总结教训，开始调整经济发展政策。

---

① 赵中建.战后印度教育研究［M］.南昌：江西教育出版社，1992：49-58.

② 朱昌利.当代印度［M］.昆明：云南大学出版社，1995：134.

英·甘地执政期间，由于经济增长速度缓慢，并未如她所许诺的那样在消除贫困和改善下层人民生活上取得显著成就，但她采取的多项措施（如诸多的扶贫计划，加强对小农的信贷支持，把解决下层人民饮水、住房等最迫切的问题提上日程，通过降低土地持有最高限额标准征收更多土地分配给无地农民等）实行力度较大，在改善下层人民的处境方面确实收到较大成效，这也正是广大下层人民对她抱有较大好感的原因。[①]1969 年，在实行了三个年度调整计划后，印度第四个五年计划开始实行，继续执行马哈拉诺比斯提出的战略模式。在"四五"计划的头两年里印度经济向好发展，然而，1971 年爆发的印巴第三次战争致使印度经济骤然恶化，"四五"计划未能如期完成。英·甘地在第二次执政期间，总结经验，重新制定"六五"计划（1980—1985 年），以全力提高经济增长率，加大推进现代化的力度，缓解贫困和失业问题等。最终，"六五"计划收到了良好效果，基本实现了预期指标。

最后，在教育方面，政府于 1968 年在印度教育委员会（即科塔里委员会）调查报告的基础上，制定了印度独立以来的第一个国家教育政策——《国家教育政策 1968》，该政策为印度教育改革提供了总体设想，是印度教育发展的纲领性文件。政策中提出了改革与重建印度教育的建议，具体从教育体制、结构、内容、学制等 17 个方面出发，对印度教育重建做出了原则规定。1976 年，印度宪法修正案决定将教育的管理由邦政府负责改为联邦政府和邦政府共同负责，以期通过教育职权的转移来加强对教育的领导。[②]第六个五年计划也对教育发展做了相关规定，联邦将将五年计划开支的 2.6% 左右的经费用于教育，旨在提供平等的受教育机会，普及中小学教育，扫除文盲，提高教育质量。[③]

（四）拉吉夫·甘地执政时期

1984 年 10 月 31 日，英·甘地遇刺身亡，为稳定局势，国大党中央议会局决定由拉吉夫·甘地担任总理一职，该决定也于同年 11 月 2 日得到国

---

① 林承节.印度独立后的政治经济社会发展史［M］.北京：昆仑出版社，2003：589.
② 林承节.印度独立后的政治经济社会发展史［M］.北京：昆仑出版社，2003：589-590.
③ 方广锠，刘学成，孙士海，等.印度［M］.上海：上海辞书出版社，1988：284-285.

大党全印委员会的一致通过，随后选举他为国大党主席。由此，拉吉夫·甘地成为尼赫鲁家族的第三任总理。作为熟知世界科技和经济发展潮流的年轻总理，拉吉夫·甘地在 1984 年对全国的广播讲话中提出了"建立一个 21 世纪的印度"和"建设一个有希望的伟大的印度"的口号。[①]在执政期间，拉吉夫·甘地转变了政府官僚作风，在政治、经济、科技和教育等领域实施了诸多改革举措。

在政治领域，拉吉夫·甘地力图转变政治腐败和行政效率低下的局面。1985 年，通过了反倒戈法，旨在以政治倒戈为切入点，推动政治清廉化。拉吉夫·甘地也采取行动以改变选举过程中的不正之风。在 1984 年大选确定国大党候选人名单时，他将品德、服务态度列为选择的重要标准。1988 年，拉吉夫·甘地政府提出了人民代表法案，规定有违法行为者不得被提名为议员候选人。此外，他对政府机构进行了重组，以减少机构重叠和分散，并对政府工作提出了"目标明确、讲究效率、注重效果、以实绩论赏罚"[②]的准则。

在经济领域，拉吉夫·甘地提出要打造属于印度的工业体系，发展强大的、独立的民族经济。对此，拉吉夫·甘地放宽经济管制，发挥私营企业在经济发展中的作用，并放宽进出口限制，采取措施引进外资和国外先进技术，强调将高科技作为经济发展的强大动力。在实行以增长为取向的经济改革中，拉吉夫·甘地也注重社会公平问题，强调借助科技手段来改善下层群众的物质生活条件。在这一期间，印度"七五"计划实行，在国内生产总值层面超额完成了计划指标，但由于经济政策放宽，也导致国家外汇储备不足，政府更加依赖预算赤字和借债，通货膨胀压力加剧。

在教育领域，拉吉夫·甘地在执政期间加大了教育经费投入，并提出要进行教育制度改革，迎接现代技术发展的挑战。在此背景下，《国家教育政策 1986》应运而生，作为继《国家教育政策 1968》之后的第二项国家教育政策，为印度教育改革提供了纲领性指导。具体而言，该政策从教育体制、基础教育普及、终身教育、教育平等和师资队伍等层面对印度各级各

---

① 朱占府. 拉吉夫·甘地：尼赫鲁家族第三代总理［M］. 北京：光明日报出版社，1991：102.
② 林承节. 印度史：修订本［M］. 2 版. 北京：人民出版社，2014：477.

类教育提出了改革建议[①]。

（五）全国阵线短暂执政与国大党重掌政权时期

1989 年 11 月国大党在大选中失败后，拉吉夫·甘地下台，印度政坛进入混乱时期。先是组织建立了以人民党为核心的全国阵线政府。1990 年 11 月，人民党（社会主义派）领袖钱德拉·谢卡尔在国大党的支持下上台执政，但执政不到半年。1991 年，印度第十届人民院选举举行，国大党在其他政党的支持下重新执政，由纳拉辛哈·拉奥出任总理。

在拉奥执政期间，印度经济改革全面展开，主要措施包括：取消生产领域的半管制体制，充分发挥私营经济在国民经济发展中的积极作用；重新定位公营企业；大力引进外资和外国先进技术；放宽进口限制和积极鼓励出口；全面改革金融体制等，以此推动印度经济的自由化、市场化和全球化。与经济改革相呼应，拉奥政府也将科技发展和教育发展视为重要任务。"八五"计划中明确了"科技发展要具有竞争力、费用低和适用性"的方针，提出要提高各级学校的科学技术教育水平。在政府的引导与支持下，印度大学和研究机构的积极性高涨，1992 年印度共有 176 所综合大学和 7000 多所各类技术、科学和商学院，为社会各领域输送了大量新生力量。[②] 为进一步深化教育改革，为社会培养更多人才，拉奥政府在总结《国家教育政策 1986》的基础上，于 1992 年制订并颁布了国家教育政策的行动计划，突出强调了教育的经济发展功能，具体从教育公平、终身教育、成人和继续教育、儿童教育和保育、初等教育、高等教育、职业教育和开放教育等方面出发，为印度教育改革明确了新方向。[③]

（六）联合阵线政府与全国民主联盟政府执政时期

1996 年，拉奥因大选失利下台。之后到 1999 年的三年间，由于没有政党赢得半数席位，无法独立组建政府，因此这一阶段印度处于比较短暂的政府频繁更迭的时期。经历四届政府后，这种局面才有根本改观。1999 年，

---

①　National policy on education 1986（As modified in 1992）[EB/OL].［2021-09-22］. https：//www.education.gov.in/sites/upload_files/mhrd/files/document-reports/NPE86-mod92.pdf.

②　林承节.印度史：修订本［M］.2 版.北京：人民出版社，2014：514.

③　Programme of action 1992［EB/OL］.［2021-09-22］. https：//www.education.gov.in/sites/upload_files/mhrd/files/document-reports/POA_1992.pdf.

第十三届人民院选举举行，最终人民党赢得大选，以瓦杰帕伊为核心的全国民主联盟政府于同年成立。

新一届政府的政策较为务实，在经济改革方面注重提高经济增长速度与经济总量，提出"消灭失业"的口号，但在社会公平层面仍重视不足。在教育领域，由于基础教育薄弱，政府制订了一项独立后最大的基础教育计划，总经费为1 600亿卢比，旨在为每个学龄儿童提供义务教育，同时也在全国开展扫盲运动。2001年，印度全国成人识字率从1991年的52.2%增加到了65.5%。[①]

（七）团结进步联盟执政时期

2004年，国大党联盟通过大选，被誉为"印度经济改革之父"的曼莫汉·辛格任总理。该联盟定名为团结进步联盟，参与政党共15个。在政府成立之初，各党共同制定了最低纲领，以保证联合政府的顺利运行。团结进步联盟于2009年再次赢得大选，曼莫汉·辛格继续担任总理。

在第一个五年任期期间，团结进步联盟政府将扶贫和提高下层人民地位置于工作的核心，于2005年开始实施为期四年的"建设印度计划"，并在教育领域开展了初等教育普及计划，通过加大投入来改善小学基础设施建设。总体而言，团结进步联盟政府在第一个任期内取得了较好的政绩。第二个任期期间，政府继续推出经济刺激方案，通过发布经济白皮书提出了一系列深化改革开放的措施，具体包括全面吸引外资、推进私有化、放松劳动力市场管制等。[②]此外，印度积极开展国际合作与外交，以提高自身国际影响力。

（八）人民党单独执政与全国民主联盟执政时期

2014年4月7日至5月12日，印度举行第十六届人民院选举，印度人民党赢得人民院过半数席位，在联邦单独执政，纳伦德拉·莫迪出任总理。2019年4月11日至5月19日，印度举行第十七届人民院选举，人民党领导的全国民主联盟赢得过半数席位，莫迪成功连任。

自执政以来，莫迪以经济增长和国家繁荣为政治口号，高举发展旗

---

① 林承节.印度史：修订本［M］.2版.北京：人民出版社，2014：566.

② 林承节.印度史：修订本［M］.2版.北京：人民出版社，2014：567.

帜，做出了让 21 世纪变成"印度的世纪"的承诺。在第一个任期期间，印度政府在政治、经济、社会、外交、民族等领域相继颁布了多项政策和计划，彰显了莫迪政府想要推动印度崛起的雄心壮志。2019 年，印度名义国内生产总值（Nominal GDP）排名超越了英法两国，成为世界第五大经济体。在经济领域，莫迪展开了大刀阔斧的改革，以扭转印度经济颓势，具体举措包括：减少政府干预和管制，发挥市场在资源配置中的主导作用；加大对外开放力度，削弱国外投资限制；优化经济发展环境等。经过一系列改革措施的落实，印度经济发展势头良好。总体而言，在莫迪第一任期期间，印度经济增长速度较快，宏观经济较为稳定。但在 2019 年，印度经济发生断崖式下滑，经济增幅创 11 年来新低，2020 年在新冠肺炎疫情影响下，印度经济更是面临严峻挑战。

在教育领域，由于教育不平等、学生辍学率高、职业教育发展缓慢等现实问题仍较严峻，在莫迪第二个任期之初印度正式颁布了《国家教育政策 2020》，以期为印度未来二十年的教育改革提供纲领性指导。该政策作为印度 21 世纪以来最重要的一项教育政策，提出要改革印度中小学教育体系，并对各级各类教育的改革与发展提出了指导性建议。这一时期，印度政府对教育的改革重点也开始转向推动国家教育政策的执行与落地，于是，与政策相配套的《〈国家教育政策 2020〉实施计划》应运而生，目的在于弥合政策愿景与印度中小学教育发展现实之间的鸿沟，这也体现了莫迪政府落实教育改革的决心。

第二节　印度教育的社会基础

教育的形成与发展离不开一定的社会基础，教育既依赖于社会，同时也受制于社会。古代印度教育与宗教密不可分，佛教教育、印度教教育、伊斯兰教教育先后占据主导地位。近代在英国殖民统治下，印度高等教育成为英国伦敦大学模式的翻版，教育管理也基本上形成了中央和地方相结合的模式。独立后印度教育的发展与执政党的主张联系紧密，受政治影响较大。同时，印度教育在发展进程中也因地理、宗教、艺术等因素的影响而呈现出相应的特色。

一、地理与行政区划

印度地处亚洲南部，东临孟加拉湾，西濒阿拉伯海，全国近三分之二的领土是一个三角形的半岛。北部雄伟的喜马拉雅山形成一个巨大的弧形，作为难以逾越的屏障，同迤西的喀喇昆仑山一起，把印度同亚洲大陆隔离开来。印度是南亚次大陆上最大的国家，东北部与中国、尼泊尔、不丹接壤，东部、西北部各与缅甸、巴基斯坦交界，东南部同斯里兰卡隔海相望，孟加拉国则有三面和印度接壤，颇似镶嵌在它的东部。印度还有两个纯由岛屿组成的中央直辖区：一个在阿拉伯海中，为拉克沙群岛中央直辖区；另一个在孟加拉湾和安达曼海之间，为安达曼和尼科巴群岛中央直辖区。

当前，印度各邦情况不尽一致。在行政区划上，联邦政府以下设邦和中央直辖区，邦以下多设县、镇和村三级单位。各邦设有邦长，作为本邦元首，在以首席部长为首的邦部长会议的建议下行使职权。邦长任期 5 年，由总统任命。首席部长由邦立法院中多数党议会党团领袖担任，各部长则由首席部长提请邦长任命。邦部长会议集体向立法院负责，实际权力掌握在该会议手中。中央直辖区直属联邦政府管理，与邦属于同一级别，其行政长官通常称首席专员，任期 5 年。县长由邦长任命，各村实行评议会制度，即所谓潘查亚特制度①。

二、政治和经济体制

印度宪法确定印度成为一个由各邦（和中央直辖区）组成的联邦制国家，并规定在联邦和各邦建立议会形式的政府。在经济上，印度领导人目睹西方世界周期性经济危机，认为不能照搬欧美国家的模式，而是力图把印度建设成为一个社会主义类型社会，实行公私并存的混合经济体制，并借用社会主义计划经济作为国家经济腾飞的手段。

---

① 潘查亚特制度是南亚地区一种地方治理政治制度，具有悠久的历史，主要存在于印度、巴基斯坦、孟加拉国、斯里兰卡、尼泊尔等。印度 1992 年的宪法修正案规定各邦设立县、区（乡）、村三级潘查亚特。

三、语言

印度的语言十分复杂，主要语言有十几种。独立后，印度政府要求各邦推广印地语，并在宪法中规定印地语为国语，英语作为官方语言可继续使用至 1965 年。但到 1965 年，由于非印地语系地区尤其是南部地区对这一政策的强烈不满，印度议会又通过按语言划邦的政策，规定除印地语外，英语也是印度官方语言，各邦可将本地区的语言规定为本邦的官方用语。因此，印度基础教育要开设英语、印地语和一门方言。由于语言复杂，印度不同地区尤其是南北两地的通话和交流都会受到影响。英语是议会、法律、高等教育和工商界等的主要通用语言。

四、宗教信仰

作为一个多宗教传统国家，宗教信仰一直深刻影响着印度的社会经济和民俗风情。在教育层面，宗教奠定了印度古代和中世纪时期教育的基础，对教育的支持也很大程度上依靠具有同样宗教信仰的统治者[①]。总体来说，世界各大宗教在印度都有信徒。

（一）印度教

作为印度的传统宗教，印度教起源于古印度的吠陀教以及婆罗门教。同时，作为历史悠久的宗教派别，它还吸收了佛教以及一些民间宗教的风俗信仰。

印度教在印度国内有着广大的信徒基础，因此其社会影响力也是极为强大的。一些民间的社会团体都以印度教教众的身份出现在公众眼中。印度教流传的一些典故也是印度戏剧乃至中小学课程教材中的重要素材。印度教的国外教众数量也十分庞大，据不完全统计，印度教国外信徒人数在 20 世纪后半期便已达到了 3 500 万人[②]。

（二）佛教

佛教产生于公元前 6—前 5 世纪，创始人为悉达多·乔答摩，后世人

---

① 萨利莫娃，多德.国际教育史手册［M］.诸惠芳，方晓东，邹海燕，译.北京：人民教育出版社，2012：291.

② 方广锠，刘学成，孙士海，等.印度［M］.上海：上海辞书出版社，1988：57.

为表尊敬，称其为释迦牟尼。

历史上，佛教在印度曾一度没落。19世纪后半期，在西方一些神智学者的支持下，斯里兰卡人达摩波罗发起佛教复兴运动，成立了摩诃菩提会（亦称"摩诃菩提社"）。他们在印度各佛教圣地修建寺庙，兴办佛教学校，举办慈善事业，出版书刊，发展信徒，使佛教在印度得到一定程度的恢复。20世纪中期，佛教在印度高等教育领域也有所渗透，多所大学增设了佛教专业，并兴办了专门研究佛教的摩揭陀大学。[①]

（三）耆那教

公元前6—前5世纪，耆那教兴起，是当时反婆罗门教的思潮之一。[②]

4—12世纪，耆那教传遍印度各地，成为势力较为强大的宗教。在13世纪之后，由于伊斯兰教的传播，耆那教的发展受到较大影响。到近代，耆那教开展了几次改革。其后，耆那教的思想对圣雄甘地的政治主张也有一定影响。

（四）伊斯兰教

伊斯兰教8世纪开始传入印度，到14世纪，伊斯兰教传播至全印度[③]。伊斯兰教虽非起源于印度，但传到印度之后发展很快。

（五）基督教

基督教起源于巴勒斯坦。4世纪，基督教经传教士传入印度。随着英国的殖民扩张，基督教传教士蜂拥而至，建立教会学校，借助教育手段达到传播基督教的目的。

（六）锡克教

锡克教由那纳克创建于16世纪。在那纳克的带领与努力下，锡克教在数十年间获得了大量教众支持，到18世纪甚至在印度境内建立了锡克教国。直到1849年，在第二次锡克战争中，该国被英国殖民者所灭[④]。

① 方广锠，刘学成，孙士海，等.印度［M］.上海：上海辞书出版社，1988：59-60.
②③ 朱昌利.当代印度［M］.昆明：云南大学出版社，1995：97.
④ 方广锠，刘学成，孙士海，等.印度［M］.上海：上海辞书出版社，1988：63-64.

五、种姓制度

种姓制度是一种社会结构，对于印度社会、文化、经济以及教育等方面都有着深刻的影响，可以说它是印度最鲜明的特征之一。

随着时代演进和社会发展，印度虽然一度衍生出 2 000 多个亚种姓，但基本的 4 大种姓制度框架没有改变。印度独立后，政府致力于破除种姓制度，消灭社会歧视。虽然在法律上取消了种姓制度，但千年来的积淀和传统使其根深蒂固，极难破旧立新。更为重要的是，种姓制度对于印度的教育影响巨大，低种姓家庭的子女难以得到平等的教育机会，虽然出于对社会公正、教育平等的考虑，印度政府为他们制定了优惠的政策，并免除一部分费用，但这也进一步加深了社会矛盾。比较严重的是，20 世纪末因政府为低种姓学生扩大保留名额的数量引发了学生罢课、自焚事件，导致了较为剧烈的社会动荡与深刻的政治危机[①]。

第三节　印度教育的文化基础

印度作为世界文明发源地之一，拥有丰富且辉煌灿烂的文化遗产。多民族、多语言、多宗教的社会状况形成了多元文化基调，也由此造就了印度在哲学、文学、艺术、自然科学等领域的巨大成就，这些都为教育的发展奠定了基础。

一、源远流长的哲学思想

哲学是印度文明的重要组成部分，在较大程度上受到宗教的影响。印度的主要哲学流派大都以宗教的形式表现出来，亦可称为"宗教哲学"。但并非所有哲学均由宗教教义衍生而来，有的仅仅借用了宗教的外衣。[②]古代印度哲学经历了最为繁荣的时期，其总体可划分为三个阶段，分别为婆罗门哲学、诸派哲学和佛教哲学。进入近代社会以后，西方哲学、马克思主

---

① 马加力.当今印度教育概览［M］.郑州：河南教育出版社，1994：12.

② 易宁.走进古印度文明［M］.北京：民主与建设出版社，2001：98.

义哲学等开始对印度传统哲学产生影响。

（一）古代婆罗门哲学

哈拉帕文化是印度古典文化的先驱，在哈拉帕文化时期，主张崇拜自然神的原始宗教广传于印度。而后随着社会经济的发展，原始宗教开始分化。在后期吠陀时代，雅利安人对神的崇拜发生变化，原始宗教也逐渐演变为婆罗门教。

在浓厚的宗教色彩渲染下，婆罗门哲学逐步形成。具体来说，婆罗门教以《吠陀》为教义，而对宗教教义进行解释的《奥义书》开始涉及哲学思辨内容，这标志着婆罗门哲学的发端。《奥义书》中既表现出了明显的唯心主义取向，同时也体现出了唯物主义特点。其中也对万物起源问题做了探讨，指出万物起源于名为质料的物质，质料生成万物，万物死亡后复归为质料[①]。这一时期，印度著名思想家邬达罗迦提出了万物起源于"实在"的论断，即物质是万物存在的基础，这表明唯物思想在印度早期哲学中已有萌发之势。但这一体现唯物思想的论点与婆罗门教义相违背，未能在《奥义书》中占有重要地位。

（二）诸派哲学

公元前 6 世纪，随着佛教和耆那教的兴起，婆罗门教受到影响，为稳固地位，婆罗门教思想家们开始对教义做出新的解释，并形成了婆罗门教正统派哲学（承认《吠陀》权威）和其他非正统派哲学。其中，正统派哲学具体包括数论派、瑜伽派、胜论派、正理派、弥曼差派和吠檀多派，称为正统六派。

数论派主张因中有果的世界观，认为世界各物彼此依存，因中有果、果中潜藏因，并非在结果之前便有因，而是结果蕴藏在原因之中。瑜伽意为结合或抑制，指身心相应。[②] 瑜伽派关注宗教修行，主张通过静坐，逐步进入禅定境界，以达到人体系统的小自然与宇宙大自然之间的融通。胜论派在公元前 4—前 2 世纪形成，关注原子论和因中无果论，在万物起源问题上相较于数论派更为深刻，认为世间万物由地、水、火、风组成，万物都

---

① 易宁.走进古印度文明［M］.北京：民主与建设出版社，2001：102-103.

② 叶离.佛学之哲思径观［M］.上海：上海三联书店，2018：11.

是实体，并均为短暂性存在，否定世界永恒说。正理派与胜论派之间有着密切联系，但两者重点不同。正理派注重逻辑推理，其推论方法为五论法，具体由命题（宗）、理由（因）、例证（喻）、应用（合）和结论（结）组成。弥曼差派的学说主要用以解释婆罗门教的祭仪，其并未否定神的存在，而是强调神在祭祀中的力量。弥曼差派也提出了一种"声常住论"，体现出了抽象的哲学思考。吠檀多派学说是印度教的重要理论基础之一，认为世界万物起源于梵，梵是唯一真实的存在，强调梵的不二性，以"不二一元论"说明了梵我之间的关系。[1][2]

与正统派相对，非正统派是指反对《吠陀》权威的流派，具体包括顺世派、耆那教和佛教。其中，顺世派是一个唯物主义哲学流派，认为世界万物皆由地、水、火、风四大物质元素组成，且人的意志的产生也与四种元素相联系，即物质直接影响意识。该流派认为婆罗门教所主张的灵魂是虚构的，彻底否定了灵魂存在论。在认识论方面，顺世派认为人可以通过感觉以及间接的或推理的途径获得知识。这些主张均与婆罗门教相对立，体现出反宗教特征，导致顺世派长期处于被打击的境地，但也对印度唯物主义哲学思想的发展产生了极其重要的影响。[3]

（三）佛教哲学

印度佛教哲学是以佛教教义为核心的宗教哲学，产生并流传于古印度，且其思想也因佛教的演变而发生变化。依据印度佛教发展阶段，可将其佛教哲学具体划分为早期佛教哲学、部派佛教哲学、大乘佛教哲学和密教哲学。

早期佛教哲学以"缘起说"为理论基础，主张"缘起论"宇宙观，认为事物的存在依赖于构成事物的主客观条件，否认事物的实体存在，即脱离了构成事物的主客观条件，事物便不再存在。早期佛教哲学呈现出明显的内在矛盾：既倡导解脱出世，否定现实世界的价值，又宣扬乐善好施，才能修得来世幸福；既否定作为轮回主体的自我存在，又宣扬生死轮回的

---

① 易宁.走进古印度文明［M］.北京：民主与建设出版社，2001：103-110.

② 陈佛松.世界文化史概要［M］.武汉：华中科技大学出版社，2001：174-175.

③ 易宁.走进古印度文明［M］.北京：民主与建设出版社，2001：114-117.

主张。因此，早期佛教哲学的内部理论分歧致使后继者开始向不同的方向发展，逐步形成了部派佛教，主要分为上座部和大众部。在哲学思想上，部派佛教哲学开始关注宇宙，上座部主张精神现象和物质现象都是实在的，而大众部各派则认为现在是实有的，过去和未来都是没有实体的。其后，大乘佛教思潮约在公元 1 世纪开始出现。大乘佛教认为人并没有独立永恒的实体，将唯心主义哲学发挥到了极致。由于大乘佛教的空洞倾向，佛教与印度教以及当地的迷信思想相结合，形成了密教，认为宇宙万物都是佛的化身和产物，主张身、语、意三密相应行，以求得出世的果报。密教呈现出极度的神秘主义，使得印度佛教哲学由此终结。[①]

二、博大精深的文学艺术

印度是一个历史悠久的多民族国家，在其历史进程中形成了博大且璀璨的文学艺术，具体体现为丰富的文字和语言、广博的文学作品、精美的艺术等。

（一）丰富的文字和语言

在哈拉帕文化时期，印度河流域便已产生象形文字，但其后随着哈拉帕文化的结束而绝迹。雅利安人最初的字母系统文字——梵文，是印度文字之母。雅利安人最古老的语言是吠陀梵语，由于梵语的语音和语法较为复杂，因此多为婆罗门种姓和婆罗门教所用，民间多使用方言版梵语，统称为俗语。

当前，印度以印地文为主要文字，其中吸收了梵文、阿拉伯文以及英语词汇等。由于民族的多样性，印度语言也呈现出多元化与复杂性特征。目前，印度以印地语和英语为官方语言。据统计，印度语言总数多达 1 652 种，写进宪法的印度语言有 15 种。[②]

（二）广博的文学作品

印度文学的发展具有宗教性和时代性特征，古印度文学与宗教相辅相成，而现代文学多受殖民影响。公元前 2000 年至公元前 1000 年，以《梨

① 方立天.佛教哲学［M］.北京：宗教文化出版社，2013：10-23.
② 朱昌利.当代印度［M］.昆明：云南大学出版社，1995：283.

俱吠陀》和《阿闼婆吠陀》为代表的吠陀文学产生。其后,《罗摩衍那》和《摩诃婆罗多》两大史诗的诞生对印度甚至整个亚洲的文学都产生了深远的影响。其后,佛教文学、耆那教文学、诗歌、戏剧等不断兴起,丰富了古代印度的文学与艺术。

到了近代,民族独立运动的高涨推动了印度近现代文学的蓬勃发展,其主流在于反映民族觉醒,批判殖民统治,宣扬民族独立。印度近现代文学的主要代表人物有拉宾德拉纳特·泰戈尔和普列姆·昌德。其中,泰戈尔被称为印度文学之父,以长篇小说《戈拉》和《沉船》表达了爱国热情与反封建思想,代表作为《吉檀迦利》。他于 1913 年获得诺贝尔文学奖,对印度现代文学产生了重要影响。普列姆·昌德主要采用印地语创作,关注印度现实生活,长篇小说《戈丹》主要描写了印度穷苦农民的生活。[①] 印度独立以后,除印地语文学之外,其他语言的印度文学也都得到了一定程度的发展。

(三)精美的艺术

印度艺术历史悠久,且充满政治和宗教色彩。充分体现鲜明的道德观念和审美观念,是印度艺术的突出特征。[②] 阿育王时期,随着海外贸易的增长,一些宏大的佛教艺术开始产生,并在贸易以及佛教传播过程中流传四方。笈多王朝时期,得益于政治统一、经济发达、政策开明,佛教艺术迎来黄金时期。到德里苏丹国和莫卧儿帝国统治时期,印度艺术方面最突出的成就表现在建筑和绘画领域。[③] 在具体的艺术形式层面,印度的音乐、舞蹈、电影、绘画、雕刻、建筑等均取得了突出成就。在音乐方面,印度乐器种类繁多,音乐类型包括民间音乐、部族音乐等。《乐海》是印度最为经典的音乐著作,其中对调式、曲体等均做了详细论述。在舞蹈方面,印度舞蹈已拥有两千多年历史,风格独特,种类繁多,题材多源于古典文学,民间舞蹈具有浓厚的生活气息。在电影方面,1912 年,印度拍摄了第一部无声电影。独立之后,印度电影业迅速发展,开拓了广阔的海外市场。在

① 朱昌利.当代印度 [M].昆明:云南大学出版社,2016:233-234.

② 陈佛松.世界文化史概要 [M].武汉:华中科技大学出版社,2001:179.

③ 王储.世界文化史教程 [M].成都:西南交通大学出版社,2016:122.

绘画方面，印度传统绘画历史悠久，内容以宗教活动为主，也涉及田园生活、战争等主题，具有较高的观赏性和艺术价值。到 19 世纪，印度现代画开始发端，逐步接受并融合西方画派的创作方式和风格。在建筑领域，古代印度便具有较高的建筑水平，印度河流域文化遗址的建筑、印度教建筑、伊斯兰教建筑等均体现了印度建筑技艺的精湛。而现代印度建筑艺术则将古代建筑风格与西方建筑技艺融为一体，体现出传统与现代在建筑领域的融合。[1]

三、辉煌灿烂的自然科学

除了哲学、文学和艺术，古代印度在自然科学领域也取得了重要成就，主要涉及数学、天文和医学等。在数学领域，印度在哈拉帕文化时期便已形成统一的度量衡标准，其后，1~9 数码的发明成为印度数学的最大成就。笈多王朝时期，印度数学达到巅峰，印度天文学家、数学家阿利耶毗陀在几何方面找到了求解三角形和圆形面积的方法，以及角锥体和球体体积的求解方法，在代数方面找到了求解平方根、立方根和二元一次方程的正整数解的方法，而最高成就则是求得了圆周率的近似值。其后，印度数学在代数、几何等方面均取得了突出成就。[2] 在天文学领域，古代印度的天文学较为发达，多与社会生活和宗教仪式相联系。天文知识早在吠陀时代便有所记载。[3] 阿利耶毗陀提出日心说，并找到了两个隐星运行的计算方法以及日月食的推算方法，能够准确解释日食和月食的成因，并能准确预测日食与月食发生的时间。12 世纪，印度天文学家巴斯迦罗·阿阇梨在其天文学名著《天算妙要》中论述了有关行星位置、天体会合、日食月食和宇宙结构等知识。[4] 在医学方面，最早的古印度医学出现在《阿闼婆吠陀》中，公元前 1 世纪左右，印度第一本专门的医学著作《阿柔吠陀》诞生，奠定了古代印度的医学理论基础。到列国时代，医学逐步成为一门学科。孔雀王朝时代，医疗设施开始归国家管理，社会医疗服务也开始出现。到公元 1

① 朱昌利.当代印度［M］.昆明：云南大学出版社，2016：234-238.
② 王储.世界文化史教程［M］.成都：西南交通大学出版社，2016：123.
③ 易宁.走进古印度文明［M］.北京：民主与建设出版社，2001：193-196.
④ 王储.世界文化史教程［M］.成都：西南交通大学出版社，2016：123.

世纪，随着佛教的传播，印度的医学理论和处方不断传入中国，对中国医学的发展产生了积极影响[①]。

　　印度拥有高度发达的古代文明，是世界四大文明古国之一，为世界文化的发展做出了卓越贡献。印度教育的发展，阶段性十分明显：古代的佛教教育、印度教教育，中世纪的伊斯兰教教育，近代受英国影响的殖民地教育，1947 年独立后开始呈现印度特色的现代教育。种姓制度一直影响着印度教育的公平性，虽然印度宪法宣布废除种姓制度，但低种姓群体的受教育程度一直低于高种姓群体。受重男轻女传统的影响，女子受教育的机会远远不如男子。《国家教育政策 2020》非常重视印度传统文化的教育，强调印度未来的教育也一定要植根于印度的精神，弘扬印度文化传统和价值。瑜伽作为印度文化的代表，近年来已经进入印度大中小学课堂，且向世界逐步推广。

---

① 　王树英.中印文化交流［M］.北京：中国社会出版社，2013：243.

第二章
印度教育的
历史发展

印度教育拥有悠久的历史和辉煌的成就。印度教育的发展与社会发展历史密切相关,从发展阶段来看,可以分为古代教育、中世纪教育、近代教育、独立后教育四个主要的阶段。古代印度教育主要是宗教教育,包括婆罗门教教育、佛教教育、印度教教育。印度在当时一度成为世界教育的中心,那烂陀大学是当时印度的最高学府。印度的中世纪(13 世纪到 17 世纪)教育主要以伊斯兰教教育为主,区域分布较为广泛,形成了若干高等教育中心。近代以来,印度遭受了英国殖民统治,现代教育开始萌发,通过模仿逐渐确立了资本主义教育体系。1947 年独立后,开始探索印度特色的教育发展道路,形成了国家教育政策引领教育发展的特色,《国家教育政策 1968》《国家教育政策 1986》《国家教育政策 2020》成为教育发展的纲领性文件。

　　当前,印度基本普及了八年义务教育,高等学校数量为世界之最,印度理工学院在国际上享有盛名。近年来,印度着力推进世界一流大学建设,倡导建设技能印度,2020 年颁布的《国家教育政策 2020》旨在打造世界一流的教育体系。

第一节　古代印度教育

古代印度经历了印度河流域文明时代、吠陀时代、列国时代、孔雀王朝时代、萨达瓦哈那王朝和贵霜王国南北对峙时代等重大的历史时期。根据现有记载，对印度古代教育的叙述从吠陀时代开始。宗教生活在古代印度占有重要地位，因而教育的发展与宗教密不可分，这一时期印度教育主要包括婆罗门教教育、佛教教育、印度教教育。

一、婆罗门教教育

公元前 1500 年左右，雅利安人陆续进入南亚次大陆。雅利安人的语言为吠陀语，此阶段雅利安人由氏族社会向阶级社会过渡，逐渐形成国家，这一时期史称吠陀时代。

（一）婆罗门教教育概况

古代印度是建立在宗教之上的，传播宗教的教育渗透了吠陀时代的生活，吠陀时代教育被视为人的知识之源。古代印度的教师是对经文有研究的古儒，他们是专门的教育者或宗教领袖。婆罗门教认为，在古儒那里学习，通过"内在的苦思冥想"和"自我意识"才能获得真正的知识。

按照古代印度哲学，获得知识的三步骤是倾听、冥想、意识。吠陀时代教育的教学方法是口授，学生通过记忆学习颂诗，通过冥想达到理解。在吠陀时代的教育里，学生要集中精力学习绝对的终极知识，不需理会毫无意义的外部知识。

这一时期的印度有三种教育机构：家庭式学习的古儒之家、学院式学科教育的巴里沙、供受邀学者辩论讨论的沙美蓝。除此之外，婆罗门教还有森林学校、文法学校、法律学校、天文学校、哲学学校等教育机构。

吠陀时代的学习科目除了宗教外，主要还包括语音学、韵律学、文法学、词源学、天文学和祭礼。此外，还有历史、预兆学、时间学、因明学、伦理学、美术等有利于自我实现的科目。吠陀时代，教育向每个人开放，四个种姓都可以获得教育。妇女也可以创作颂诗，参加宗教仪式，学习实用的手工和家务劳动的家政内容。

（二）婆罗门教教育特点

这一阶段，虽然大致有三种教育机构，但实际上最为普遍的形式还是教师居家授课，教师就是古儒，学校就称为古儒之家。古儒之家的主要特点有：

1. 寄宿学校。学生必须寄宿在古儒家中，服侍古儒及其家人，整个学校像一个家庭。

2. 较为明确的入学年龄。古印度人认为童年时期就应该开始接受教育，通常婆罗门子弟入学为 7 岁，刹帝利子弟为 8 岁，吠舍子弟为 11 岁。入学者先向婆罗门教士申请，在举行隆重的仪式并通过古儒考验后方可入学。学习《吠陀》一卷约 12 年，完成后先受洗礼，再离开学校。

3. 学习课程较为多元。吠陀时代的教育是多元的，学生同时学习多种宗教知识和逻辑，掌握了必学的普通知识后开始学习一门具体的学科知识。

4. 严格的师生关系。古儒对学生的举止言行要求严格。古儒对学生全面负责，每位古儒都倾尽全力来促进学生的发展。学生要听从古儒的安排，每天晚上都要祷告。

二、佛教教育

佛教创始人悉达多·乔答摩是刹帝利种姓，创立佛教后开始传道收徒，佛教后来成为世界三大宗教之一。佛教的传承需要教育，因而佛教教育成为印度当时主要的教育类型。

（一）佛教教育概况

佛教教育的目的是用佛教思想影响社会的年轻一代，因而要培养教徒来传播佛教。佛教的主要教学机构是寺庙，招收的学生必须年满 8 岁，到寺庙学习的学生必须得到家长的同意。经过 12 年的学习后接受考核，通过者算是完成学习任务，接受教育的学生终生为僧。

佛教的课程十分广泛，开始的课程有佛学、哲学和逻辑，随着时间的推移，梵语、天文学、占星术、医学、法律、政治、艺术等也纳入其中。佛教教育学科的多样化与现代大学相似，这也是印度一直坚持《国家教育政策2020》所倡导的大学跨学科教学可以追溯到那烂陀大学时期的原因。

由于缺少教材，这个时期佛教教育的主要方式仍然是口头教育，教师进行口头教学，规定学生需要背诵学习的内容，然后再进行问答，了解学生对知识的掌握情况。另外一种重要的方法就是辩论，为了争取信众，佛教需要在辩论中获胜，于是佛教教育非常重视辩论。佛教认为学生应该通过辩论的教学方法学会论证，掌握论证的八大要素：立论、原因、举例、并列、矛盾、论据、争论、归纳。佛教教徒常常在学者聚集地、宫廷、集会等地点举行辩论。游学作为古代教育的常用教学方法，同样为佛教教育所采用。很多高僧大德为了传播佛学，经常云游四方，教化百姓。不少学生就跟随老师，在游学中获得成长。集会也是一种重要的教学方式，佛教规定每月举行两次集会，分别在每月的第一天和第十五天。在集会上，不同观点的僧侣各抒己见，学生观摩学习，悉心揣摩，不断增进知识。佛教教育还有一种教学方法，就是冥想。佛教寺庙多建在树林幽静之地，教育学生要摆脱世俗诱惑，独自在山间通过静坐冥想悟道，锻炼心智。

（二）那烂陀大学

印度佛教教育有着辉煌的时期，当时的那烂陀大学是世界学术中心。那烂陀大学位于比哈尔邦，始建于5世纪，之后很快成为当时最重要的知识中心。12世纪，那烂陀大学毁于战争。2006年印度决定重建那烂陀大学，2014年学校重新开学，首批15名学生进入这所古老的学府深造。

那烂陀大学作为当时最负盛名的高等教育机构，设有较为严格的入学考试，年满20岁方有资格报名，据说只有20%的学生能通过考试。不过一旦通过考试，即可享受免费食宿的待遇，可以全身心投入学习。那烂陀大学设有学术委员会和管理委员会，前者主要负责教学事务，后者主要负责行政事务。

那烂陀大学的教学内容以佛教知识为主，也有一些其他科目。主要教学方法有口述与解释，先是教师口头讲解，学生如有问题提出，教师便回答解释。有时候也采取辩论的方法进行教学。

（三）佛教教育的特点

佛教教育的特点可以从与婆罗门教教育的异同点上来分析。佛教教育机构大多有上千名学生和许多教师，不同于婆罗门教教育的小规模教育机构。佛教的僧侣来自所有种姓，而婆罗门教教育的古儒全部是婆罗门种姓。佛教教育根据个人能力招收学生，不限制家庭背景或种姓，但有些婆罗门教师只教授婆罗门种姓的后代。婆罗门教教育的教学语言是梵语（当时上层阶级的语言），而佛教用巴利语（原为古印度的一种语言，现为佛教的宗教语言）和其他大众语言作为教学用语。佛教的教育目的是用佛教思想影响社会的年轻一代，为实现这一目的就要培养信徒，传播教义，寺院学校因此也接纳世俗学生，而婆罗门教教育的目的与此不同。吠陀时代婆罗门教学生在毕业后回家继续家庭生活，而佛教弟子年满 20 岁的仪式完成之后，学生终生为僧，不再过问家事。

佛教教育有着组织良好的教育中心——寺院，帮助印度获得了国际地位，促进了印度与其他国家的文化交流。与吠陀时代的婆罗门教教育相似，佛教教育的师生关系也十分密切、友好、纯洁。婆罗门教教育和佛教教育都是宗教教育，大多数僧侣从事宗教经典的研究和教学工作。佛教时期婆罗门教教育仍继续着，婆罗门教教育与佛教教育是互补的，而非相互抵触的。

三、印度教教育

印度教源于婆罗门教，又称新婆罗门教。

商羯罗是印度吠檀多派的主要代表，对印度教改革起了很大作用，引进了佛教僧团的组织形式，组织了宗教团体，建立了四个大修道院，奠定了现代印度教基本形式。印度教的教育除在宗教内容上有所不同之外，在教学形式、方法、对象、机构等方面都承袭了婆罗门教的一些做法。

第二节　中世纪印度教育

随着穆斯林进入印度并建立起政权，伊斯兰教文化和学术也传入印度，并深刻影响着之后印度教育的发展。莫卧儿帝国时期，伊斯兰教教育快速发展起来。伊斯兰教教育旨在宣传伊斯兰教的原则、法律和社会习俗，使受教育者最终成为虔诚的伊斯兰教教徒。莫卧儿帝国建立后，统治者兴建了麦克台卜（伊斯兰教小学）、马德拉萨（可意译为学院）和图书馆等教育机构。当时的教育多采用波斯语或阿拉伯语进行，印度本地语言基本上被排斥在学校教育之外。这一时期，欧洲已经历了文艺复兴的洗礼，正处在宗教改革时期，即将迎来资本主义时代。而同一时期的莫卧儿帝国仍处于封建帝国时代，传统的封建教育依然占据统治地位。

一、教育概况

在莫卧儿帝国时代，伊斯兰教教育占有绝对主导地位。早在巴布尔征讨印度时，他就发现印度西北各地缺乏相应的教育机构。胡马雍任命官员在德里建造了高等教育机构，为教育事业的发展做出了一定的贡献。到了阿克巴及其继任者时代，伊斯兰教教育更是迎来了发展的春天，各种教育机构层出不穷，从而使伊斯兰教教育取得了较大的发展。这个时期，由于莫卧儿帝国历代君主开明的文教政策，伊斯兰教教育迎来了发展的大好机遇，在教育管理、教育内容与教育方法等方面取得了一定程度的发展。

虽然莫卧儿帝国历任君主极度重视教育，但当时印度并没有制定统一的教育制度，缺乏官办的教育机构，更没有成立专门的教育管理机构，教育附属于宗教，以寺庙办学为主。当时，教育的规模有限，且大多以私人办学为主，国家不会进行过多干预，仅仅以金钱和土地的形式资助一些中小学教育场所和机构的建设。总而言之，莫卧儿帝国时期，国家在管理和传播教育方面几乎没有承担责任。国家通过资金拨款的形式间接地参与教育事业，但这并不改变当时教育的性质，教育主要还是由宗教掌控，呈现出强烈的宗教和等级色彩。

教学语言是教育开展的手段与途径，直接影响学生对教学内容的理解。这一时期的教学语言主要为阿拉伯语和波斯语，印度本国语言几乎被忽略了。就教育内容而言，伊斯兰教教育中初等教育内容和高等教育内容有着很大的区别。初等教育机构麦克台卜的授课内容单一，学生在学会基本读写的基础上重点学习宗教知识，以《古兰经》为主要内容。[①] 作为高等教育主要实施机构的马德拉萨，其教育兼具宗教性和世俗性，但仍以宗教课程为主导。就教学科目而言，宗教的必修科目包含伊斯兰教和苏非派哲学，强调对《古兰经》进行全面深刻的学习，但有时也强调对苏非派教义的注解。世俗课程包括阿拉伯语和波斯语、散文、文学和逻辑、哲学、法律、占星学、算数、历史、地理、医学、农学等科目。

伊斯兰教学校主要的教学方法是讲演和背诵。[②] 因为采用口头的教学方法，所以教师的主要任务是讲解，学生通常是被动地听讲。麦克台卜中的教学方法十分单调，尤其注重机械重复。与初等教育教学方法不同，高等教育领域强调教师辅导下学生的自主学习。

二、教育机构

在莫卧儿帝国时期，伊斯兰教教育虽然是通过各种形式的教育机构实施的，但这些机构因地而异，并不完全统一。总的来说，对尚未成年的男孩和女孩进行初等教育的机构主要是麦克台卜，其通常附属于清真寺，相当于现在的小学，主要由伊斯兰教传教士管理。高等教育主要是在马德拉萨中进行，大部分也依附于清真寺建立。德里、阿格拉、勒克瑙、安巴拉等地在那一时期成为伊斯兰教高等教育的中心。

---

① 王长纯．印度教育［M］．长春：吉林教育出版社，2000：48.
② 马骥雄．外国教育史略［M］．北京：人民教育出版社，1993：131.

（一）麦克台卜

就伊斯兰教的教育传统而言，清真寺一般会担负起建立麦克台卜的任务，以使附近的儿童都可以接受最基础的教育。在大多数情况下，领拜人或祷告主持人担任学校校长。学生要按要求和日程安排到麦克台卜接受教育。[①]

（二）马德拉萨

马德拉萨承担着更高阶段的教育任务，学生在麦克台卜接受完初等教育后，可进入马德拉萨继续接受高等教育。马德拉萨多由统治阶级建立，并依靠赠地或特定数额的资金维持运转。虽然马德拉萨由统治阶级建立，但学校的管理权并不在统治者的手里。高等教育机构的管理主要依赖于著名学者，一些学识渊博的学者被任命为校长，在其他教师的协助下进行教学工作。[②]马德拉萨的教学语言为阿拉伯语。那时候通常没有固定的学习年限，但多数学生的学习时间一般为 10~15 年，学习时间在很大程度上取决于学生的智力。

莫卧儿帝国时期，虽然很多统治者强调伊斯兰教教育与印度教教育并行发展，教育的宗教性与世俗性协调发展，但鉴于统治者的伊斯兰教信仰，伊斯兰教教育仍占据绝对的优势地位。虽然由于诸多因素限制，伊斯兰教教育并未形成正规、系统的教育制度，但无论是教育规模、教育目的、教育方法还是教育机构都远远优于印度教教育，并深刻影响着印度教育的发展。

---

① 王长纯.印度教育［M］.长春:吉林教育出版社，2000：47.
② 王长纯.印度教育［M］.长春:吉林教育出版社，2000：53.

第三节　殖民地时期印度教育

英国把印度变为殖民地后，原本自然发展的印度面临转折，被迫纳入资本主义体系。印度教育开始融入世界教育的版图，传统的封建教育逐渐演变为初步的资本主义教育。殖民统治初期，英国殖民者对教育置之不理，1854 年《伍德教育急件》颁布之后才给予一定的重视，按照伦敦大学的模式建立了印度的近代高等教育制度，中小学教育制度也逐步发展起来。

一、殖民地初期

殖民地初期的印度初等教育主要机构仍延续了之前的麦克台卜（伊斯兰教小学）和婆达沙拉（印度教小学）。这些小学基本遍布每个村庄，一般每个学校有一个教师和十几个学生，教学语言因地而异，教学内容主要是简单的读、写、算知识和宗教知识。印度原有的教育制度在殖民地初期虽然尚存，但不论教师收入（主要来自学费）还是校舍或师资质量等其他办学条件都江河日下，日渐衰落。与此相比，西方传教士和英国官员从事的教育活动则日渐兴盛，开始在印度发挥重要的作用。

西方传教士在宣扬基督教教义的过程中不得不创建学校，其中大多数是初级学校。授课内容主要是基督教教义，也教一些简单的读、写、算知识，授课语言一般是学生的母语。西方传教士们以传播基督教教义为宗旨，目的在于使更多的人皈依基督教，在客观上促进了印度地方语言的发展，使人们学到了基本的读、写、算知识。英国东印度公司成立于 1600 年，它最初的目的是贸易和经济掠夺，因而并不直接干预印度的教育。即使在东印度公司成为英国统治印度的全权代表机构后，它对教育也不感兴趣，而且通过了一项关于印度教育的"中立政策"，对印度原有的教育制度既不干扰也不支持。

殖民地初期印度原有教育的影响力慢慢减弱，西方传教士和东印度公司官员开始成为实施教育的主要力量。他们通过教育传授一定的文化知识，但都怀有宗教和政治目的：使印度人信奉基督教，或需要精通梵语、波斯语和阿拉伯语的印度人来协助统治国家，同时还希望由此来研究印度的历史、法律、文学和宗教，并向西方介绍印度的传统文化。

二、西方化时期

随着近代经济社会的发展，教育的重要性愈加显露，不少印度上层人士希望能够建立高等教育机构。为了回应这种诉求，英国开始把教育纳入统治行为。1813 年，英国议会通过东印度公司特许状第 43 条规定：东印度公司每年应至少拿出 10 万卢比以发展印度的教育事业，鼓励印度本地学者在英属印度领土上的居民中介绍和提倡科学知识。1835 年印度总督本廷克签署了一项决议，规定"英国政府的伟大目标应该是在印度居民中提倡欧洲的文学和科学，拨给教育的所有款项只能用于英语教育"[①]。这是英国政府对印度教育发表的第一个决议，标志着英国政府开始较为系统地谋划印度教育的发展。

当然，影响印度教育最大的事件是《伍德教育急件》的颁布。1853 年，英国议会的一个委员会检查了印度过去的教育发展，提出了关于在印度建立完整的近代教育体系的建议，史称《伍德教育急件》（1854 年颁布）。该文件建议[②]：

（1）在各省设立公共教育部，其主要职责和权力是视导学校和学院，并提交相应的报告，在创办学校和学院的过程中指导管理者和校长。

（2）在加尔各答、马德拉斯（今金奈）、孟买创办大学，原有的私立学院作为这些大学的附属学院；大学的管理由评议会负责，评议会由政府任命的校长、副校长和其他人员组成。

（3）建立补助金制度，给予那些符合政府要求的教育机构财政补助。

（4）建立上下衔接的学校制度，与补助金制度相适应。《伍德教育急件》建议设立的各级学校是小学、中间学校、中学、学院和大学，这些学校基本构成了以后印度殖民教育的学校类型。

（5）确立英语为教学语言。

---

① 赵中建.战后印度教育研究［M］.南昌：江西教育出版社，1992：11-13.

② 赵中建.战后印度教育研究［M］.南昌：江西教育出版社，1992：15-16.

《伍德教育急件》对印度之后的教育和教育行政产生了深远影响。《伍德教育急件》的出台是印度教育发展史上具有里程碑意义的事件之一。它是英国政府第一次以立法的形式确定印度的教育政策，第一次为印度确立从小学到大学的现代教育制度，第一次明确地提出推广现代学校的设想，第一次明确规定印度教育行政的设置。

《伍德教育急件》颁布后，印度教育得到了一定的发展，教育行政管理能力也得到加强。按照要求，印度教育部成立，成为当时教育行政的最高机构。虽然，教育部在当时政府部门的地位并不是很高，各地也多各行其是，但毕竟是有了号令全国的教育管理机构，对印度教育的发展起着重要作用，各级教育都有稳定的发展。

为了检查1854年《伍德教育急件》颁布以来教育的发展情况，1882年，印度成立了历史上的第一个教育委员会——印度教育委员会。该委员会调查了印度公立教育机构在教育制度中的地位，并建议将初等教育交由地方政府负责，规定在经费上只有地方负担了一定的份额后，中央才予以补助。[①]

进入20世纪后，印度各级各类教育都有了一定发展。1904年召开全体公共教育总理事会，着手制定新教育政策。1902年印度大学委员会提出缩小大学评议会规模、限制学院的附属条件等建议。在此建议基础上，1904年英国殖民政府出台了印度大学法，这是印度高等教育发展中的重大事件之一，该法案对印度大学管理现代化与大学教育水平的提高都产生了积极的影响。

三、民族教育兴起期

随着印度人民的日益觉醒，在英国殖民当局加强对印度教育的控制的同时，印度民族教育作为殖民官办教育的对立物也发展起来，出现了罗姆·摩罕·罗易、泰戈尔等代表人物，推动印度民族教育兴起和发展，迫使英国殖民当局不得不调整教育政策。

19世纪30年代起，英国殖民政权开始在印度推行西方教育，实施英

---

① 赵中建. 战后印度教育研究［M］. 南昌：江西教育出版社，1992：30.

语教学，创办近代官办高等学院和中学。其中，孟加拉发展最快，到 20 世纪初，已初步形成了以英语为主要教学语言，传授西方思想和自然科学知识的近代教育系统。当然，由于建立该教育系统的初衷是适应殖民统治的需要，因此出现了贬低印度语言和文化、重文轻理、对学生实行奴化教育等种种弊端，印度民众对官办教育的不满日渐增长。这种不满随着 1905 年的反对分割孟加拉斗争以及抵制英货和司瓦德西运动而达到顶点。殖民当局一意孤行，坚持分割孟加拉，对示威游行采取野蛮的镇压行动，尤其是开除、鞭打学生等行为，激起了印度民众的极大不满和反抗。抵制官办学校的呼声日益高涨，相应地也就需要建立民族教育体系，走民族路线，建立民族学校。1906 年，民族教育委员会成立，民族教育运动轰轰烈烈地开展起来，从加尔各答迅速扩展到孟加拉各县，从城市扩展到部分农村。民族教育委员会提供支持和资助，诸如孟加拉民族学院、孟加拉技术学院等一批民族学校如雨后春笋般涌现，县城和乡镇也建立了民族中学。民族运动不断从城市向农村延伸，从高等教育和中等教育向初等教育延伸，从激进的民族主义者向群众延伸。除孟加拉外，其他各地民族教育也初具规模，通过演讲、募捐、义演等形式，推广民族教育思想，建立民族学校，各地民族主义者间的联系也日益增强。然而，这场滚滚而来的民族教育运动热潮没有持续很久，受到民族运动领导层政见不一、殖民当局镇压、公立学校实行增加民族教育内容改革等因素影响，到 1909 年，一度轰轰烈烈的民族教育运动呈现出了衰落态势。总的来说，这场民族教育运动在 20 世纪的第一个十年里经历了萌发、高涨而后逐渐冷寂的过程，虽持续时间不长，却在印度民众心中深深埋下了民族教育的种子，以爱国主义培养青少年的问题受到广泛关注，英语垄断教育的局面被初步打破，并为之后圣雄甘地的民族教育运动做了有力铺垫。

20 世纪 20 年代至 40 年代，少数印度人开始控制教育机构，印度民族教育发展十分迅速。印度民族教育运动既是印度人民反抗英国殖民统治、争取民族独立的斗争形式之一，也是印度人民建立自己的现代教育制度的尝试，为印度独立后的教育发展积累了宝贵经验，也为印度的独立做出了贡献。

第四节　独立后印度教育

1947 年印度独立，印度人民从此摆脱了英国的殖民统治。独立后的印度，对殖民时期原有的教育进行了不断深入的改造，以适应和促进社会政治经济的发展。1950 年，印度宪法规定要普及初等义务教育。此后，印度政府不断发布政策，指导并推动教育发展。独立后印度的初等教育、中等教育、高等教育、职业教育等都有了长足的进步。

一、初步发展阶段

印度独立后的当务之急是消除教育领域的殖民色彩，彰显印度教育的文化传统特色。鉴于此，印度政府对整个教育体制进行了较为彻底的改革，涉及初等教育、中等教育和高等教育三大领域。

印度独立以来的初等教育改革以免费义务教育为重要指导原则，并延续了民族教育运动中的基础教育模式。1947 年独立后，考虑到民族教育运动中的基础教育的固有优势，印度政府仍将其作为初等教育发展模式并在全国广泛推行，并在若干个五年计划（"一五"到"三五"计划）中对之进行了详尽规划。在基础教育运动的影响下，印度独立初期的教育体制呈现出明显的双轨特征：一轨是初等教育阶段（小学）、中等教育阶段（中间学校、高中）、高等教育阶段（大学、专业学院）；另一轨是初级基础学校、高级基础学校、基础后学校。对于独立后的基础教育的发展而言，1955 年成立的基础教育评定委员会的政策建议是一个重要转折点。为了解各邦基础教育的现状，制订有效的改进策略，印度政府于 1955 年任命了专门的基础教育评定委员会。在广泛且全面的调查基础上，该委员会于 1956 年提出，必须使整个初等教育都成为基础教育，即所有小学都要转为基础学校。政府随之根据这一建议制订了小学转向基础学校的全国计划，从此基础教育作为一种教育制度在全国推广，使得基础教育在"三五"和"四五"计划期间得到了较快发展。

就中等教育改革而言，中等教育委员会（又称马达利尔委员会）的相关建议发挥着至关重要的作用。该委员会认为中等教育作为教育体制的重要组成部分，应致力于实现如下目标：培养能使学生作为公民参与建设民主的社会秩序所需要的品格；增强他们的实际工作能力，以便于他们参加使国家经济繁荣的建设；发展他们的文学、艺术和文化兴趣。中等教育委员会就中等教育改革提出了两大建议：第一，取消中间学校建制，把原有的中等教育阶段改造成为一个独立的高级中等教育阶段；第二，将部分经过选择的中学或高中改建为"多目的学校"（综合中学）或直接建立"多目的学校"（综合中学）。[①] 为了实施上述政策，印度政府专门成立了全印中等教育委员会。此外，中等教育委员会还就教师培训、考试制度、教学媒介、教学语言以及教科书等方面提出了相关建议。

高等教育领域同样亟待改革。大学教育委员会（又称拉达克里什南委员会）针对高等教育的现状与困境提出了具有针对性的建议，基本涵盖高等教育的所有方面。在尼赫鲁科学教育思想的影响下，加之科学技术教育在全球范围内重要作用的凸显，印度政府将科学技术教育作为高等教育的重要发展领域，并初步构建了印度理工学院体系，以满足国家对高级人才的需求。

这一时期的教育管理以地方管理为主，属于分权的阶段。教育立法实行地方分权，教育事务原则上由各邦管理，联邦教育部通过对邦政府的财政援助，在促进教育的发展与消灭各邦的差距等方面起指导作用。各邦有权制定本邦的教育法，由于各邦的邦情和立法思想不同，各邦教育法的内容、体系结构也不相同。但是，各邦教育法的设立及实施都必须遵循印度宪法规定的法律思想和法律原则，同时也受联邦最高法院判例法的影响和制约。[②]

二、巩固调整阶段

进入 20 世纪 60 年代，印度开始力求从整体出发，构建一个具有印度

---

① 袁振国.对峙与融合：20 世纪的教育改革［M］.济南：山东教育出版社，1995：118.
② 王建梁.印度教育治理研究［M］.武汉：湖北教育出版社，2020：7.

特色的教育体制。在这一整体教育战略的指导下，印度政府以科塔里委员会的全面教育报告为基础，于 1968 年出台了《国家教育政策 1968》，奠定了这一阶段印度教育发展的基础。

《国家教育政策 1968》提出，要在全国范围内实施"10+2+3"的教育结构模式：普通教育 10 年，其中初等教育 8 年（包含初级小学 5 年和高级小学 3 年），初级中等教育 2 年；高级中等教育 2 年，根据学生的志愿、志趣、能力等进行差别化教育，学术类的为升大学做准备，职业类的接受职业技术训练；高等教育 3 年，即本科教育阶段。全国教育结构的一致，很明显地表明了新学制属于同一个国家，干同样的事业，遵循同样的标准。① 由于教育结构的变化困难很大，所以新学制的推广花费数年。20 世纪 90 年代之后，学制统一的步伐又向前迈进一步，"10+2+3"结构基本被全国所接受。"10+2+3"学制的关键在于如何看待中等教育阶段的地位、作用与归属。在统一学制出台之前，中等教育阶段常常被视为高等教育的预科阶段，旨在为接受高等教育奠定坚实的基础，缺乏自主性与独立性。在《国家教育政策 1968》出台后，中等教育职业化这一观念的引入打破了中等教育阶段单一的学术性轨迹，开始兼顾学术性和职业性，并在一定程度上有利于学生的职业意识培养与职业能力提升。为推进中学阶段的教育职业化，印度政府于 1977 年启动了高级中等教育职业化计划，鼓励各邦政府在"+2"阶段（即十一、十二年级，高中阶段）实施职业教育。计划的任务有 2 项：在 150 个地区进行职业调查；在选定的 40 个地区引入职业课程。联邦政府在职业调查、地区职业教育官员任命、购买职业教育设备、为职业课教师提供工资等方面给予资助。②

除了统一学制，在这一时期，印度还对各级各类教育继续推行改革。在学前教育方面，印度政府于 1975 年实施了儿童综合发展服务项目，以便向全国范围内的所有儿童提供充分的服务，促进儿童的全面发展。儿童综合发展服务项目是印度政府对儿童发展最重要的承诺，也是迄今为止世界

---

① 王长纯. 印度教育 [M]. 长春：吉林教育出版社，2000：208.
② 屈书杰，孙慧佳. 印度职业教育的发展困境及其出路 [J]. 河北大学学报（哲学社会科学版），2011（2）：54-58.

上最大的儿童早期发展计划之一。该项目是一个包含母亲、孩子的综合性
服务项目，旨在改善学龄前儿童、孕妇和哺乳期母亲的营养与健康状况，
主要针对全国范围内在社会经济上处于不利状况的儿童，通过为 6 岁以下
儿童提供早期教育、健康服务和营养物质等援助，力图为其终生发展奠定
一个有利的开端。儿童综合发展服务项目通过坐落于农村或城市贫民区内
部的儿童活动中心和保健中心——Anganwadi（安格瓦迪），为需要帮助的
儿童和妇女提供综合性的服务，包括提供营养补充、非正规学前教育、疫
苗接种、健康检查、医疗服务等。

　　在特殊教育方面，《国家教育政策 1968》提出要重视残疾儿童的教育，
之后印度制订、发布了特殊教育的相关计划。20 世纪 70 年代，鉴于当时特
殊教育与普通教育完全隔离的状况，为了与国际教育发展趋势相一致，确
保有特殊需要的儿童有机会进入普通学校，印度政府于 1974 年开始推行残
疾儿童一体化教育计划。该计划有如下几个目标：第一，向残疾儿童提供
进入普通学校学习的机会，使其融入学校系统中；第二，帮助残疾儿童作
为平等的一员融入正常的社会生活中；第三，让他们正常地发展，勇敢自
信地面对生活。该计划旨在将轻度、中度残疾儿童和青少年融入普通学校
系统之中，而不是单纯将他们隔离在特殊学校之内。后来，该计划被残疾
人一体化教育计划替代。

　　在高等教育方面，由于大学附属学院问题日益突出，科塔里委员会在
1966 年提交给印度政府的报告中首次提出了附属学院发展的问题及其转型
需求，建议逐步从附属学院制度转变为自治学院制度，将自治地位赋予那
些优秀的学院，令其作为大学的自治学院。按照科塔里委员会的设想，大
学章程需要加入"为自治学院提供认证"的内容，在第四个五年计划结束
前，至少会产生 50 所顶尖的自治学院。[①]1973 年，大学拨款委员会为自治
学院的成立制订了具体指导方针，指出尽管附属学院接纳了 80% 的大学生，
但在附属学院制度下，学院缺乏学术自由。按照这一方针，自治学院的成
立使学院脱离了原有大学的结构和体系，拥有一定程度的学术自治权，可

---

① 王建梁，刘海洋.印度自治学院的发展历程、困境及展望[J].河北科技大学学报（社会科学版），
2020（2）：92-98.

以制订课程框架、教学方法、考核评估方法等。该指导方针还确定了提供财政支持的方式，建议所有的大学设立自治学院。这标志着自治学院进入了实质性的建立阶段。大学拨款委员会在其通过的自治学院计划中提出自治学院的办学目标和特点：自治学院的目标是确定和制订自己的课程大纲，并根据当地需要对课程进行重新设计；根据邦政府的政策制订录取规则；更新评估学生表现、考试和公布排名的方法；使用现代教育技术工具以达到更高的标准和具有更强的创造力；促进有益的实践，例如造福整个社会的社区服务、推广活动等项目。马德拉斯大学成为印度第一所可以设立自治学院的大学并且设立了印度第一所自治学院。[①]之后，政府和大学拨款委员会继续支持并授予更多附属学院自治权，推动自治学院及印度高等教育的发展。此后，自治学院慢慢增多。[②]

这一时期，印度逐渐意识到教育分权的弊端，各邦教育差异很大，因此，联邦开始有意识地收拢教育的管理权力，《国家教育政策1968》的出台和全国学制的统一即是表现。1976年，印度政府对宪法进行了修正，将立法权限划分为三部分，即联邦享有立法权，由联邦议会行使；各邦也享有立法权，由邦议会行使；联邦和邦共同享有的立法权，由联邦议会和邦议会行使。这一条例的出现，实际上削弱了邦对教育的管理权力，加强了联邦的管理权限。

三、快速发展阶段

20世纪90年代，印度进入了全面的经济自由化改革时期，与印度经济发展脉络相一致，印度教育战略也经历了从计划到市场的重要转向，进入了大发展时期。同时，印度政府针对《国家教育政策1986》出台了行动计划，全面引领了印度教育发展的走向，初等教育、中等教育、高等教育和职业教育等方面均出现了新的动向。

在初等教育方面，印度政府于2001年9月发起了普及初等教育计划。

① KULAVELIL J J, RAJAN J, DAMODARAN K K, et al. Report of the committee on autonomous colleges in Kerala [R].[S. l.]: The Kerala State Higher Education Council, 2018.
② 王建梁，刘海洋.印度自治学院的发展历程、困境及展望[J].河北科技大学学报（社会科学版），2020（2）：92-98.

该计划的目标是到 2003 年使所有儿童入学，到 2007 年使所有儿童都完成 5 年初级小学教育，到 2010 年使所有儿童完成 8 年初等教育。[①]普及初等教育计划的主要内容包括：保障所有儿童接受初等教育；提升教育巩固率；提高教育质量；关注女童教育；弥合种族及地区差异；实施全纳教育。在具体实施计划的过程中，采用联邦政府和各地区政府组织合作的方式，层层分工，并且在每一层级都有监督机构进行监督，保障计划达到预定的实施效果。[②]然而，由于印度国情复杂，各邦教育情况差异较大，普及初等教育计划的进展缓慢。社会各界呼吁政府出台专门的义务教育法，以进一步促进和推动初等教育的普及。因此，在宪法已经规定了为 6~14 岁儿童提供义务教育的基础上，印度于 2009 年通过了《儿童免费义务教育权利法》，这被认为是印度基础教育改革过程中里程碑式的立法。该法不仅界定了政府的角色和学校、家长的职责，还规定了学校的性质、特点和设施的标准。[③]该法规定教育是一项基本权利，确保 6 至 14 岁的每个儿童都能接受免费义务教育。同年，印度启动了普及中等教育计划，旨在发展印度中等教育中的所有公立学校。这一计划的主要目标是为中学生提供优质的教育，并在五年内（即 2009—2014 年）将印度中等教育的毛入学率从 2005—2006 年度的 52% 提升到 75%。为了达到目标，政府兴建了大量的教室、实验室、图书馆，加强学校基础设施的建设，并为教师提供了广泛的在职培训和经费支持，同时推广瑜伽、环境教育、人口教育等计划，推进中等教育课程和教学改革等。

　　在高等教育方面，这一时期的发展围绕着"世界一流大学"和"高等教育私有化"两个主题展开。随着全球各国高等教育的发展和世界一流大学排行榜的公布，世界许多国家和地区都在建设世界一流大学方面取得了或多或少的进步，印度政府愈加认识到建设世界一流大学的步伐不能一直停滞不前，必须加速建设本国世界一流大学。从"九五"计划提出实行卓越潜力大学计划以达到世界一流大学水平，到"十一五"计划提出建立 14

① SINGH R. Rural education in India［M］. New Delhi：Adhyayan Publishers & Distributors，2009：123.

② 吕美妍．印度初等教育普及计划（SSA）实施成效研究［D］.长春：东北师范大学，2017.

③ 安双宏．印度教育战略研究［M］.杭州：浙江教育出版社，2013：63.

所世界一流大学，再到 21 世纪发布的创新研究大学法案、创新型大学计划、顶端大学计划等，这一时期印度建设世界一流大学的进程整体处于加速期。与此同时，随着印度 20 世纪 90 年代初实行了自由化、市场化、私有化、全球化的经济改革，印度经济实现了稳定和高速的增长。在此背景下，20 世纪 80 年代末至 90 年代初，印度出现了一批以自筹经费学院为代表的私立院校，1993 年安得拉邦关于自筹经费学院的司法判例更是为私立教育机构的存在与发展提供了法律依据。未来，印度私立教育机构仍将继续发挥重要作用。

职业教育方面亦有改革与发展。2014 年莫迪就任总理后，大力倡导印度制造，印度职业教育迎来大力发展的良好契机。同年 3 月，印度公布新中等教育职业化计划，主要对作为印度职业教育主体的中等教育阶段进行改革。新中等教育职业化计划结合印度"十二五"计划发展需要，设立了特定的目标：实施基于能力的单元课程，以提高青少年的就业能力；提供多样化的学习机会与发展渠道，以增强学生竞争力；缩小人才培养与人才需求之间的差距；降低初中阶段的辍学率并减少高等教育的压力。

截至 2019 年，印度初等教育毛入学率已达到 96.83%，中等教育毛入学率为 73.79%，高等教育毛入学率为 28.60%[①]，并且已经拥有世界上数量最多的高等学校。可以说，自 1947 年印度独立以来，经过七十多年的发展，印度教育取得了方方面面的进步，尤其是 20 世纪 90 年代以来，教育领域进入了快速发展的阶段，各级各类教育都迎来了新的生机。

四、改革深化阶段

2020 年，印度颁布《国家教育政策 2020》。作为印度官方正式颁布的第三项国家教育政策，其顺应了 21 世纪以来全球教育发展的整体态势，对印度教育领域许多沉疴已久和日益增长的发展问题都进行了回应，是印度教育发展历程中的里程碑事件。未来的 20 年内，印度都将以这份政策文件为基础，制订实施计划，开展各类教育活动。

《国家教育政策 1968》提出了全国统一学制的构想，随后印度基本形成

① UNESCO. India［EB/OL］.［2021-09-07］. http://uis.unesco.org/en/country/in.

了"10+2+3"的学制，为印度教育的普及和发展发挥了应有的作用。然而，为了适应知识经济时代新教育理念的需要，《国家教育政策 2020》对印度教育制度进行了重新设置。其中"10+2+3"学制中的中小学阶段（即"10+2"阶段）转变为现在的"5+3+3+4"，分别为基础阶段、预备阶段、初中阶段、高中阶段。其中基础阶段包括 3 年的幼儿保育与教育、2 年的小学教育，覆盖了 3~8 岁儿童的就学；预备阶段则是针对 8~11 岁儿童的三至五年级的教育；初中阶段覆盖 11~14 岁的六至八年级的学生；高中阶段分为两大阶段，分别是九至十年级和十一至十二年级，共 4 年，学生一般为 14~18 岁。可以看出，新教育政策变化最大的是幼儿保育与教育及高中教育阶段。新教育政策高度重视幼儿保育和教育，将 3~6 岁儿童的学前教育纳入义务教育阶段，并提倡在基础教育阶段提供基于游戏、活动和发现的学习。这标志着印度从国家层面普及幼儿保育与教育，将义务教育阶段年限向低年龄阶段延伸。同时，将高中教育从之前的 2 年制变为 4 年制，年限的延长一方面体现出高中教育的重要地位，在确保学生完成免费、公平、优质的义务教育基础上充分发挥高中教育的育人与选拔功能，另一方面也有助于促进高中教育与高等教育的衔接。总之，新教育政策在中小学教育制度改革方面创新学制的阶段划分，在一定程度上确保了从学前教育到高中教育的普及，为印度教育在未来 20 年实现幼儿发展和学前教育普及、中小学教育普及、青少年扫盲等目标奠定了良好的基础。

在提出了新学制的构想之后，《国家教育政策 2020》还针对各级各类教育提出了具体的改革方向。在基础教育阶段，新教育政策提出以 21 世纪关键能力培养为导向，倡导在课程、教学、评价三个方面展开改革，建立以服务能力为导向的整体性教育体系。首先，在课程方面，新教育政策设想的发展方向是整合课程内容，降低课程难度。具体而言，整合中小学阶段所需要的特定技能和价值观，将其融入国家课程框架；禁止中学阶段人文和科学课程、职业和学术之间的硬性分离；赋予学生自行选择、设计学习计划的灵活性。其次，在教学方面，新教育政策强调学习方式转变的重要性，要求以体验式和跨学科学习为主，让教学具有更大的深度、更强的批判性，以培养学生应对未知挑战的关键能力。再者，新教育政策认为评价的主要目的是改进教学过程以优化学生的学习与发展，因此，新教育政策强调将终结性评价转变为形成性评价，提倡学校使用 360 度多维透视的进度卡对学生进行评估，该进度卡包括自我评估、同伴评估以及教师评估。教育部门还将建立一个新的国家评估中心作为评估标准制订机构，以实现制订学生规范、标准和指南的基本目标。

新教育政策对高等教育的改革向内围绕"跨学科"这一关键词，高度重视跨学科人才的培养，向外推进高等教育管理机构的重组与合并。新教育政策建议现有的高等教育机构都转变为多学科机构，创建充满活力的多学科社区，强调高等教育人才培养要以学生为中心，为学生提供跨学科教育，以培养未来社会需要的跨学科复合型人才。设立学分银行，以数字形式存储学生从各大高等教育机构获得的学分，学生的学分达到一定数量即可获得相应的学位。同时，高等教育机构可以灵活地为学生提供不同的学士学位和硕士课程设计，在本科阶段为学生提供中途退出选项，学生在任何一学年退出都可以获得相应的证书，同时学生也可以选择综合的 5 年制学士和硕士课程。学分银行和灵活的课程选择都为跨学科人才培养孕育了更多的可能性。此外，为了解决高等教育管理政出多门、官僚主义盛行、问责不足等问题，新教育政策设想建立统一的高等教育委员会（Higher Education Commission of India），下设四个独立的垂直部门，即负责监管的国家高等教育监管委员会（National Higher Education Regulatory Council），用于制定标准的普通教育委员会（General Education Council），用于资助的高等教育拨款委员会（Higher Education Grants Council）和用于认证的国家认证委员会（National Accreditation Council），统筹管理高等教育事务，以强化高等教育管理机构的科学治理，重新激发高等教育部门的活力并使其蓬勃发展。这样的系统架构将通过消除不同部门之间的利益冲突来确保功能分离，达到提升高等教育质量的目的。[①]

在职业教育方面，《国家教育政策 2020》提出了职业教育的发展总目标，即到 2025 年，中等教育和高等教育系统中至少有 50% 的学生接受职业教育。大幅度提升接受过职业教育的学生的比例，可以在一定程度上改变学生及

---

① 王建梁，王秀文．印度未来 20 年教育发展的战略指引：基于对印度《国家教育政策（2020）》的分析［J］．清华大学教育研究，2021（2）：106-116.

家长对于职业教育的认识和态度，改变当下存在的"职业教育不如普通教育，并且主要是针对那些无法应对主流教育的学生"的错误社会观念。经济社会的发展新态势，对技能人才的数量和质量都提出了更高的要求，印度也认识到了技能对于未来发展的重要性，提出了建设"技能印度"，把印度打造成"世界技能之都"等口号，对职业教育的发展提出了新的希冀与要求。未来，印度需要进一步制订适当的战略，在学校普及职业教育的作用和重要性，使其为社会所接受；加强普通教育与职业教育的融合、贯通，加强技能人才的培养，不断提高职业教育的社会地位；政府、行业协会、社区成员、家长和教师应共同引导学生对职业教育形成正确客观的认识；扩大职业教育的教师队伍，招聘更多有经验的专业教师进入学校。此外，有必要修改政府和企业的招聘规则，给予技术人员应有的认可，提高技术人员的薪资待遇，这也将鼓励更多的学生选择职业教育。

印度教育的历史演变是从古代以宗教教育为主到近代世俗教育占支配地位的过程。从世界范围观之，印度教育有着辉煌的过去，那烂陀大学的荣光曾经照亮世界。近代以来，英国殖民者迫使印度走上了西方化的资本主义教育道路。1947 年后，印度各代领导人把教育放在重要地位，一直重视教育发展。目前，印度八年义务教育已经全面普及，高等教育实现大众化，并在阔步迈向普及化，印度理工学院享誉世界，软件人才培养成为亮眼的名片。《国家教育政策 2020》更是雄心勃勃地设想到 2040 年将印度教育打造成世界一流的教育体系。

第三章 印度教育的基本制度与政策

古老文化的历史遗产、殖民地时期西方教育制度的引入、独立后七十多年的教育发展共同造就了印度进入 21 世纪第二个十年的教育面貌。目前，印度在教育管理制度上形成了联邦和各邦相结合的模式，以各邦为主，但近年来联邦的权力逐渐加大。在教育制度方面，印度基本形成了"10+2+3"的学制，"10"为 5 年的初级小学、3 年的高级小学和 2 年的初中教育，"2"为 2 年的高中教育，"3"为 3 年的本科教育。但由于英国殖民统治多年，以及独立后中央和地方分权的基本政治架构，各邦教育制度并不完全一致，只能说是基本统一。在教育发展模式上，印度形成了教育政策引领教育发展的特色，独立后的三大国家教育政策都起着极为重要的作用。《国家教育政策 1968》使印度的教育体系基本实现全国统一，《国家教育政策 1986》力图使印度教育适应知识经济时代的发展要求，《国家教育政策 2020》则进一步谋划了印度教育迈向世界一流的蓝图。

第一节　学校教育制度

近代以来，印度传统教育逐步衰落。英国殖民统治初期，印度原有教育机构的作用已经明显减弱，西方传教士和英国东印度公司官员开始成为实施教育的主要力量。西方人出于各种目的开办学校，客观上促进了现代学校教育制度的形成。1947 年印度独立，殖民地时期遗留下来的学校教育制度已不再适用，当时的印度面临教育改革的重大任务。20 世纪 60 年代以前，印度通行的教育制度为"5+3+3"模式，同时各邦之间也存在较大差异。为了实现教育的规范化和统一化管理，《国家教育政策 1968》正式提出"10+2+3"的教育模式，而后，印度历经 20 余年，逐渐实现了该学制的推广和统一。进入 21 世纪，《国家教育政策 2020》又对学制提出了新的改革设想。

一、学校教育制度的演变

学制作为教育的重要基础，其制定必须与特定时期的社会政治经济发展背景相适应，并严格遵守教育发展规律及学生身心发展规律。印度学校教育制度的演变过程也充分体现了这一点。印度的学制是在殖民地时期形成的，独立后印度政府致力于对学制进行全面深刻的改革，以此消除殖民痕迹并适应政治经济发展的新要求。20 世纪 50 年代，学制改革以失败告终。20 世纪 70 年代的第二次学制改革最终在全国建立了"10+2+3"统一学制，既实现了教育机会均等，全面提升教育质量，又达到教育适度引领和服务经济基础及上层建筑发展的目标。[①]

---

① 刘筱.印度学制改革探析［J］.教育评论，2013（2）：165-167.

（一）殖民地时期的学校教育制度

英国东印度公司在印度开展政治活动之初，印度还谈不上有任何由政府组织和支持的教育制度。而以贸易利润为宗旨的英国东印度公司，并不希望以任何方式干预社会和宗教机构，因此对教育缺乏兴趣毫不奇怪。[①]此时传统的印度教和伊斯兰教教育还在勉力支撑。除了固有教育之外，引入其他教育的最初努力来自传教士。随着英国殖民统治的建立，基督教传教士在印度建立了不少初等学校。

随着英国殖民统治的进一步巩固，不少人认识到在印度发展教育的必要性，《伍德教育急件》的发布成为印度近代教育发展的关键事件。1854 年，英国东印度公司议会监督局主席查尔斯·伍德提出了关于在印度建立完整的近代教育体系的建议，即《伍德教育急件》。这份里程碑式的文件提出，建立上下衔接的学校制度，提出建立小学、中间学校（middle school）、中学（high school）、学院和大学，这些学校基本构成了以后殖民地时期印度教育的学校类型。[②]

英国殖民统治者只希望培养殖民活动所需要的中高级官吏和代理人。英国殖民政府规定，初等学校不得依赖政府的补助，国家不承担国民教育的职责。这限制了初等教育的发展，破坏了印度固有的传统初等教育，使乡村原有的印度教小学或伊斯兰教初等学校纷纷关闭或被合并到新式小学。一直到 19 世纪初，原先本地的初等学校以及乡村小学都呈现出江河日下的状态，到 19 世纪末，旧有的教育制度已经不复存在。印度在殖民统治时期所形成的学校教育制度是小学 5 年，中间学校和中学各 3 年，学院 2 年，大学 2 年。这种学制以将出身于中上层家庭的子女培养为政府官员和办事人员为目标，只满足社会少数人群的需要。

（二）独立后学校教育制度的改革

独立之前，印度的教育制度是从英国移植过来的，已不适应印度独立后发生变化的国家发展目标。独立后的印度虽然摆脱了英国殖民者的政治统治，但国内的民族冲突、宗教冲突、语言冲突不断，形成了被尼赫鲁称

---

① 瞿葆奎.印度、埃及、巴西教育改革［M］.北京：人民教育出版社，1991：152.

② 赵中建.战后印度教育研究［M］.南昌：江西教育出版社，1992：16.

为精神危机的重大社会问题，直接影响着印度的经济发展、社会进步和民族自立。要实现民族团结和国家一体化，必须达成不同民族、不同宗教、不同语言的人民的共同认识。印度政府认为教育的统一可以发挥关键作用，"印度需要一致，要使大家都意识到教育是一个整体。全国教育结构的一致，很明显地表明了新学制属于同一个国家，干同样的事业，要求同样的标准，为了同一个目的，走向同一个目标"①，一致的教育结构有助于加强国家统一。

根据 1950 年制定的宪法，印度教育在原则上由各邦管辖。因此，各邦的教育结构各有规定，没有一种完全统一的教育结构，同一邦内也因地区的不同而有所不同，因此独立初期并没有全国完全统一的学校教育制度。20 世纪 60 年代以前，较为通行的是"5+3+3"制度，即小学 5 年、初中 3 年、高中 3 年，在小学 5 年和初中 3 年期间，实行共同科目制，高中 3 年实行选科制，尔后则进入高等教育阶段。② 有的邦小学实行 4 年制，也有的邦创办 4 年制的高级中等学校，为学生直接进入大学提供便利：在这种情况下，学生往往不再经过中间学院（相当于大学预科），而是直接进入大学学院进行深造。③

20 世纪 60 年代中期，印度教育委员会（即科塔里委员会）经过大量的调查分析以后认为，各邦存在不同的学制不利于教育结构的规范化。统计数据表明，各邦的学校教育，包括初等教育和中等教育，从年限上看有 10 年、11 年和 12 年三种，但实际上教育水平只相当于其他国家 10 年正规学校教育的水平。有些邦的学习年限很长，但是学校教授的知识总量不多，教学进度缓慢。④ 鉴于此，为了解决学制上的混乱造成的不便，印度教育委员会向政府提出建议，将教育结构确立为"10+2+3"：初等教育加中等教育前期阶段 10 年（小学 8 年和初中 2 年），实施普通教育，采用共同必修科目制；中等教育后期阶段（高中阶段）2 年，实施分科教育，即根据学生的志愿、志趣、能力等进行差别化教育，学术类的为升大学做准备，职业类

---

①　王长纯.印度教育［M］.长春：吉林教育出版社，2000：208.

②　赵中建.印度的教育制度及其存在的问题［J］.比较教育研究，1986（6）：14-17.

③　马加力.当今印度教育概览［M］.郑州：河南教育出版社，1994：39.

④　马加力.当今印度教育概览［M］.郑州：河南教育出版社，1994：39-40.

的接受职业技术训练；高等教育阶段 3 年，完成后可以拿到第一级学位。

1968 年，印度政府接受了教育委员会提出的上述建议，在当年公布的《国家教育政策 1968》中，要求在全国各地建立一个大体一致的教育结构，以便最终建立起"10+2+3"的学制模式。为了使各地能因地制宜、灵活地贯彻该学制，联邦政府对高中阶段的要求极富弹性：既可以将高中阶段的 2 年放在中学，又可以放在学院，或两者兼备。由于改变教育结构有很大困难，因此新学制的推广花费数年。到 20 世纪 80 年代中期，仍有少数邦和中央直辖区的学制不同，初级教育有实行 5 年制的，也有实行 4 年制的。20 世纪 90 年代之后，学制统一的步伐又向前迈进一步，"10+2+3"结构基本被全国所接受。

《国家教育政策 1986》对学校教育制度给予高度重视。首先明确了国家教育制度的基本价值：在一定年龄阶段，所有学生不论种族、信仰、地域或性别，都有机会接受相当质量的教育。为达到这一目标，政府将设立适当的经费资助计划。其次，再次肯定了"10+2+3"结构的价值，重申国家作为一个整体负责为教育制度提供保障，为实施教育改革项目、减少差别、初等教育的普及、成人教育、科学技术的研究等提供资源支持。之后，指出国家教育制度的发展方向是开放学习和远距离学习，给年轻人、家庭主妇、农民、工人和专业人员提供机会，使他们按适合自己的进度继续他们自己选择的教育。最后，提出要加强那些在国家教育制度中起重要作用的机构（如大学拨款委员会等）的管理和建设，以便在基本教育政策制定中发挥更大作用。

二、现行的学校教育制度

独立后，经过全国上下一起努力，印度逐渐建立了全国统一的"10+2+3"学制。如图 3-1 所示，"10+2+3"学制的年限分配是：10 年为普通基础教育阶段，分初等教育阶段（8 年）和初级中等教育阶段（2 年），其中前 8 年为义务教育阶段，分义务初小（一至五年级）和高小（六至八年级）2 段；2 年为高级中等教育阶段，内分学术轨和职业轨；3 年为高等教育第一级学位阶段，即本科教育阶段。

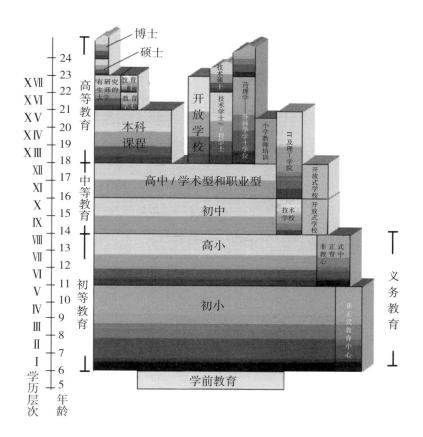

图 3-1　印度 "10+2+3" 学制结构图

（一）普通基础教育（含中等教育初级阶段）

印度的初等教育和中等教育的初级阶段合为一体，开设 10 年制学校，学生 6 岁入学，16 岁毕业，并实行 14 岁以下儿童的免费义务教育。10 年制学校分为如下三个阶段：一至五年级为初级小学阶段，各邦对此阶段的称呼不同，如初级小学教育、小学教育、初级基本教育等，学生主要学习语文、数学、社会常识、自然科学常识、手工训练和艺术训练、健康教育与文娱活动等科目；六至八年级为高级小学阶段，这一阶段的教学科目有所增加，并学习三种语言；九至十年级为中等教育初级阶段，不享受免费义务教育，教学科目与六至八年级相差不大。总的来说，前 10 年的普通基础教育对所有儿童一视同仁，10 年里所有学科都是必修的。学校使用的课程由各邦决定，不同学校、不同邦的教学安排和质量差别很大，表 3-1 是普通基础教育阶段全国课程大纲，表 3-2 为十年级的教学时间要求。

表 3-1　普通基础教育阶段全国课程大纲（2005 年）

阶段	年级	课程
初级小学	一年级和二年级	一门语言：母语／地区语言
		数学
		健康和生产生活的艺术
	三至五年级	一门语言：母语／地区语言
		数学
		环境学科
		健康和生产生活的艺术
高级小学	六至八年级	三种语言：母语／地区语言、印地语、英语
		数学
		科学和技术
		社会科学
		工作教育
		艺术教育（如视觉和表演等）
		健康和体育教育
中等教育初级阶段	九至十年级	三种语言：母语／地区语言、印地语、英语（一些学校提供其他语言，如梵语、汉语、日语、俄语、法语、德语、阿拉伯语、波斯语、西班牙语等选修课程）
		数学（包括算术概念、数字系统、代数、几何、统计、测量、图形和几何坐标等）
		科学和技术（围绕六个主题设计：物质、能源、生命世界、自然资源、环境、宇宙。每个学生每学年要做 15 个实验练习）
		社会科学
		工作教育或职前教育
		艺术教育（如视觉和表演等）
		健康和体育教育

表 3-2　十年级的教学时间要求

课程	每周学习时长 / 分钟
语言	520
数学	280
科学和技术	360
社会科学	360
工作教育或职前教育	120（加上课外时间）
艺术教育	80
健康和体育教育	80

（二）中等教育高级阶段（高级中学）

10 年学业完成后，学生将参加第一次全国统一的升学考试。初中学生能否进入高级中学，取决于他们的全国升学考试成绩。高级中学阶段实行半职业、半升学准备教育，分为学术教育和职业教育两种，实行中等教育职业化，使部分学生在高中结束后即可走向社会，满足社会经济发展对初、中等技术工人的需求。高中阶段部分职业化的措施始于 1977 年。职业教育提供农业、速记、音乐、园艺、林业、渔业、养殖等各行各业的广泛的职业培训，目标是使中等教育成为终结性的、以就业为方向的、对学生有直接用途的教育。对另一些目标是高等教育的学生来说，这两年的课程则是大学的预科课程。高级中学课程分为基础课和选修课，基础课（包括语文和科学基础知识）为共同必修课，占总学时的 25%，其余 75% 的学时设置选修课程。选修课分为两类：一类为准备上大学的课程，另一类为准备从事各种职业的课程。

（三）高等教育

高等教育阶段最为显著的改革举措是取消中间学院。在学制改革初期，中等教育委员会便提出取消中间学院，将其中一年并入高中阶段，另一年并入高等教育阶段，使高等教育第一级学位学制延长到 3 年。现行高等教育主要包括本科与研究生两个层次，其中本科学制一般为 3 年，采取择优录取的方式进行招生，招收 18 岁以上的学术型高中毕业生。某些专业领域如农业、牙科、工程、药学、技术、畜牧医学等的本科教育一般是 4 年学制，建筑、医学等的本科教育需要 5 年或 5 年半。

三、《国家教育政策 2020》对新学制的设想

《国家教育政策 1968》提出全国要采用统一的学制结构的设想，随后印度基本形成"10+2+3"的教育制度，为印度教育的普及和发展发挥了重要作用。然而，为了适应知识经济时代新教育理念的需要，《国家教育政策 2020》提议对教育制度进行重新设计，将中小学学制转变为"5+3+3+4"，分为基础阶段、预备阶段、初中阶段、高中阶段。其中基础阶段包括 3 年的幼儿保育与教育、2 年的小学教育，覆盖了 3~8 岁儿童的就学；预备阶段则是针对 8~11 岁儿童的三至五年级的教育；初中阶段覆盖 11~14 岁的六至八年级的学生；高中阶段分为两大阶段，分别是九至十年级和十一至十二年级，共 4 年，学生一般为 14~18 岁。新教育政策变化最大的是幼儿保育与教育及高中教育阶段两个领域。

新教育政策高度重视幼儿保育和教育，将 3~6 岁儿童的学前教育纳入义务教育阶段，标志着印度从国家层面普及幼儿保育与教育，将义务教育阶段年限向低年龄阶段延伸，这将有效促进印度免费义务教育的普及，也是缩小社会差距的有力措施。同时，新教育政策将高中教育从之前的 2 年制变为 4 年制，年限的延长一方面体现出高中教育的重要地位，在确保学生完成免费、公平、优质的义务教育的基础上充分发挥高中教育的育人与选拔功能，也有助于促进高中教育与高等教育的衔接。[①]

总之，新教育政策在中小学教育制度改革方面创新学制的阶段划分，在一定程度上确保了从学前教育到十二年级各级教育的普及，为印度教育在未来 20 年实现幼儿发展和学前教育普及、中小学教育普及、青少年扫盲等目标奠定了良好的基础。

---

① 王建梁，王秀文.印度未来 20 年教育发展的战略指引：基于对印度《国家教育政策（2020）》的分析［J］.清华大学教育研究，2021（2）：106-116.

第二节　教育行政管理制度

在英国侵略印度之前,印度教育事业很不发达,因此尚未有体系化的教育管理制度。1854年《伍德教育急件》颁布之后,殖民政府开始重视教育,并明确规定了教育行政机构的设置。1947年独立之后,印度对殖民地时期的教育管理方式进行了不断深入的改革,教育行政管理制度逐渐成熟。

一、教育行政管理制度的演变

印度的教育发展具有悠久的历史,近代教育为英国殖民地教育模式,1947年独立后走上独立自主的发展道路。尽管取得了国家独立,但印度的教育制度还是一定程度上脱胎于英国殖民地时期的教育模式,有着殖民地时期的烙印。

(一)殖民官办教育

作为世界文明古国之一,印度教育的历史悠久,也形成了独特的发展模式。近代印度沦为英国殖民地后,其教育发展完全处于英国的管控之下,可以说此时的印度教育基本上成为英国教育的翻版。在1947年印度独立前,印度教育的主要形式为殖民官办教育。19世纪40—50年代,英国殖民当局开始创办高等学校和中学,成为印度近代官办学校的开端,印度近代意义上的教育行政也随之出现。[①] 殖民地时期,英国政府对印度教育管理的核心方针来自《伍德教育急件》,这是英国政府首次以立法形式明确印度的教育制度和教育政策,也第一次明确了印度教育行政的设置,对印度之后的教育和教育行政产生了深远影响,印度的教育行政管理纳入法制化发展轨道。此后,印度的教育得到一定程度的发展,教育行政管理也日趋完善,如1855年教育行政最高机构印度教育部成立,直接领导并管理印度各级各类教育的发展。二战后期,英国政府也对战后印度的教育发展做出规划和

---

① 王长纯.印度教育 [M].长春:吉林教育出版社,2000:89.

设想，在教育行政管理方面，1944 年《印度战后教育重建计划》^①主张建立一个强有力的教育部。尽管这份报告最终并未实施，但作为独立前夕英属印度时期最后一份重要的教育发展综合报告，直接影响了印度独立初期教育的发展。

（二）独立后的分权管理

1947 年 8 月 15 日，印度人民摆脱了英国的殖民统治，翻开了历史新篇章。独立后印度唱响了新时代教育发展序曲，一方面对原有殖民地时期的教育进行不断深入的改造，另一方面也依据国情制订新的教育发展计划。在教育行政方面，印度通过几次重大的改革，逐步形成了在联邦统一指导下，以各邦为主的教育管理体制。这一阶段的显著特征主要表现在权力的下放和民主化程度的不断提高。

1950 年印度共和国成立，同年生效的宪法对联邦政府、邦政府以及二者协同运作的教育管理权限做出明确规定。在 1950 年的宪法中，教育的控制权主要归属于邦政府而不是联邦政府，即各邦教育原则上由各邦管理，实行地方分权，联邦教育部主要在财政援助、促进教育公平等方面起作用。1976 年的第 42 宪法修正案将教育的管理转变为邦政府和联邦政府的共同责任，并规定双方决策有冲突时，联邦政府拥有最高权力；与此同时，允许地方一级的潘查亚特机构发挥作用。

此外，独立初期，印度先后设立了一些重要的教育委员会，这些教育委员会也参与教育管理过程，对印度的教育状况开展调研并提出相应的建议和发展对策，如 1952 年以马达利尔为主席的中等教育委员会，1955 年以拉马钱德兰为主席的基础教育评定委员会，1964 年以科塔里为主席的教育委员会等。其中，以科塔里为主席的教育委员会对印度展开全面调查，在教育行政与管理方面详细探讨了各级教育行政机构的职责，并提出改进意见。

在这一系列建议的基础上，印度多次调整、变革教育政策，1968 年颁布了具有一定法律效力的《国家教育政策 1968》，这是独立后印度教育发展

---

① 1944 年，英国殖民政府委托中央教育咨询理事会出台了《印度战后教育重建计划》，又称《萨金特报告》（当时中央教育咨询理事会主席为萨金特）。

史上具有里程碑意义的事件之一。1986 年印度政府经议会通过《国家教育政策 1986》，该政策规定了印度教育行政改革的重点，即构建中央与地方的合作伙伴关系：中央的主要职责在于进行人力资源规划与开发，将原教育部、文化部、艺术部、青年事务和体育部、妇女和儿童发展部合并为人力资源开发部，促进教育研究和文化发展，确保教育质量；从地方权力来看，邦是教育管理的主体，同时注意分权到县，使其成为普及初等义务教育和加强成人教育的基本计划单位。

二、现行的教育行政管理体系

独立后的印度实行联邦制，行政体制主要分为联邦和邦两级。印度全国的行政体系，主要由联邦、邦、县或自治市（镇）、区、村构成，教育行政体系也基本照此设置，但居于中心地位起主要作用的是联邦和各邦。在印度，联邦政府、邦或中央直辖区政府都有管理教育的部门。从管理的对象看，联邦政府的主要责任是协调高等教育和技术教育的标准；各邦和中央直辖区政府的职责主要是管理初等和中等教育。从教育机构上看，大学实行自治，中小学及相关成人教育机构由各邦管理。各邦与中央直辖区在国家教育政策的基本框架内，有权决定自己的教育结构，有权确定课程和教材以及根据自己的规章制度对教育进行管理。

（一）联邦教育行政部门

根据宪法规定，原则上，联邦政府在教育方面的权限主要包括：管理和维持全部或者部分由联邦政府拨款的大学和其他教育机构以及由议会立法批准的全国重点院校；协调与制订高等教育和科学研究机构设立与运作的标准；推进印地语的传播和发展；建立国家级的职业技术培训机构；建立国家级的推进专门研究的机构；为所有印度儿童提供免费的义务教育直到他们年满 14 岁。[①]

联邦教育行政机构现为教育部[②]，该部通过两个部门开展工作，即学校教育与扫盲司、高等教育司。联邦教育部的主要目标是：制定国家教育政

---

① 安双宏.印度教育战略研究［M］.杭州：浙江教育出版社，2013：35.

② 教育部即原人力资源开发部，2020 年 7 月印度颁布《国家教育政策 2020》后更名。

策，并确保其在全国的执行和实施；制订发展计划，增加公民受教育机会及提升全国教育机构的质量；对贫穷人口、女性和少数民族等的受教育机会予以特别关注；以奖学金、贷款补助等形式给困难学生提供财政支持；鼓励教育领域的国际合作，包括与联合国教科文组织、外国政府及大学进行密切合作，以此来提升国家范围内的受教育机会。

学校教育与扫盲司的主要职责有：在与各邦合作中加强教育的国家性和综合性角色；提高学校教育和扫盲的质量及标准；普及基础教育；扩大公民接受高质量中等教育的机会；建立人人都能接受教育的社会。印度目前特别重视中等教育的普及，规定该司在中等教育方面的目标为：通过扩大学校数量，不管是利用现有的学校还是新建学校，增加公民接受学校教育的途径；为弱势群体提供接受公平中等教育的机会；确保中等教育质量和提高教育标准；构建能够激发学生才华的世界级水平的中等教育课程。

高等教育司通过制订政策和计划，负责高等教育的全面发展。目前，高等教育司通过创建世界一流的大学、学院和其他机构来努力促进高等教育受教育机会的增加及教育质量的提高。在公平和包容的前提下，充分意识到高等教育领域印度的人力资源潜力。当前的主要任务是：为所有有能力接受高等教育的人，特别是弱势群体，提供高等教育的机会；努力消除目前存在的高等教育的区域差异；启动政策和计划，加强研究和创新，鼓励公共或私人机构参与拓宽尖端知识领域；通过投资基础设施和师资，促进学术改革，提升高等教育的质量。

教育部最重要的任务是制定全国性的教育政策，影响印度教育发展的三大政策是《国家教育政策 1968》、《国家教育政策 1986》和《国家教育政策 2020》。

（二）邦一级的教育管理

在印度，教育管理主要是邦一级政府的职责。国库收入中用于教育的经费 90% 归于邦预算，从事教育工作人员的 98% 费用由邦支配。邦的主要职责是，在全国教育发展计划的指导下，结合本地区的实际情况，不断提高本邦的教育水平。同时，邦还是中央与地方联系的中间环节和桥梁。邦一级的教育管理主要职能部门有教育部（局）和教育秘书处。

1.邦教育部。

早在英属殖民地时期，印度就确立了各邦教育部的基本结构。但是这一机构是为殖民统治服务的，设计的目的和作用十分有限，带有鲜明的殖民色彩。印度独立后，1950年宪法规定教育为各邦的职责，邦教育部的作用有所加强。邦教育部负责本邦所有的教育发展计划，主要职责包括[①]：

（1）制订发展中小学教育的一揽子计划，包括定期修改和更新课程，编印教科书、教师手册和其他教学材料以及改进教学和考试方法。

（2）征求邦中小学教育委员会及邦评价组织的意见，规定学校应达到的各项标准，并通过督导、经费和后勤等来确保它们的实行。

（3）负责配备教师，拟定教师的工资、退休金和工作条件；以适当的方式来组织教师的培训；吸收和派遣适当的人员来建立、指导和资助高质量的教师培训机构。

（4）直接派人员对学校进行监督或间接地由邦中小学教育委员会的专设机构来进行，或两者共同进行。

（5）建立并维持邦评价组织，以负责平衡邦内各地区的考核标准，并帮助修订中小学毕业时的国家考试标准。

（6）鼓励、指导和帮助地方当局更好地管理学校教育，维持学校各个阶段的质量标准，经常有计划地对这些学校予以帮助，以保证其质量不断提高。

（7）建立和维持邦教育学院，建立学院的目的是通过适当的学术研究、培训和帮助，促进地方当局及督学改进学校的各项标准。

（8）合作并逐步过渡到承担中小学阶段的各种职业及技术教育。

2.邦教育秘书处。

邦教育秘书处是邦教育部下属的一个重要的教育管理机构，设有秘书一职。邦教育秘书与联邦一级的教育顾问相似。教育秘书通常由一位知名教育家来担任，且有一定的任期。教育秘书主要从事行政、财政和教育问题的检查工作。如喀拉拉邦秘书处由一位秘书和三位助理秘书组成，助理

---

① 王长纯.印度教育［M］.长春:吉林教育出版社，2000：128-129.

秘书分别称为辅助秘书（Additional Secretary）、联席秘书（Joint Secretary）、副秘书（Deputy Secretary）。

（三）地方一级的教育管理

在印度，邦以下设有县或自治市（人口在 10 万以上的大城镇），县以下设区，区以下是自然村。在教育行政上，地方一级主要是县负责管理，包括初等教育，也包括少部分中等教育。

在地方一级，具体负责教育事务的机构是县教育委员会（也称县教育局）。自治市教育委员会是与县教育委员会类似的机构，它是在邦中拥有 10 万人以上的城镇中设立的地方教育管理机构。县教育委员会根据邦政府的有关规定，管理政府拨款，并向各类学校发放，还有就是制订县级范围内的教育发展计划。

县教育委员会的人员由以下几部分组成：

（1）由区选出的代表。

（2）以法定的方式选出的县中自治市的代表。

（3）由邦政府任命的或由区推选且经邦政府同意的人员或知名教育家。

（4）从其他行政部门中与教育管理相关的行政人员中选出的代表。

其中（1）类和（2）类人员约占一半，（3）类和（4）类人员约占一半。邦政府的一位高级官员担任县教育委员会的专职秘书。县教育委员会为专职秘书配备必要的管理和督导人员。

印度教育行政管理的最基层组织是村教育委员会，发挥地方教育行政管理职能，负责村级区域内教育行政事务，主要作用是在学校和社区之间建立联系，在县初等教育计划和普及初等教育计划中扮演重要角色。村教育委员会的运作改善了农村地区人们对教育的态度，在动员监护人送子女上学，特别是在关注弱势群体儿童教育方面发挥了主要作用。村教育委员会还负责学校的建设和维护，教学材料的购买，学校的规划和管理，教师绩效的评定，小学教学情况的监测和监督，村庄教育计划的制订等。此外，还承担确保社区参与的管理任务，这是将社区纳入治理体系的重要一环。

（四）全国性教育咨询委员会

除了法律对教育发展的基础性作用以及教育行政管理部门教育政策对教育发展的直接作用，印度还存在着众多的全国性教育咨询委员会，对教

育发展起着不可替代的作用。《国家教育政策 2020》提出要特别加强发挥这
类"半行政"机构的作用。

根据印度教育部网站，此类全国性教育咨询委员会有中央教育咨询理
事会、中央教育技术研究所、国家教育研究与培训委员会、全国教师教育
委员会、全印技术教育委员会、印度历史研究委员会、印度哲学研究委员
会、印度社会科学委员会、大学拨款委员会等。它们都是法定自治机构，
负有相应的职责。

1. 国家教育研究与培训委员会。

国家教育研究与培训委员会（National Council of Educational Research
and Training，简称 NCERT）是印度于 1961 年组建的一个全国性的教育自
治组织，当时由几个机构组建而成，包括中央教育研究所、中央教科书研
究署、中央教育与职业指导署、全国基础教育研究所、全国视听教育研究
所等。[①] 该委员会的主要任务是：组织、推进、协调中小学教育领域的研究；
编写、出版教科书及教辅读物；开发数字教育资源；负责教师职前职后一体
化教育；推广创新教育技术的实践；协调全国教育系、大学、非政府组织和
其他教育机构关于中小学教育方面的政策和计划，向联邦和各邦政府提出
建议和咨询；成为中小学教育信息中心；承担与其他国家在中小学教育领域
进行文化交流的任务。

随着事务的逐渐扩大，国家教育研究与培训委员会开设了不少分支机
构，如国家教育研究所、中央教育技术研究所、中央职业教育研究所以及
5 个区域性教育研究所。国家教育研究与培训委员会的运作主要依靠执行
委员会、全体董事会、编制委员会、财务委员会、监督委员会等。

2. 中央教育咨询理事会。

中央教育咨询理事会（Central Advisory Board of Education，简称
CABE）最初成立于 1920 年，1923 年解散，1935 年得以恢复，此后一直对
印度的教育发挥着重要作用。1994 年解散，2004 年由印度政府重新设立。

---

① National Council of Educational Research and Training . Leading the change：50 years of NCERT
［EB/OL］.（2017-08-20）［2021-09-07］. http://www.ncert.nic.in/pdf/leading_the_change.pdf.

中央教育咨询理事会是在教育领域中向联邦政府和各邦政府提供建议的最高咨询机构，主要职责是就教育问题向中央和地方政府提供咨询意见。此外，中央教育咨询理事会还定期召开会议，负责制订教育计划的基本方针，对各级各类教育部门的工作进行评估，并为改进教育工作提供指导意见。

该机构的主席由联邦教育部部长兼任，成员中有社会各界代表、议会上下两院选举出来的代表、联邦政府有关人员、各邦和中央直辖区政府主管教育的官员。该机构的职责还包括讨论全国教育改革与发展问题，经它通过的报告提交给联邦政府有关部门后通常会被批准为全国性政策。

《国家教育政策 1986》进一步强调了中央教育咨询理事会的作用。中央教育咨询理事会在考察教育发展以及确定改善教育制度所需要的改革和监督实施方面起主要的作用，并通过创建适当的委员会和其他机制来行使其职责。中央教育咨询理事会还协调专业人员的参与来加强联邦及各邦的教育部的工作。

3. 全国教师教育委员会。

1973 年，印度全国教师教育委员会（National Council for Teacher Education，简称 NCTE）成立。作为全国教师教育的咨询和评估机构，自成立以来，全国教师教育委员会一直致力于提高国内教师教育的质量，负责向联邦政府和邦政府提供有关教师教育问题的建议，包括规范教师教育的标准。成立之初的全国教师教育委员会仅具有议事的职能，没有实施指导方针的权力，因此发挥的作用有限。之后，《国家教育政策 1986》出台，强调印度需要建立一个全国性、固定的教师教育管理机构，以保证其在提高教师教育质量中发挥实质的指导作用。在此背景下全国教师教育委员会面临新的要求，酝酿新的发展。1995 年，《全国教师教育委员会法 1993》正式生效，此后全国教师教育委员会被认定为全国性教师教育管理机构，该法案赋予其自主权和法定地位。[①]

全国教师教育委员会的组成十分广泛，除各邦政府的代表外，中央教

---

① NCTE. Introduction［EB/OL］.（2017-08-18）［2021-09-07］. http：//ncte. gov. in/website/about. aspx.

育咨询理事会、国家教育研究与培训委员会、大学拨款委员会、全印技术教育委员会等都有代表参与，还包括多名指定的各领域教师教育专家。在全国教师教育委员会的倡议下，各邦及中央直辖区先后成立了各地的教师教育委员会。

当前全国教师教育委员会的职责涵盖广泛，涉及从学前教育到研究生阶段的整个教师教育体系。其具体职能包括以下几个方面：

（1）研究和建议。承担与各种教师教育相关的研究和调查任务，并公布结果；为联邦政府、邦政府、大学以及其他机构提供有关教师教育的项目规划和发展建议，协调并指导全国范围教师教育的发展。

（2）师资培训。对教师开展培训，使其能够胜任初级小学、高级小学、初级中学、高级中学、非正式教育、函授教育、成人教育和远程教育等各级各类教育的教学工作；对各种水平的教师教育及培训机构进行规范，成立新的教师发展项目机构。

（3）课程改革与更新。制订教师教育培训课程框架和方案，并注意课程与印度文化、民族团结、体育运动、教育技术等的结合。

（4）制订并规范标准。制订中小学教师最低任职标准、培训机构的规范指标、教师教育培训课程的最低准入标准、教师教育资格考试标准、资格考试的准入标准、学费和其他机构收费标准等。

（5）建立评估体系。推动实施合理的评价体系、制度机制，定期对委员会制订的各种章程、标准进行评估，并为其他机构提供建议。

4. 全印技术教育委员会。

全印技术教育委员会（All India Council for Technical Education，简称AICTE）最早作为联邦教育部的咨询机构建立，旨在对国家技术教育设备与资源进行调查，促进职业技术教育体系以综合和协调的方式发展。对于全印技术教育委员会的构成与职责，1987 年的全印技术教育委员会法案有着明确的规定，即负责规划和协调发展印度技术教育和管理教育体系。印度技术教育的种类包括工程、技术、建筑、城市规划、管理、医药、酒店管理等。全印技术教育委员会成立之初在四个邦设有办事处，目前在加尔各答、金奈、坎普尔、孟买、昌迪加尔、博帕尔、班加罗尔、海得拉巴和古尔冈等地拥有地区办事处。

就全印技术教育委员会的任务而言，全印技术教育委员会法案认为，全印技术教育委员会应该对印度职业技术教育进行不同层次的研究，对印度职业技术教育机构的数量和规模进行合理规划，并为技术教育系统制订各项学术标准，以保证职业技术教育的质量。此外，全印技术教育委员会有权颁发技术教育领域的文凭证书和制订学位的授予标准，以及制定硕士学位课程和博士学位课程的设置标准。总之，全印技术教育委员会一方面要通过诸多措施保证职业技术教育的良好运行与优化发展，另一方面也要通过相关标准的制订与完善来促进职业技术教育质量的不断提升。①

全印技术教育委员会的组织架构包括全体理事会、执行委员会、地区委员会、全印研究理事会等。

5. 大学拨款委员会。

印度大学拨款委员会（University Grants Commission，简称 UGC），是印度联邦政府管理高等教育的机构，该委员会的主要职责是协调大学的教学、考试，确定大学科研的标准和建立新大学。1956 年，印度议会通过大学拨款委员会法，使该委员会正式成为协调和维持高等教育标准的法定机构，1972 年，该委员会在组织上又得到加强，获得了更大的职权。1956 年的大学拨款委员会法规定，大学拨款委员会的一般职责是与各大学或其他有关团体协商，采取它认为应该采取的一切步骤，促进和协调大学教育的发展，决定和维持大学的教学、考试和科学研究的标准。②

印度大学拨款委员会是印度高等教育管理的最高实体。考虑到印度广袤的国土面积，为了更好地对全国的院校进行管理，印度大学拨款委员会成立了 7 个地区办公室，以便在全国不同地区的院校中实施活动。在它的努力下，印度的高等教育得到了极大的发展。

三、《国家教育政策 2020》在教育行政管理方面的设想

现代教育管理更加倾向于强调合作与共治，强调监督与管理，以推进

---

① The all India council for technical education act，1987［EB/OL］.（2017-08-23）［2021-09-07］. http：//mhrd.gov.in/sites/upload_files/mhrd/files/upload_document/AICTE.pdf.

② 曾向东．印度现代高等教育［M］.成都：四川大学出版社，1987：190.

教育管理的现代化发展进程。治理一词比之管理，更具弹性和艺术性，它允许不同身份的组织参与决策，通过博弈找寻利益平衡点，达成妥协与合作以最终妥善解决问题。治理的典型特征是多元主体参与的共同治理，即共治。①《国家教育政策 2020》顺应了这一发展趋势，更加强调加强学校监管和教育治理。

首先是建立和完善监管体系。目前，印度教育的提供者、监管者和决策者均为同一个部门，权力过度集中，管理效率低下，因此，需要建立教育监管制度以监督管理教育体系的方方面面，提高教育质量。加强问责机制，依托专业机构进行监督，完善数据收集和监测评估，建设可靠的数据库并定期更新，对计划、项目、政策等的实施进行定期监测和评估，以提高执行效率和效果。确定国家教育标准，为包括学前教育在内的所有教育阶段建立自我监管认证系统，以确保其符合基本质量标准。各邦将设立一个独立的、全国性的机构，称为邦学校标准管理局。该局将建立一个基于基本参数（即安全保障、基础设施、师资、财务、管理）的最低标准，所有学校都应遵循。这些参数的框架将由常设专家委员会与各利益攸关方，特别是教师和学校协商制订。

其次，强调与公共教育相关的利益攸关方的共同参与，提倡和鼓励教师、家长、社区的共同参与，鼓励地方政府依据实际情况因地制宜地开展工作。增强政策信息的公开性，使每一个公民都有权获得与自己利益相关的政府政策的信息，以便公民能够有效地参与公共决策过程，并且对公共管理过程实施有效的监督，以最终达到善治。② 所以，需要进一步协调政府部门与社会组织的关系，建立政府与非政府组织的平等合作伙伴关系，合理分权，充分调动社会资源，发挥社会组织的优势，以其灵活和创新的特性弥补官方行动的不足，实现功能互补，以满足现代教育的多元化需求。

---

① 褚宏启.教育治理：以共治求善治［J］.教育研究，2014（10）：4-11.
② 俞可平.治理与善治［M］.北京：社会科学文献出版社，2000：9-10.

第三节　国家教育政策

《国家教育政策》是由印度议会授权、政府部门颁布的全国性教育政策，是关于印度教育制度及发展的纲领性文件，主要是提供教育改革的宏观方向和计划。不同于一般性政策报告或建议，《国家教育政策》虽然不具强制性但仍有一定的法律效力，其各项规定指导各级各类教育，内容包括教育本质、地位和作用，教育机构管理权，学校制度，学生受教育权利，教师，教学语言，中央经费比例等。[①] 到目前为止，印度已经制定发布了 3 份《国家教育政策》，分别为 1968 年版、1986 年版和 2020 年版，指导和推动了印度教育的改革与发展。《国家教育政策》的实施由各种机构，包括联邦政府和各邦政府、联邦和各邦教育部、中央教育咨询理事会、国家 / 邦教育研究与培训委员会、国家考试局、学校及监管机构共同审核执行，以确保政策目标和政策精神的落实。

一、《国家教育政策 1968》

（一）制定背景

教育政策的制定反映了不同时期政府对教育的态度，与当时教育系统的目标和战略有着密切的关系。印度教育政策的重点不断改变以响应不同时期变化的社会经济需要，系统完整的教育政策对印度教育的发展至关重要。印度独立后，直到 20 世纪 60 年代中期，教育领域仍存在诸多传统问题，殖民地时期遗留下来的一些弊端阻碍着教育的发展。于是，1964 年印度政府成立了由科塔里担任主席的印度教育委员会，又称科塔里委员会，任务是对教育的所有方面和部门进行详细调查，并就国家教育制度的系统性问题向政府提供建议。科塔里委员会于 1966 年向政府递交了题为《教育与国家发展》的四卷本的教育报告，报告开头几段中指出，印度的命运正在由课堂塑造，在这个以科学和技术为基础的世界中，教育决定着社会的繁荣

---

① 施晓光.印度高等教育政策的回顾与展望［J］.北京大学教育评论，2009（2）：118-129.

和安全的水平。基于此，印度政府于 1968 年公布了独立以来的第一份综合性国家教育政策——《国家教育政策 1968》，全面阐述了印度教育发展问题。

（二）主要内容

《国家教育政策 1968》指出必须对教育进行彻底改革。主要内容包括：改革教育制度，使其与人民的生活更加紧密地联系起来；继续努力扩大民众的受教育机会；持久地大力提高各级教育的质量；重视发展科学技术；培养民众的道德观念和社会价值观念。政策指出，印度的教育制度必须培养出有信心、有道德、有才干、致力于国家发展的青年。只有这样，教育才能在促进国家进步、创造共同的公民意识和文化意识、加强国家团结统一等方面发挥重要作用，才能向世界各国宣传印度的文化遗产和特殊贡献。

《国家教育政策 1968》在促进教育发展方面提出十七点设想，对免费义务教育、教师待遇、三种语言方案、教育公平、各科教育、各级各类教育以及教育体制等进行了详细的规定，提出了未来二十年印度教育的改革方向。政策重申和强调了独立后印度政府提出的教育方针，包括要努力贯彻和执行 14 岁以下儿童的免费义务教育，在学校实行三种语言教育的方案等。同时，政策指明了未来教育的工作重点，包括重视教师的培养，提高教师的工资待遇，实现教育机会均等，缩小地区差距，关注特殊儿童，开发教学资源，加快科学、工业和农业教育发展，推动教育服务和促进国家经济的发展，以及改革现有学校教育制度，推广 "10+2+3" 学制等，全面改革印度当时的教育面貌。

（三）社会影响

作为印度独立后的第一份国家教育政策，《国家教育政策 1968》系统审视了独立后印度教育发展的成绩和不足，为之后的教育改革奠定了基调，为建立统一的教育体系发挥了重要作用。它旨在促进国家进步，增强共同的公民意识和文化意识，加强国家的一体化。它强调必须从根本上重建教育制度以改进各级教育的质量，更注重科学技术、道德价值观念的培养以及建立教育和生活之间的更密切的关系。《国家教育政策 1986》对《国家教育政策 1968》做出了以下评价：自采纳了 1968 年的政策以来，全国各级教育的设施都有了极大的扩充；90% 以上的农村地区在 1 公里范围内都有了学校教育的设施；各级教育的设施有了可观的增加。

二、《国家教育政策 1986》

（一）制定背景

20 世纪 80 年代是世界各国教育改革的时代。印度也不例外，当时的印度教育正处于发展的十字路口，不论是教育质量还是教育规模均已无法满足国家的快速发展。印度时任总理拉吉夫·甘地在 1985 年的一次全国广播讲话中宣布要对现行的教育制度进行改革。同年，印度政府发表了题为《教育的挑战——政策透视》的文件，旨在发动社会各界对教育问题进行广泛讨论，并在全国广泛讨论的基础上于 1986 年制定了新的教育政策，即《国家教育政策 1986》。

（二）主要内容

《国家教育政策 1986》共包括十二个部分，分别为导言、教育的本质和作用、国家教育制度、平等教育、各级教育的重新组织、技术教育和管理教育、使教育系统行之有效、教育内容和教育过程的重新定向、教师、教育管理、资源和检查、前景。

该政策特别关注教育公平问题，对妇女、表列种姓、表列部族、少数民族以及其他落后地区的人群给予特别的关照。教育被认为是改变处境不利人群的根本力量，通过教育，可以促进其改变和发展。通过重新设计课程和教科书，引导教师和学校管理人员转变观念。提供辅助性服务设施，提供更多的资金补贴，针对不同人群制订不同的具体计划，以满足各类弱势群体的接受教育的权利。该政策详细规定了各级教育的未来发展方向，包括更新课程内容和教学方法，以适应国际社会的发展潮流，培养国家所需要的人才力量。初等教育阶段，继续推行"操作黑板计划"和"非正规教育计划"，以解决儿童辍学问题，提高儿童在校巩固率。政策进一步明确了进入 21 世纪之前，向所有 14 岁以下儿童提供质量令人满意的免费义务教育的决心。高中阶段，鼓励开设普通的职业课程，培养学生的技能，改善就业状况，并提出到 1990 年要有约 10% 的高中生修习职业课程，并在 2000 年使这个数字达到 25% 的发展目标。该政策在"教师"这一部分运用了较多的笔墨，提出要改变招聘教师的方法，以确保招聘到优质的教师，并符合地方要求。同时，提出建立县教育与培训学院，这类学院具有为小学教师及从事非正规教育和成人教育的人员开设职前和在职培训课程的能力。随着县教育与培训学院的建立，不符合标准的教育机构被逐步淘汰。该政策提出了教育经费方面的下一个发展目标，即对教育的投资要逐步增加，确保在第八个五年计划期间及之后将一直超过 GDP 的 6%。除此之外，该政策还沿袭了一贯的传统，在教育分权和重视传统文化（如瑜伽）等方面做出规定。

（三）社会影响

《国家教育政策 1986》提出的各方面建议，为 20 世纪 90 年代及之后的印度教育发展与改革提供了路线与方针，指导印度教育不断向前发展。印度政府于 1992 年颁布了该政策的行动计划，对如何落实该政策的种种设想做了更为具体的设计，助推教育政策的落地。当然，由于印度国家教育政策的一贯宏观性，政策中有许多目标过于激进，同时，受到教育分权管理的影响，各邦、各地区的执行情况不一，最终使得国家教育政策的部分目标未能如期完成。《国家教育政策 1986》对于中等教育的目标是到 1990 年有 10.87% 的高中学生学习职业课程，实际上到 1995 年只有 5.24% 的学生学习职业课程，目标与现实存在着较大差距；关于教育经费，该政策提出使教育经费占 GDP 的 6%，也是再一次失信于民。[1] 尽管《国家教育政策 1986》是时代的选择，也是印度政府对全面规范国家教育发展战略做出的积极响应，在某些程度上确实也为普及义务教育，发展初等、中等和高等教育提供了便利，但是在复杂的社会情况和落后的经济面前，这些教育的发展目标仍旧面临重重困难。[2]

---

[1]　Annual report［EB/OL］.（2021-03-20）［2021-09-07］. http : //www.education.nic.in/AR/annualreports.asp.

[2]　马月 . 教育政策中的博弈决策分析模型：以印度《1986 年国家教育政策》为例［D］. 徐州：江苏师范大学，2018.

三、《国家教育政策 2020》

（一）制定背景

《国家教育政策 2020》是 21 世纪以来印度的第一项重大国家教育政策，其制定与颁布都体现着时代发展的印记：一方面呼应了可持续发展议程下全球教育生态的整体发展态势，积极应对第四次工业革命和知识经济的挑战；另一方面延续了印度一以贯之的以教育政策指导教育实践的优良传统，并肩负着解决国内教育现实难题的重任，有助于将印度打造成一个充满活力的知识社会和全球知识超级大国。印度新教育政策是在政府领导下，经过政策提出、框架制订、初稿拟定、草案形成和政策颁布五大环节，历时五年之久制定出来的。制定新教育政策的设想最初是印度人民党 2014 年在人民院选举中提出的民意承诺之一。人民党提议成立一个全国教育委员会，考察印度的教育状况并提出改革意见，在此基础上实施一项新的教育政策以满足人们对于优质教育的需求。[1]2016 年和 2019 年印度先后发布了新国家教育政策的草案以征询意见。2020 年 7 月 29 日，经过前期数次讨论，议会最终批准《国家教育政策 2020》，取代了已有 34 年历史的《国家教育政策 1986》。《国家教育政策 2020》成为 21 世纪指导印度教育综合发展的第一份纲领性文件，为教育部门和学校的转型改革指引了方向。

（二）主要内容

《国家教育政策 2020》对印度教育领域许多沉疴已久和日益增长的问题都进行了回应，也体现了国际化和本土化的特征。一方面该政策坚守了印度的传统和价值体系，以印度丰富的古代知识和思想遗产作为政策的指导之光，强调对于知识、智慧和真理的无上追求，以"教育不仅要培养读写能力和计算能力等'基础认知能力'，也要培养诸如批判性思维和解决问题的'高阶认知能力'，更要培养社会道德及情感能力等"为原则。另一方面该政策的主要内容体现了可持续发展议程的精神，涉及从幼儿教育到高等教育以及从正规教育到非正规教育的所有教育层次，内容相当丰富。

---

① Full text of BJP's manifesto for 2014 Lok Sabha polls［EB/OL］.（2014-04-7）［2021-09-07］. https : //english.newsnationtv.com/election/lok-sabha-election/full-text-of-bjps-manifesto-for-2014-lok-sabha-polls-38189.html.

1. 新教育政策设想对中小学教育制度进行重大改革。

新教育政策对印度教育制度进行了重大改革，中小学学制从以往的"10+2"转变为现在的"5+3+3+4"，分别为基础阶段、预备阶段、初中阶段、高中阶段四大阶段。其中基础阶段包括 3 年的幼儿保育与教育、2 年的小学教育，覆盖了 3~8 岁儿童的就学；预备阶段则是针对 8~11 岁儿童的三至五年级的教育；初中阶段覆盖 11~14 岁的六至八年级的学生；高中阶段分为两大阶段，分别是九至十年级和十一至十二年级，共 4 年，学生一般为14~18 岁。新教育政策变化最大的是幼儿保育与教育及高中阶段。

2. 中小学聚焦 21 世纪能力培养，提出能力导向的整体性教育体系。

新教育政策提出以 21 世纪关键能力培养为导向，突出批判性思维、创造性思维、交流与合作技能、个人和社会技能等高阶思维的培养与发展诉求，强调在全球教育生态系统都重视 21 世纪高阶能力培养的时代，儿童不仅要刻苦学习，而且要学会学习。具体来说，该政策倡导整合课程内容，降低课程难度，强调学习方式转变的重要性，要求以体验式和跨学科学习为主，让教学具有更大的深度和更强的批判性，以培养学生应对未知挑战的关键能力，强调从终结性评价转变为形成性评价，提倡学校使用 360 度多维透视的进度卡对学生进行评估。

3. 高等教育倡导跨学科人才培养，推进管理机构的重组与合并。

新教育政策建议现有的高等教育机构转变为多学科机构，创建充满活力的多学科社区，强调高等教育人才培养要以学生为中心，为学生提供跨学科的教育以培养未来社会需要的跨学科复合型人才。此外，为了解决高等教育管理政出多门、官僚主义盛行、问责不足等问题，该政策设想建立统一的高等教育委员会，下设四个独立的垂直部门，即负责监管的国家高等教育监管委员会，用于制定标准的普通教育委员会，用于资助的高等教育拨款委员会和用于认证的国家认证委员会，统筹管理高等教育事务，以强化高等教育管理机构的科学治理，重新激发高等教育部门的活力并使其蓬勃发展。

4. 强调印度教育体系根植于印度精神，发挥教育的人文价值。

印度作为四大文明古国之一，是一个民族和宗教众多、语言文化多样的国家，其文化宝库已延绵数千年，以艺术、文学作品、传统习俗、语言表达、文化遗产等形式外显出来。这些文化塑造了印度的传统及价值体系，在丰富公民文化自信和民族认同感方面至关重要。教育作为文化传承的一大载体，在继承传统和价值体系方面的作用不容小觑。印度新教育政策设想建立一种根植于印度精神、以印度为中心的教育体系，将主要从艺术教育、古典语言学习两个方面传承印度的价值内核。

（三）社会反响

新教育政策是继 1968 年、1986 年颁布的国家教育政策之后，印度在教育方面做出的重大战略决策，引起了印度社会的热烈讨论。总体来看，印度社会对新教育政策的反响可分为两大倾向，一方面高度肯定新教育政策作为印度未来教育发展的方向指引的重要价值，另一方面对新教育政策的实施提出质疑。

1. 正面肯定《国家教育政策 2020》对于印度教育的导向价值。

《国家教育政策 2020》对印度的教育发展提出了全局性、战略性和指导性的建议，收获了印度社会的大量好评。一是新教育政策高瞻远瞩，将可持续发展议程置于印度的背景之下，提议改革印度的整个教育系统，为建立一个整体的、跨学科的和能力主导的新教育体系指明了方向，彰显了一个崛起中的负责任大国的形象。二是新教育政策是在新冠肺炎疫情肆虐印度所引发的教育危机背景下正式颁布的，其颁布既有短期缓解民众的教育焦虑的功效，又在传统与现代发展中寻求印度教育的平衡，为印度教育的未来发展指明方向。

2. 质疑新教育政策不切实际，缺乏支持资金及配套行动计划。

《国家教育政策 2020》作为印度的第三项国家教育政策，对 21 世纪印度教育发展进行了高瞻远瞩的展望。新教育政策具有一定的前瞻性，但是与之相对应的实施方案尚未颁布，新教育政策极易成为空中楼阁，大量的实践问题也会接踵而至。因此，新教育政策也被印度社会诟病为不切实际，期望政府更注重相关配套实施方案的建设。

首先，新教育政策制订的目标较为宏大，在一定程度上脱离实际。其次，新教育政策使得教育市场化的倾向愈加明显，为私营部门提供了可乘之机，教育公平迟迟无法实现，教育质量的提升也会严重滞后。再者，新教育政策虽然提出了新学制的设想，拟将学前教育纳入义务教育体系，但是并未提及何时开始实施，因此在印度范围内形成一体化的教育系统仍是一项非常艰巨的任务。最后，新教育政策提议将高等教育机构都转变为多学科机构，并为学生提供跨学科的教育，要想在 20 年之内实现这一目标，难免会对高等教育系统的正常运行产生影响，不一定符合高等教育发展的规律。

独立七十多年来，印度教育的发展打破了传统宗教教育的桎梏，把封闭、保守、宗教性强的传统教育转变为一个以世俗化、民主化、公平化、国际化为主要特点，面向世界开放，从地区到中央管理体制完善，正规与非正规、公立与私立并存，各级各类教育全面发展的现代化教育体系，取得了世界瞩目的教育成就，为印度政治、经济等方面的现代化以及人的全面发展提供了条件与保障。当前，为适应 21 世纪信息社会的新形势，基于在世界发挥更大作用的期待，印度出台了《国家教育政策 2020》。新教育政策指引印度教育朝着正确方向迈出了重要的一步，未来印度教育将呈现什么样的面貌，值得重视和关注。

第四章

印度学前教育

印度学前教育产生较晚，正规的学前教育机构发端于1939 年蒙台梭利访问印度之后。其后，学前教育在印度逐渐发展起来。1947 年独立后，印度的教育重点在尽快普及八年义务教育，对学前教育可以说是无暇他顾。虽然后来亦有几个委员会的报告呼吁重视学前教育，但由于国家财力有限，普及八年义务教育和发展高等教育的任务颇重，因此学前教育发展一直停留在较为自发的状态。这一状况直到 1974 年《国家儿童政策》颁布才有所改变，1975 年儿童综合发展服务项目的建立标志着印度开始重视学前教育。此后，《国家教育政策 1986》把学前教育单独列为一部分，强调将对儿童进行看护与学龄前教育相结合，提出建立儿童教育体系，1992年行动计划的规定就更为详细。21 世纪以来，随着 2010 年《儿童免费义务教育权利法》的正式生效，2013 年印度的国家学前教育政策的制定，学前教育在印度轰轰烈烈地发展起来。《国家教育政策 2020》对学前教育进行了重大改革，把3~6 岁的学前教育与初等教育的一年级、二年级重构为中小学教育的第一个阶段，实现幼小衔接的一体化，更为重视学前教育阶段对人生的奠基作用。

第一节　学前教育的管理与实施

学前教育是教育的第一个阶段，处于教育金字塔最为基础的部分，长期以来在世界范围内都不太受重视。印度的学前教育也是如此，独立前基本由慈善机构兴办，独立后，最初由社会福利部门主管，随后由妇女和儿童发展部管理，20世纪90年代以后，教育部门才逐渐介入学前教育。目前仍然是多个部门对学前教育负有各自的管理责任，学前教育的实施机构主要有安格瓦迪中心、幼儿园、早期教育中心等。

一、学前教育的管理

印度是一个联邦制国家，教育权力由联邦和各邦共同行使。学前教育早期属于社会福利部门管理，后来系妇女和儿童发展部主导，随着学前教育越来越受重视，主管全国教育事务的部门——联邦教育部也越来越多地参与到学前教育事务之中。目前联邦一级学前教育的主管部门为妇女和儿童发展部及教育部，其他部门也有一定的参与。如表4-1所示，印度联邦政府有四个部门参与提供幼儿服务，每个部门在提供不同的幼儿服务时，分别承担特定责任。除了政府机构，还有不少全国性委员会涉及学前教育的事务。

表4-1　提供幼儿服务的部门及其职责

职责范围	儿童年龄	部门
营养补充 营养健康教育 转介	0~6岁	妇女和儿童发展部 教育部
免疫接种	0~6岁	卫生和家庭福利部

续表

职责范围	儿童年龄	部门
学前教育	3~6 岁	妇女和儿童发展部 教育部
儿童保育	0~5/6 岁	妇女和儿童发展部
残疾的预防和早发现	产前检查	社会公平和权利部

（一）妇女和儿童发展部

妇女和儿童发展部是印度联邦政府的重要机构，负责妇女和儿童的全面发展。该部提供有关儿童发展与妇女发展的计划和方案、综合儿童保护计划以及反人口贩运活动的详细信息，并且提供有关食品和营养以及两性平等预算的信息。设立该部的主要目的是消除各邦在为妇女和儿童采取行动方面的差距，促进部门间的一致性，以推动性别平等和以儿童为中心的立法。

妇女和儿童发展部的愿景是在没有暴力和歧视的环境中赋予妇女权利，使她们有尊严地生活，并作为平等伙伴为社会发展做出贡献；确保儿童生活在一个安全和具有保护性的环境中，拥有充分的成长和发展机会。该部的主要使命是通过贯穿各领域的政策和方案赋予妇女社会和经济权利；将性别问题纳入主流；提高民众对妇女权利的认识，使妇女能认识到其人权并充分发挥其潜力；通过贯穿各领域的政策和方案确保儿童得到充分的发展、照料和保护；传播儿童权利知识，促进儿童获得学习、营养、体制和立法支持，使他们能够健康成长和充分发挥潜力。妇女和儿童发展部制定了国家幼儿保育政策及适合幼儿保育的国家课程框架，以促进儿童早期刺激和以游戏为基础的、体验性的儿童发展，致力于幼儿的全面发展。

（二）教育部

印度联邦政府的教育行政机构现为教育部。目前，该部通过学校教育与扫盲司、高等教育司开展工作，具体负责学前教育工作的机构是学校教育与扫盲司。

近年来印度教育部实施了整体教育计划，该计划认识到学前教育的必要性和重要性，认为优质的学前教育不仅可以促进儿童的进步，也可以为儿童未来的成长、学习和发展奠定基础，还可以培养儿童积极的态度和学习的愿望。因此，为儿童提供优质的学前教育势在必行。在整体教育计划下，制订了学前教育阶段的实施方案，既重视早期语言、识字和计算的基础学习，又强调学校教育从学前到低年级（一至三年级）的连续性。

（三）国家教育研究与培训委员会

国家教育研究与培训委员会对学前教育的发展亦负有一定责任，这一职能安排在下属的中央教育研究所设立的基础教育处。该处的重点领域是幼儿保育和教育、早期识字方案和基础教育。在学前教育方面的主要工作有：对基层幼儿教育工作人员进行培训；为学前教师、家长及其他相关团体编写资料；开展基于需求的幼儿保育与教育研究；加强邦教育研究与培训委员会、县教育与培训学院的建设。该处每年提供为期六个月的幼儿保育和教育文凭课程；对各邦主要官员实施关于规划、执行和监测幼儿保育与教育项目的培训；就幼儿教育领域的新问题和重点问题举办研讨会和会议；为政府和非政府机构培训学前教师提供资源支持。

（四）全国幼儿保育和教育委员会

全国幼儿保育和教育委员会旨在推动建立幼儿保育和教育体系。该委员会最初定位为咨询和监督机构，之后逐渐成为自治机构，负责幼儿保育与教育领域的综合改进。该委员会实行理事会负责制，理事会有责任采取其认为适当的所有步骤，以确保有计划地制定幼儿保育和教育政策、框架和其他规定，确定和维持幼儿保育和教育的标准，执行国家幼儿保育与教育政策。理事会成员有政府相关部门人员、非政府组织代表、幼儿保育和教育从业人员、儿童权利活动家等。

该委员会的基本工作职责为：委员会有权建立相关的主题委员会，应对幼儿保育与教育领域中出现的新挑战；执行委员会执行理事会的决定，可以根据理事会的决定组织专门委员会，以进一步发挥委员会的职能；可以根据全国幼儿保育和教育委员会的不同政策组建相应的区域分会，分会完成全国委员会分配的任务，并负责对理事会职能的执行情况进行监督，对邦的政策执行情况进行监督；可以根据全国幼儿保育和教育政策建立各邦委员会的执行委员会，并对县及乡镇的政策执行情况进行全面监控。

二、学前教育的实施

在印度，学前教育是由三类不同的机构提供的，主要包括公立机构、私立机构和第三部门（也就是志愿和合作机构）。其中，公立学前教育机构是印度提供学前教育的主体，主要包括安格瓦迪中心、托儿所、与基础教育衔接的早期儿童教育中心、附设在小学的学前班等。私立机构指的是早期儿童教育中的收费/营利性机构，对印度学前教育发展起着非常重要的辅助和支持作用，主要是为了满足经济条件较好家庭的需求。第三部门也就是志愿和合作机构，主要是由国家或国际援助机构、信托机构、宗教团体资助的早期儿童教育服务，服务的目标群体锁定于社会经济落后地区的处境不利群体，尤其对部落民族、移民劳工等生活较为困难的群体以及受到恶劣自然灾害（如洪水、地震等）影响的儿童发挥着重要的作用。

（一）公立学前教育机构：印度学前教育的主体

在印度，公立学前教育机构或政府主导的学前教育机构以计划和项目为依托，将目标锁定在处境不利的群体，特别是偏远农村地区的儿童。在这些公立学前教育计划/项目和机构中，儿童综合发展服务项目和拉吉夫·甘地国家托儿所计划是全国覆盖面最大也是最有影响力的两个学前教育计划。

1. 儿童综合发展服务项目：为处境不利儿童及家庭提供综合服务。

1974年《国家儿童政策》吹响了政府重视学前教育的号角，之后，政府部门不断商讨如何为儿童提供合适的保育和教育，最后决定采用儿童综合发展服务项目的形式。印度政府的儿童综合发展服务项目于1975年启动，旨在试验性地解决6岁以下儿童死亡率高、营养不良和早期学习效果不佳等问题。该项目在全国范围内实施，涵盖所有6岁以下儿童，主要针对全国范围内在社会经济上处于不利状况的儿童，提供6项与营养、保健、学前教育和社区教育有关的服务。该项目服务由安格瓦迪中心提供。

安格瓦迪中心的主要任务包括：

（1）营养补充。向孕妇、哺乳期妇女及6岁以下儿童提供营养补充。每月由专业健康人员分析儿童成长监控记录，根据每个接受者的营养状况提供正常或特殊的营养补充。

（2）提供非正规学前教育。主要是为 3~6 岁的儿童提供一个自然的、快乐的、有促进性的学习环境。同时也强调促进儿童成长和发展的必要投资。

（3）免疫接种。对幼儿进行免疫接种，使他们免受 6 种可预防疾病（小儿麻痹症、白喉、百日咳、破伤风、肺结核和麻疹）的侵害。

（4）健康检查。包括对 6 个月以内的婴儿的健康保健，对孕妇的产前护理和对产后妈妈的护理。保健服务是多种多样的，主要有提供定期的健康检查，对营养不良的处理，对腹泻的治疗，简单的药品分配等。

（5）医疗服务。为在健康检查或成长监测中发现的生病或营养不良的孩子提供医疗服务。

（6）母亲的营养和健康教育。这是安格瓦迪中心工作人员工作的关键，也是对女性能力建设的一个长远目标，特别针对 15~45 岁的女性，使她们不仅能关注自己的健康、营养和发展需求，还能够照顾好孩子和家庭。

印度儿童综合发展服务项目还获得国际组织的认同和支持，联合国儿童基金会、世界粮食计划署、世界银行等国际组织对该项目给予了食品和经费等方面的支持。

2.拉吉夫·甘地国家托儿所计划：为职场母亲提供保育服务。

拉吉夫·甘地国家托儿所计划由印度联邦政府推出，通过为月收入低于 12 000 卢比的 0~6 岁儿童家庭提供日托服务，以满足印度人民日益增长的对儿童保育机构的需求以及对有效儿童保育服务的需要。拉吉夫·甘地国家托儿所计划由妇女和儿童发展部管理，由中央社会福利委员会、印度儿童福利委员会、其他民间社会组织以及私人机构合作实施。

拉吉夫·甘地国家托儿所计划的目标是为社区内职场母亲的子女（6个月至 6 岁）提供日托服务；改善儿童的营养和健康状况；促进儿童的身体、认知、社会和情感发展（即全面发展）；教育儿童的父母、照料者，以便更好地照顾儿童。该计划具体包括提供日托设施、睡眠设施、早期刺激（0~3 岁）、学前教育（3~6 岁）、补充营养、生长监测、健康检查及免疫接种。2016 年后，印度对拉吉夫·甘地国家托儿所计划进行修订，所提供的服务有所扩展：不仅仅提供日托设施和服务，同时也将整体医疗纳入服务范畴，使更多儿童从中受益。

3. 与小学教育衔接的早期儿童教育中心：强调为入学做好准备。

由于政府认识到早期儿童教育是促使儿童在小学阶段不辍学的重要因素之一，因此将早期教育纳入县初等教育计划中，并在初等／基础教育项目下专门设立了早期儿童教育项目。其主要方式有：第一，尽可能以小学为前提重新分配儿童综合发展中心；第二，与小学的时间安排保持一致，方便女童的参与；第三，培训儿童综合发展项目中的服务提供者，帮助他们掌握早期儿童教育的相关知识；第四，为儿童提供游戏材料，尝试加强学前教育与小学的联系，在小学一年级和二年级的教学中，继续应用以游戏为中心的教学方法，把有关入学准备的内容放在小学开学之初进行教授，作为小学课程的开篇。

4. 附设在小学的学前班：小学的组成部分。

除上述机构外，印度政府还通过在公立小学设立数量有限的附属学前班提供学前教育。在这些设有学前班的学校中，很多学校没有专门的学前教育教师，因此小学教师可能也对这些儿童负责。中央广场基金会（Central Square Foundation，CSF）2016 年的分析表明，在 12 个邦，超过一半的公立小学设有附属学前班；而在 18 个邦，只有不到 5% 的公立小学设有附属学前班。特别是西孟加拉邦和阿萨姆邦，设有附属学前班的小学数量特别多，占全国小学所有附属学前班的 66.6%。

（二）私立幼儿教育机构：印度学前教育的重要辅助和支持

近几十年来，除了像儿童综合发展服务项目这种主要的公立幼儿教育计划的蓬勃发展，私立幼儿教育机构的不断扩大也令人瞩目。私立幼儿教育机构在印度早期儿童教育方面起到了重要的辅助和支持作用。所谓私立幼儿教育机构，这里指的是早期儿童教育中的收费／营利性机构。

1. 私立幼儿教育机构状况。

私立幼儿教育机构举办的学前教育有各种名字，如日托之家、保育所、幼儿园以及附设在私立小学、初等中学的学前班等。随着私立幼儿教育机构的迅速发展，它们也逐渐扩展了市场：多年前主要分布在城市地区的私立学前教育项目现在正在逐渐向半城市化地区甚至是农村地区发展。

2. 私立幼儿教育机构主要满足社会经济地位较高家庭的学前教育需求。

公立的学前教育计划主要满足处境不利群体的需求，相比之下，私立幼儿教育机构的服务对象通常是社会经济地位相对较高的家庭的孩子。这类学前教育通常供不应求，学位的竞争往往十分激烈，几乎是几百个儿童竞争一个名额。由于印度的中产阶级人数不断增加，越来越多的家庭能够负担得起子女的学前教育费用。2004 年，印度政府委托早期儿童教育委员会做的研究报告显示，社会和经济水平较高的流动家庭通常不选择地方的公立机构。

（三）第三部门幼儿教育机构：为处境不利群体带来福祉

这里的第三部门实际上也就是志愿机构和合作机构，指的是由志愿机构或是非政府组织提供，由国家或国际援助机构、信托机构、宗教团体资助的早期儿童教育服务机构。第三部门幼儿教育机构对印度经济落后地区学前教育的普及和发展起到了一定的作用，尤其是对部落民族、移民劳工等生活较为困难的群体以及受到恶劣自然灾害（如洪水、地震等）影响的儿童的学前教育有重要的作用。这些非政府组织为学前儿童提供综合服务的场所叫作托儿所或者早期儿童教育中心。有些非政府组织还会运营流动托儿所，如建筑工人在不同工地间流动，这种托儿所也随之流动。除此之外，有些法人团体，如印度工业信贷投资公司，为了履行企业在全球化时代应尽的社会责任，也开始兴办学前教育。

第二节　学前教育的课程与教学

自 20 世纪 70 年代以来，印度政府逐渐加强了对学前教育的重视，制定了多项政策和计划，以提高学前教育服务的质量。随着《早期儿童教育课程框架》《学前教育课程》等的颁布与实施，印度逐渐在全国范围内构建更为规范化的高质量学前教育课程体系，旨在为儿童终身的学习与发展创造良好的早期环境。

一、《早期儿童教育课程框架》

为确保儿童在认知、情感和社会性等方面得到更好发展,《早期儿童教育课程框架》(Early Childhood Education Curriculum Framework,以下简称《框架》)为早期儿童教育工作者提供了纲领性指导。《框架》明确了早期儿童教育课程的设计原则、教育目标、课程内容及课程评价,提出了一系列有利于所有儿童最优化发展的框架性的指导原则和发展任务。

(一)设计原则

《框架》在充分吸收当代早期儿童学习和教育相关研究成果的基础上,提出了早期儿童教育课程设计的 13 条原则:活动符合儿童的年龄特征,适宜儿童的发展;设计一些有利于儿童全面发展的活动;儿童的注意力一般能保持 15~20 分钟,因此活动的持续时间不应超过 20 分钟;在结构化与非结构化、室外与室内、自主学习与引导学习、小组学习与集体学习之间保持平衡;活动实施应从简单到复杂;个人和集体经验应与儿童的生活环境相联系,具有愉悦性和挑战性;从日常生活中培养儿童的安全感;早期儿童教育课程不应是严格的;课程的持续时间一般是 3~4 小时,如果持续时间更长,应提供休息时间;学习机会相互衔接,把儿童整个发展领域的学习经验与实际情境联系起来,反映儿童真实的生活情境;使用母语教学,以利于儿童语言敏感度的发展,为进入小学做准备;课程目标指导课堂过程与儿童评价,课程实施反映教育价值观、信念和经验;为儿童提供探索和体验的机会,使其与周围的人和事物相互作用。

在上述设计原则的基础上,《框架》指出,早期儿童教育课程应促使儿童达成如下学习结果:有效沟通;展示必需的读写技能、计算能力和科学精神;以社会可接受的方式表达情感,具有社会适应性与合作性;具有强壮的身体、健康的生活习惯。

(二)教育目标

《框架》认为,促进儿童潜能的最大化发展,为终身学习奠基,是早期儿童教育课程的目标。为实现这一教育目标,《框架》列出了 8 项具体目标。这 8 项具体目标共同指向儿童的最优化成长与基础性发展,使儿童的认知、情感与社会性得到良好、全面的发展。

《框架》渗透了终身发展的理念,注重对儿童整体人格的培养,把课程实施看成一个不断激发儿童潜能的发展过程。在这一过程中，儿童有能力去获取他们终身需要的知识、技能、价值与理解，逐步提升表达力、想象力和创造力，发展积极的自我概念，进而不断提高认知能力和社会化水平。终身发展理念下的早期儿童教育课程着眼于儿童的内在兴趣与求知需求，通过适宜儿童发展的游戏、活动，不断丰富儿童的感觉经验，为儿童提供各种学习机会，满足其心理、生理、情感和社会的各种发展需要，对实现儿童健康、自信、愉快地成长至关重要。

（三）课程内容

《框架》从儿童的年龄和身心特点出发，提出了早期儿童教育的6大发展领域，这6大发展领域相互交错、不可分割，共同作用于儿童的整体发展。据此，《框架》设置了各个发展领域相关的课程内容，将适宜儿童发展的知识和技能寓于活动、游戏之中，既有利于儿童潜能的多端开发，又有利于儿童生活技能和学习能力的全面提升。其中，身体与运动发展领域包括运动技能、肌肉的灵敏性、平衡感和方向感等；语言发展领域包括听力理解、词汇扩展、语言交流等；认知发展领域包括多种概念的发展（如分类、比较、排序等）、测量模式与评估、数字处理等；社会性发展领域包括习惯养成、主动性与好奇心、合作、同情、社会关系等；情感发展领域主要包括五种感官的发展；创造性与审美欣赏能力发展领域包括对不同艺术形式的探索、艺术的表达与欣赏等。

（四）课程评价

《框架》认为，课程评价不只是为早期儿童教育项目的制订者、家长提供有关儿童学习和发展的有价值的信息，也有利于对儿童的发展障碍、具体需要和特殊能力进行早期诊断。早期儿童教育课程评价主要基于三个方面，即儿童的兴趣与参与情况、儿童的技能与才能、儿童的社交互动。在课程评价过程中，教师通过观察、记录，对儿童的行为与作品进行生成性、持续性评价，监测儿童对知识技能的掌握程度，为儿童进一步发展明确方向。

《框架》指出，"档案袋"评价是早期儿童教育课程评价的重要方法。"档案袋"是生成性、过程性的，具有个性化特征，包括儿童的轶事记录、发展清单及教师的观察笔记等，真实、完整地呈现儿童的认知能力、学习兴趣、努力程度和行为养成等一系列成长评价。"档案袋"评价体现了儿童在评价过程中的主体地位，也推动了评价与教学的紧密结合，使教师能够以发展的眼光看待儿童的成长，合理地进行评价。

二、《学前教育课程》

《学前教育课程》（the Preschool Curriculum，以下简称《课程》）的开发基于儿童一般在 3 岁时已准备好接受学前教育的假设，以循序渐进的方式进行设计，用于 3~6 岁的儿童在小学一年级之前接受 3 年的学前教育。同时，《课程》旨在帮助教师、行政人员、政策制定者和其他利益相关者为儿童提供优质的学前教育，提出了基础设施、学前教育工作人员的资格和工资、儿童入学录取程序、需要保存的记录和登记册、监测和监督机制以及与社区和家长协调统一的重要性等参数。《课程》重点介绍了 3 年学前教育的学习目标、关键概念 / 技能、教学过程和早期学习成果。《课程》还提出了规划学前教育项目、课堂组织和管理、评估、与家长和社区建立伙伴关系的方法。

儿童的学习和发展是全面的，并在健康、认知、个人和社会发展等方面同时取得进展。儿童在不同的时间以不同的方式、不同的速度学习。学前教育的目的是充分激发儿童的潜能，为全面发展和终身学习奠定基础。《课程》提出了以下三个广泛的目标。

1. 儿童保持良好的健康和幸福感。

幼儿期对于人一生的身体状况、社会情感和心理健康至关重要。在这几年里，如果有适当的机会和鼓励，可以促进儿童发展五种感官，加强他们的骨骼和肌肉发育，完善他们的手眼协调能力，确保他们能够流利地书写。同时，他们的认同感和社会技能也在发展，因为他们会主动与其他孩子进行越来越多的游戏活动，最初是两人一组，然后逐渐变成小团体，再变成大团体，从而学会以和谐的方式与他人一起游戏、工作和生活。他们也开始认识到每个人都是不同的，这些差异不仅需要被接受，而且需要被尊重。

最重要的是，儿童需要体验到自主感以及对自己不断增长的能力和成就的信心，并养成良好的健康习惯，发展自尊和积极的自我概念。如果得到适当的培养，这将伴随他们一生。如果他们得到的学习和游戏经验为他们提供了主动的机会，并且对他们来说是有吸引力和挑战性的，又是在他们的能力范围内的，使他们能够体验到更多的成功而不是失败，那么他们的身心就能够健康成长。这种方法将帮助他们培养学习新事物的兴趣，参与并坚持完成新的常规任务，调节自己的情绪，这些都是有助于成功和生活幸福的技能。

2. 儿童成为有效的沟通者。

当 3 岁的孩子进入单语学习的幼儿园时，他们通常已经开始用母语（也就是学校语言）口头表达他们的需求和好恶。此外，在文化氛围浓厚的家庭中，儿童从婴儿期就开始接触书籍，并以长辈的阅读行为作为学习榜样。因此，学前课程需要建立在所有这些早期经验和接触的基础上，进一步提高儿童的沟通技能，以使他们能够口头分享自己的想法和感受，或更有效地描述自己的经历，能够接收和分享信息，从而培养批判性思维和创造性思维。

鉴于印度的多语言环境，有大量儿童的母语不同于学校或幼儿园的教学语言。此外，现在越来越多幼儿园用英语来教学，很多刚入学的儿童对英语口语不熟悉。这种早期学习的差距不可避免地会对孩子们以后在学校的表现产生不利影响。因此，幼儿园应该培养儿童对书籍和阅读的兴趣，多加锻炼学前阶段的口语技能和读写技能。

3. 儿童成为参与式学习者并与直接环境建立联系。

年幼的孩子对这个世界充满好奇和迷恋，事物的颜色、形状、声音、大小都能引起他们的兴趣。学龄前的孩子开始通过理解所看到的事物来认知周围的世界：如果一组五支铅笔的排列方式是分散开来，占更多的空间，而另一组五支铅笔叠放在一起，占更少的空间，尽管两组铅笔的数量相同，但学龄前儿童会倾向于认为后者的铅笔更少。他们的判断受所看到的空间影响，而不是仍在发展中的数字概念。因此，学前教育的一个主要目标是帮助孩子们从基于概念的理解中解脱出来，走向更具逻辑性的思维。通过直接体验及与社会、自然环境的互动，帮助儿童形成与周围世界相关的概念，发展其对环境的理解。

三、学前教育的教学方法

儿童生来就具有惊人的学习能力和欲望。更为重要的是，学前教育要通过游戏和活动为儿童提供丰富的经验，以发展他们的批判性思维和解决问题的能力，使儿童了解自己的年龄和自身发展情况。教学实践必须包括所有发展领域的活动和经验，如认知、社会情感、语言和识字、身体运动、创造性和审美，这些领域都是相互关联的。应提供充足的机会让儿童探索、理解、试验、体验，并将信息转化为有意义的内容和技能。

教学方法是指在特定的社会和物质环境中，使学习得以进行并为获得知识、技能、态度和性格提供机会的一套教学技术和策略。学前教育的教学法有三个组成部分——游戏、互动、环境（如图 4-1 所示），这三个组成部分必须在课程传授中加以重视。

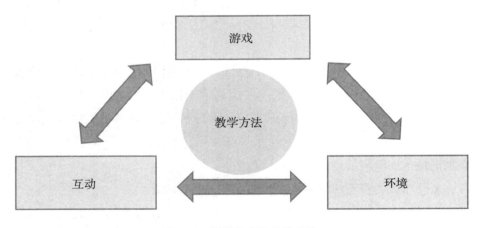

图 4-1　学前教育的教学方法

（一）游戏

游戏是幼儿学习的核心。学前教育课程应大力强调以游戏作为媒介，为儿童提供与环境和同伴互动的机会，以建构知识。游戏可以是自由游戏、受指导的游戏或结构化游戏。自由游戏是由儿童发起的，成人的监督是最低限度的，而受指导的游戏则是由考虑到特殊学习目标的教师发起的。

儿童应得到充分和定期的机会来参与有趣的和适合其年龄的户外游戏

活动。这些活动应涉及大运动的发展，如抓、跑、跳、平衡等。除了户外游戏外，学前班的日常计划应提供时间和机会，让儿童在室内自由玩耍，在活动角使用材料，如积木游戏、操作游戏、艺术活动，这将有助于培养他们的创造力和想象力，并提高手眼协调能力。

教师应确保儿童有充足、安全、适宜、清洁的室内和室外空间以及设备/材料，让他们在室外和室内进行自由和受指导的游戏。对于有特殊需要的儿童，可以根据父母和从事儿童工作的其他人员的意见进行适当的调整。要安排所有儿童轮流参与游戏，以鼓励他们发展社交技能，如分享、等待、与同伴玩耍等。

（二）互动

成人、年龄相仿的同伴、年龄较大的儿童和兄弟姐妹在有趣的学习过程中是重要的、不可或缺的。互动有三种类型，即同伴互动、材料互动和成人互动。

同伴互动：在游戏中与其他儿童的互动为学习提供了一个重要的环境，儿童在其中观察，并在观察的基础上模仿和建构。当儿童分享、解决问题、与其他孩子协调、创造自己的游戏时，他们获得了社交和情感技能。当儿童学会等待时，他们就会学会自我调节，会玩基于规则的游戏。

材料互动：儿童在自由和受指导的游戏中与各种材料互动。需要确保材料适合儿童的年龄和发展水平，能为儿童提供与其他儿童一起玩耍、互动、解决问题和创新的机会。活动区的材料可以有蜡笔、玩偶、人造水果蔬菜、积木、拼图、珠子、量杯和勺子、立方体、纽扣、卷尺、磅秤、医疗道具、化妆道具、书籍、黏土等。

成人互动：通过材料和互动，教师和家长可以帮助儿童将现有知识与以前学到的技能建立联系。成年人指导儿童并安排环境来支持学习过程。教师在通过实施有意识的计划和开发适当的课程来扩大学习范围方面发挥着重要作用。

（三）环境

儿童经常与环境互动。儿童想触摸看到的一切，这是他们学习的方式。基于各种各样的活动和材料，儿童通过操纵物体、提问、预测和发展概括能力来探索世界。儿童的学习环境应该是舒适的、安全的和可预测的，应该为儿童提供各种适合发展的材料，供他们独立探索和实验。所有的儿童，特别是有特殊需要的儿童，在得到赞赏、鼓励和回应时，都会形成积极的自我认知和自信。

儿童在认知领域的学习需要通过发展五种感官和基于已有知识与直接环境的 3E[即探索（Exploration）、实验（Experimentation）和探究（Enquiry）] 来促进。因此，教师要有探究的头脑和耐心，让儿童通过实验和发现来学习和体验乐趣。理想情况下，教师应该能够带儿童走出课堂，帮助他们直接与外界互动。如果没有条件，不能走出课堂，教师应该尽可能在教室内让儿童获得更多体验。例如，教师可以带来不同的蔬菜和水果，让孩子们触摸、感受、品尝并讨论他们的经历；还可以让孩子自己带来小盆并在教室中种植植物，帮助其了解植物的生长情况。

第三节　学前教育的保障体系

如何保证所有孩子都有获得高质量早期发展、看护和教育的机会，是世界各国都在不断探索并努力解决的问题。当前，印度的学前教育项目呈现出多元化的景象，由政府、非政府、志愿部门和私人机构提供各种各样的服务。然而，许多学前教育项目常常使儿童陷入枯燥单调的日常生活，如接受结构化的正规学习、做测试和家庭作业，剥夺了他们玩耍、游戏的权利。这些做法对儿童的全面发展有害，不利于儿童的发展和学习动机的形成。为了保证更多的儿童接受公平且高质量的学前教育，印度政府颁布了一系列政策法规，加大财政投入，完善师资队伍建设体系，保证了学前教育事业朝着科学化、规范化的方向发展，基本形成了高质量、可持续的学前教育保障体系。

一、法律政策保障
（一）宪法
印度宪法中有若干条款，作为基本权利或邦政策的指导原则来促进印度的幼儿保育和教育服务。印度宪法中有一项条款授权各邦实行有利于经济和教育处于弱势的群体的积极区别对待政策，并在任何情况下不歧视任何公民，还规定该条款不妨碍邦对妇女和儿童做出特别规定。宪法对幼儿保育和教育提供支持框架的相关条款内容如下：

（1）在拥有自由和尊严的条件下为儿童提供健康发展的机会和便利，保护儿童和青年免受剥削。

（2）与职场妇女直接相关：责成邦确保公正和人道的工作条件和产假救济。（儿童亦受惠于这项法定条文）

（3）在2001年宪法（第86修正案）通过之前，宪法指示各邦向14岁以下的所有儿童提供免费的义务教育。

（4）邦应努力提高人民的营养水平和生活水平，以改善健康状况。

2001年宪法（第86修正案）将0~14岁的儿童明确分为两类，以便根据宪法的不同条款保障他们的利益：各邦应向所有6至14岁的儿童提供免费的义务教育，方式由各邦自行依法决定；各邦应努力为所有儿童提供幼儿保育和教育，直至他们达到6岁为止。印度把提供学前教育的责任下放到各邦。

（二）《国家儿童政策》（1974）

《国家儿童政策》（1974）的制定标志着印度在国家层面第一次把儿童的发展作为政策关注的重点。[①] 该政策指出儿童是国家最重要的财富，国家必须使儿童成长为身体健康、精神机敏、道德健康并拥有社会所需技能的公民。该政策主张在儿童出生之前、之后以及在整个成长期间为其提供适当的服务，以确保他们的身心全面发展。应逐步扩大此类服务的范围，以使所有儿童在合理的时间内享有国家为其均衡成长所提供的最佳服务。

该政策强调不同部门在制订方案时应优先考虑以下五个方面：预防疾病和促进儿童健康；学龄前儿童的营养和护理，准妈妈的营养；教育和培训孤儿与贫困儿童；完善托儿所和其他设施，以照顾正在工作或生病的母亲的子女；残疾儿童的照料、教育、培训和康复。该政策还建议成立国家儿童委员会，努力提供满足儿童需求的多种服务，并确保在各个级别上对所

---

① National policy for children 1974［EB/OL］.（2011-09-27）［2020-03-07］. https：//www.legalindia.com/tag/national-policy-for-children-1974. EE372D11F83CDA3A1036BBBA5392582E.

有基本服务进行连续的计划、审查和协调。号召志愿组织以及信托、慈善和宗教机构等在可能的范围内参与制订儿童福利方案，自行或在国家援助下发展教育、保健、娱乐和社会福利服务。国家应鼓励和加强志愿行动，以使官方行为和志愿行为相互补充。

（三）《国家教育政策 1986》及行动计划（1992）

《国家教育政策 1986》认为学前儿童保育和教育是人力资源发展战略的重要投入领域，是初等教育的辅助和支持，也是对社会处境不利地区的职业妇女的支持。该政策还考虑到了学前儿童保育和教育的整体性质，并指出有必要为儿童的全面发展设计方案。在学前儿童保育和教育计划以及小学教育中，阐明了游戏和活动方式的重要性以及以儿童为中心的必要性，并告诫不要使用正式的教学方法和过早引入读、写、算的教学。此外，还强调了社区参与的重要性。该政策特别侧重于对贫困群体儿童进行早期保育和刺激的需求。

与该政策配套的行动计划（1992）对学前儿童保育和教育从现状、目标、策略、教师、培训、内容、调查、评估等八个方面进行了描述。印度总结了《国家儿童政策》（1974）实施以来儿童发展方面取得的成绩，指出为儿童提供学前教育的基本服务是政府和非政府机构的职能，应当努力满足不同儿童的需求。具体策略是加强现有学前教育机构的建设，在儿童综合发展服务中心增加学前教育的比例，加大中心教学、保育人员的培养和培训力度，加强与小学的衔接，教育部门所属的早期教育中心增加保健和营养部分，以儿童游戏为中心开展教学，禁止开展知识性学习，学前班要提高教学质量，日托中心要加强安全保障和提高师资质量。在指出印度学前教育机构人员短缺、质量不高的问题后，提出要加强学前教育教师的职前培训和促进职后专业发展，加强教师资格认证。号召要重视学前教育机构的基础设施建设，采用以游戏为主的教学方法，在身体发展的基础上进行适当学习。还提出要对当时印度的学前教育发展状况进行全面的调查，摸清家底，然后再出台有针对性的举措。最后提出要加强监测和评估，应由独立机构每五年进行一次评估，以提高服务质量。

（四）《国家早期儿童保育和教育政策》（2013）

该政策重申了印度政府的承诺，即提供从产前（孕妇）到 6 岁儿童的全面发展的综合服务，认识到儿童的健康、营养、心理社会和情感需求之间的协同和相互依存关系，并注重每个儿童的保育和早期学习。该政策第一部分主要对幼儿期进行了界定，即生命的前 6 岁阶段（怀孕到出生，出生到 3 岁，3 岁到 6 岁），指出幼儿保育和教育的重要性；第二部分叙述了该政策的背景，包括印度学前教育的发展进程，颁布的相关法律政策，当时印度学前教育现状；第三部分对该政策的涉及机构进行了简要论述；第四部分提出该政策的愿景是倡导自由、普遍、包容、公平、快乐，充分发挥潜力，实现所有 6 岁以下儿童的全面发展；第五部分指出了 11 个重要领域，并倡导提供公平的入学机会，确保教学质量，加强能力建设（提高师资水平，促进教师教育机构建设）；第六部分提出在全国范围内建立健全数据收集 / 生成和信息管理系统，加强对幼儿保育和教育计划的监测与监管；第七部分提出加强科学研究，开展实证调查；第八部分指出要破除"教育孩子仅是母亲的责任"的传统观念，加大对学前教育的宣传力度；第九部分提出加大跨部门合作力度，建立协同机制；第十部分提出除了各级妇女与儿童发展部门外，还需要成立专门的国家儿童教育委员会，以指导和监督国家幼儿保育与教育政策的实施；第十一部分强调建立联邦、邦、县以及县以下行政机关的伙伴关系，加强与所有利益相关者的协调合作；第十二部分指出政府需要增加对优质幼儿保育和教育的投入；第十三部分规定国家幼儿教育政策执行情况每五年检查一次，中间可能会安排阶段性检查。

（五）《国家教育政策2020》

为了适应信息时代社会经济发展的需要，印度 2020 年 7 月发布了最新的全国性教育政策《国家教育政策2020》，这是印度独立后发布的第三份国家教育政策。这一政策将中小学教育制度改革为新的"5+3+3+4"结构，分别为 5 年的基础阶段［3 年的学前教育（3~6 岁）和一年级、二年级（6~8 岁）］、3 年的预备阶段［三年级、四年级、五年级（8~11 岁）］、3 年的初中阶段［六年级、七年级、八年级（11~14 岁）］和 4 年的高中阶段［九年级、十年级、十一年级、十二年级（14~18 岁）］，改革后将 3 年的学前教育纳入了国家教育制度之中。

该政策的总体目标是确保全国各地分阶段普遍获得高质量的幼儿保育和教育服务，特别重视和优先考虑社会经济处境特别不利的地区，希望儿童在以下领域取得最佳成果：身体和运动发展，认知发展，社会、情感、道德发展，文化/艺术发展，以及交流、早期语言、识字和算术的发展。幼儿保育和教育将通过一个大幅扩大和加强的幼儿教育机构系统来实施，该系统包括独立的安格瓦迪，附设在小学的安格瓦迪，附设在小学的至少覆盖 5 至 6 岁儿童的学前班，以及独立设置的学前学校，所有这些学前教育机构都将招聘在幼儿保育、教育课程以及教学法方面受过专门培训的工作者/教师。

二、经费投入保障

在印度，因为儿童早期保育与教育服务主要是政府职责，所以在投入方面也是以政府投入为主，其他渠道诸如国际组织的援助等为辅，共同负担印度的儿童早期保育与教育。印度政府对学前教育财政预算有着非常细致、明确的国家政策保障，这种保障主要通过《国家儿童行动计划》[①] 和国家五年计划实现，完善的立法与政策保障为印度政府对学前教育的财政拨款提供了强有力的支持与保障。首先，《国家儿童行动计划》在总体上明确财政预算，规定要整合源自联邦政府和邦政府的财政、物质、技术和人力资源。规定还包括：相关部门要详细规定和计划儿童学前教育的预算，应确保预算的全投入，且应充分考虑儿童的数量进而相应增加预算；全面的预算应该由预算、支出和监督构成；在预算分配上要确保弱势儿童的优先权；要确保经济和政策之间的协调。[②] 其次，印度政府将学前教育经费纳入国家五年计划，将学前教育财政预算作为包括健康、保护、发展等在内的综合性预算项目（儿童财政预算）的一个重要组成部分单独列支。所谓儿童财政预算，是指专门用于儿童的预算花费总量，即在儿童项目或计划上的预算花费的总量。儿童财政预算由儿童保护、儿童健康、儿童发展与儿

---

① 《国家儿童行动计划》由印度政府颁布，为印度学前教育事业的公平与均衡发展提供了重要的法律基础与政策保障。

② 齐晓恬. 美、英、印三国学前教育财政投入的保障机制特点分析 [J]. 河北师范大学学报（教育科学版），2012（6）：73-78.

童教育这四项子预算组成，其中儿童教育所占份额最大。

儿童财政预算中相当一部分主要用于印度学前教育项目的运转，其中最主要的公立学前教育项目即儿童综合发展服务项目和拉吉夫·甘地国家托儿所计划，这两个学前教育项目每个财政年度均有专门的中央财政预算。每年印度政府对儿童综合发展服务项目的财政预算又进一步细分为用于日常机构运转的经常性项目预算和用于基础设施建设、设备与家具购置及更新等的非常规项目预算。

总之，印度政府对学前教育的控制和预算是通过《国家儿童行动计划》和国家五年计划等来实现的。将学前教育经费预算纳入国家年度财政预算，实行学前教育经费单项列支，有利于学前教育财政的长久稳定，有助于保障学前教育事业的长足发展。

三、师资队伍保障

教师是儿童学习与成长过程中的重要成员，幼教师资水平的高低直接关系着学前教育整体质量的高低。印度自 20 世纪 70 年代以后，成立了诸多与教师教育相关的委员会，这些委员会以出台框架文本的形式推动教师教育的发展。印度全国教师教育委员会（NCTE）在 20 世纪 70 年代年发布的《教师教育课程框架》（Curriculum Framework for Teacher Education）规定，从学前至高中的教师教育课程内容包括教育学理论、各科教学内容方法和教学实习 / 社区生活。上述三类课程在总课时中所占比例依次为 20%、60%、20%。县教育与培训学院的四年制课程计划分为三大块：课程基础学科学时占总学时的 34.9%；专业教育科目学时占 46.5%；教育科目学时占18.6%。1998 年，NCTE 颁布的一项教师教育质量课程框架详细介绍了学前、小学、初中、高中阶段的教师教育课程结构，以及实践课程与理论课程的设置内容。2009 年 10 月，NCTE 正式颁布了《教师教育国家课程框架》（National Curriculum Framework for Teacher Education），这一框架被视为改变教师教育状况的催化剂，使印度的教师教育机构不仅成为研究中心，而且成为改进教育方法和课程的实践实验中心。

（一）幼儿教师的职前教育

教师的职前教育作为教师专业化的起点，担负着培养教师的重要使命，是教师胜任未来教学岗位不可或缺的环节。可以说，教师知识体系的初步形成、教育能力的奠基以及终身学习与专业化发展的意愿都与教师的职前教育课程息息相关。《教师教育国家课程框架》指出，学前教育的目标是在以儿童为中心、以游戏和活动为基础的快乐学习环境中实现儿童的全面发展。学前教育的教师教育计划应对受训者的概念和能力方面进行培养，以及发展以儿童为中心、以游戏和活动为基础的课程的有关态度和技能：认知和语言发展，健康和营养，社会、情感发展，身体和心理运动发展，审美发展，创造力和游戏，方案规划和学校组织，社区动员和参与。这些要求需要教师教育者除了具备上述领域的专业知识和方法技能外，还应具备良好的学前教育理念。

学前教育文凭课程（Diploma in Pre-school Education，DPSE）为未来的幼儿园教师提供了获得全国教师教育委员会认证的职前教育课程。以空军职业学院（Air Force Vocational College）为例，申请学前教育文凭课程的人员必须满足以下所有资格条件才可入学：（1）申请者必须通过高中考试（10+2），且分数至少为总分的50%。（2）资格考试中，属于表列种姓、表列部落或残疾人类别的考生，其分数可放宽5%。（3）自入学当年9月30日起，最高年龄不得超过24岁。（4）只允许对属于表列种姓、表列部落或残疾人类别的申请者放宽年龄上限5年。（5）根据德里教育研究与培训委员会发布的成绩进行录取。入学后将进行为期2年的课程学习，课程大纲如表4-2所示。

表4-2　空军职业学院 DPSE 课程大纲

第一年	第二年
1. 印度幼儿保育和教育情况	1. 培养儿童对环境的认识
2. 了解儿童与童年	2. 语言能力：印地语和英语
3. 学前教育课程：原则与重点	3. 性别多样性与歧视
4. 儿童数学概念发展	4. 帮助有特殊需要的儿童

续表

第一年	第二年
5. 儿童读写与语言能力发展	5. 学前教育项目的策划与组织
6. 儿童健康、护理与营养	6. 与家庭和社区合作
7. 方法与材料	7. 自我发展
8. 学校体验计划	8. 学校体验计划

此外，DPSE 的考核按照所属机构（即邦教育研究与培训委员会）的规定进行。

总体而言，印度通过成立全国教师教育委员会，制定职前教师教育课程政策并规范不同的入学要求、学制、合格标准，为幼儿教师的规范培养与专业素养提升指明了道路。

（二）幼儿教师的职后培训

《国家教育政策 2020》十分重视学前教育师资队伍的建设，指出为了在安格瓦迪培养一支高素质的幼儿保育和教育的初级骨干队伍，现任的安格瓦迪工作者、教师将按照国家教育研究与培训委员会制订的课程、教学框架接受系统的培训。安格瓦迪工作者、教师的最低任职资格为高中毕业生，且需要进行为期 6 个月的幼儿保育与教育资格证培训；那些目前低于高中学历的在职工作者应进行为期 1 年的文凭培训，涵盖幼儿识字、算术和其他相关的幼儿保育和教育内容。安格瓦迪工作者、教师的幼儿保育和教育培训由国家教育研究与培训委员会基础教育处提供指导，每月至少举办一次活动，以便进行持续评估。

1. 儿童综合发展服务项目员工及培训。[①]

儿童综合发展服务项目的教职员工建设对整个项目质量的保障和发展至关重要。教职员工的身份、地位、待遇、学历水平和培训决定了项目所提供的服务的水平。儿童综合发展项目面向的群体主要是生活在农村、部

[①] 霍力岩，等. 美、英、日、印四国学前教育体制的比较研究：下［M］.北京：北京师范大学出版社，2013：521-527.

落民族地区和贫困地区的儿童和妇女，因而该项目的教职员工的整体水平并不高。政府力求通过降低门槛让更多的妇女进入项目提供服务，并通过加强在职培训提高服务的整体水平。

印度儿童综合发展服务项目的教师并非严格意义上的教师，而是项目工作人员。儿童综合发展服务项目的团队包括 5 大类工作者：儿童综合发展中心助手、儿童综合发展中心工作人员、督导、儿童发展计划官员以及地区项目官员。工作在儿童综合发展中心一线的工作人员和助手不仅需要关注儿童的健康，还要为儿童提供学前教育活动，并进行家访等。根据资格、经验和工作年限的不同，这些工作人员和助手会得到不同的酬劳。这些工作人员在入职时是志愿参加，在接受 3 个月的职前培训后即可上岗。鉴于入职门槛较低，在职培训对于项目质量的提升具有十分重要的意义。因此，妇女和儿童发展部、国家公共合作和儿童发展协会以及提供援助的世界银行都开展了翔实多样的培训项目，向该项目的工作人员提供技术支持。

2. 拉吉夫·甘地国家托儿所计划员工培训。

拉吉夫·甘地国家托儿所计划中的员工培训是指在指导托儿所员工工作的同时也指导计划实施机构提供更好的服务，并在托儿所中心建立更加适合儿童成长的环境。每一个托儿所工作人员和助手都要接受短期培训。邦政府认证的培训机构将会按照在国家公共合作和儿童发展协会的帮助下制订的培训模式提供培训，即每次为 30 名托儿所员工进行为期 10 天的培训。[①]

所有的托儿所工作人员和助手在进入机构之后都要接受短期培训。培训能帮助教师更好地理解儿童生存、成长和发展的关键问题，并且尤其关注 3 岁以下幼儿。工作人员通过培训获得组织各种活动的技能以及照顾婴儿和学步儿童心理和社会方面的技能，懂得家长和社区参与对于托儿所计划的重要作用，同时发展与家长合作的能力。[②]

---

① Annual report 2007-2008［EB/OL］.（2009-06-16）［2021-09-07］. http：//wcd.nic.in/.

② 霍力岩，等. 美、英、日、印四国学前教育体制的比较研究：下［M］. 北京：北京师范大学出版社，2013：521-527.

　　印度政府致力于确保所有儿童都能获得优质的幼儿保育和教育。为此，政府采取了众多举措，幼儿保育和教育的质量不断提高。当然，印度普及八年义务教育的时间不长，义务教育均衡发展任务还很重。近年来，获得不小成绩的学前教育未来仍然面临严峻的挑战，特别是在学前教育得到国际社会重大关注的时代背景下，《国家教育政策2020》把3~6岁的学前教育与初等教育的一年级、二年级重构为中小学教育的第一个阶段，这当然有助于实现幼小衔接的一体化，但是这一设想涉及学前教育和中小学教育的重大变革，能否顺利落地还未可知，印度政府发展学前教育的道路仍然任重道远。

第五章
印度初等教育

1947 年独立之初，印度初等教育沿袭了殖民地时期的官办教育，无论是在学制还是在学校数量方面都已不能满足印度经济建设和人才培养的需要，初等教育系统亟待改革与发展。因此，尽管刚刚独立，国内百废待兴，印度仍充分认识到初等教育的基础性和重要性，1950 年通过的宪法就规定普及八年（6~14 岁）义务教育。2001 年后实施普及初等教育计划，初等教育不断发展，取得了长足进步。2009 年颁布的《儿童免费义务教育权利法》直接促进印度普及了义务教育，性别、种族和地区间的差距有所缩减，教学质量不断提高。印度 2020 年颁布了《国家教育政策 2020》，将中小学教育进行重构，把学前教育 3 年与初级小学教育 5 年定为基础阶段和预备阶段，实行统一的教育，原来的高级小学阶段 3 年定为初中阶段。当然，这一新政策的全面落实还需假以时日。

第一节　初等教育的管理与实施

自推出《国家教育政策 1968》后，印度逐步实行"10+2+3"学制，10
年的普通教育，2 年的高级中等教育，3 年的高等教育第一级学位阶段，其
中普通教育包含 8 年的初等教育（6~14 岁）和 2 年的初级中等教育。初等
教育与义务教育重合，也可以说是义务教育。初等教育又可分为两个阶段，
第一个阶段是初级小学阶段，即一至五年级；第二个阶段是高级小学阶段，
即六至八年级。

一、初等教育的管理

当前印度教育管理的特点是中央与地方共同对教育事业负责。印度
1950 年宪法规定，将立法权划分为联邦和各邦两部分，教育原则上由各邦
管理，实行地方分权，但联邦教育部通过对邦政府的财政援助，在促进教
育的发展与消除各邦的差距等方面起指导作用。这种在联邦政府统一指导
下，以各邦为主的教育管理体制，使得对义务教育的管理权力的重心在邦。
当然，联邦政府仍负有顶层管理和监督的职责。印度 1976 年宪法修正案教
育条款规定，联邦政府在加强教育的全民性和一体化方面负有更大的责任。

（一）行政管理机构

1. 联邦教育行政。

印度联邦一级主管教育的部门为教育部，其中负责初等教育的为学校
教育与扫盲司。联邦教育部在义务教育方面发挥着总领和协调作用：作为协
调机构，协调各个邦的教育发展情况，促使各邦形成一致的、标准化的发展
体系；开展有关初等教育的研究，广泛进行调查，并撰写报告，系统性地分
析全国初等教育发展情况；发起试点项目、教育计划等，促进教育改革与发
展；消除各邦的差距并保证机会均等；对欠发达的邦提供财政援助等。

近年来联邦教育部实施了诸多与初等教育相关的国家计划，比如普及初等教育计划、国家女童初等教育计划、营养午餐计划、整体教育计划等。其中，整体教育计划是一项针对学校教育的总体性计划，包含了从学前班到十二年级的所有阶段，努力为学生提供包容和公平的优质教育。该计划尤其重视初等教育，关注学校的教育质量、学生的学习成果、职业课程在学校的开展情况以及学校教育中的社会和性别差距等问题，致力于全面改善初等教育的发展。

2. 邦教育行政。

印度初等教育是地方的事业，主要由邦政府负责。邦的教育行政机关为邦教育部，某些邦也称为文化教育部或普通教育部，邦教育部的最高领导"Minister"一般直译作"部长"，相当于我国各省的教育厅厅长，部级以下还有秘书级、局长级。邦教育部长直接对邦议会负责，其本人也是邦议会的议员；邦教育秘书协助部长工作，并直接负责教育政策的制定。邦教育部设有各种职能部门负责管理邦的各类教育，同时还专门设有教学指导委员会，指导、协调、监督、促进各类学校的教学工作。[①] 值得注意的是，邦级教育行政部门并非邦内唯一的教育管理机构，一些业务部门也管理本领域的专业教育，例如农业部兼管农业教育，卫生部兼管卫生教育等。

3. 地方教育行政。

印度各邦又可分为若干个县，县政府下设县初等教育委员会，负责本地区所有初等教育的发展事务。县初等教育委员会的具体工作职责、权力范围由邦/县初等教育条例规定，各地并不完全一致，但大体上都包括监督和管理本地区所有小学，为本县学生提供免费校服、免费课本，教师招聘与师资培养，提供教学设备和改善学校的基础设施等内容。委员会需要定期视察各个小学，与校长、教师进行交流，以了解学校的真实情况，提出改进建议，并为学校提供必要的资金支持。委员会每五年进行一次换届。

---

① 王长纯.印度教育［M］.长春:吉林教育出版社，2000：210.

（二）半行政管理机构

《国家教育政策 1986》特别注重教育管理对教育发展的促进作用，单列一个部分专门对教育管理进行论述，主要指导思想是分权：分散权力并创造教育机构自治的风气；对人们的参与，包括非政府机构和民间自发的联合，给予高度评价；引导更多的妇女参与教育的规划和管理；地方社区将在学校发展中通过适当的机构起重要的作用。[①] 印度 1992 年宪法修正案也对分权有所规定，要求邦政府加强对现存的地方自治机构（潘查亚特）的管理，在那些没有地方自治机构的地区设立新的自治机构，并通过法律法规和财政机制授予这些地方自治机构在教育及其他领域的权力及应承担的责任。因此，除政府机构管理教育事务外，从联邦到邦再到学校层面，涌现了一批半官方的自治机构，负责监督和管理教育事务。其中，在各类自治机构中，影响力较大、较具有权威性的是国家 / 邦教育研究与培训委员会、学校管理委员会。

1. 国家教育研究与培训委员会。

国家教育研究与培训委员会设有初等教育处，负责向印度政府提供有关初等教育的政策和计划。它是国家层面上实施普及初等教育计划和 2009 年《儿童免费义务教育权利法》的部门，在不同类型的活动中发挥着主导作用，如评估各类教育方案、进行教育研究、教材开发、教师培训等。

该部门在初等教育方面的主要职责有：在与初等教育有关的领域进行研究，特别是与提高初等教育质量有关的议题；对各邦的教育方案进行评估，推广和普及评估资料与方法；为编制各科教学大纲和课程材料以及一至五年级的教师辅助材料制订指南；指导各邦 / 中央直辖区的教育部门开展工作，以帮助其按照国家课程框架开展教学；提供学术支持，包括规划、实施、监测和评估等各项活动，特别关注那些与提高教育质量有关的活动；开展各类宣传活动，以提高社区对初等教育相关问题的认识和敏感度；就初等教育的重要主题和重点领域开展研讨会和咨询会议等，并记录和传播相关材料。

---

① 瞿葆奎. 印度、埃及、巴西教育改革 [M]. 北京：人民教育出版社，1991：429-462.

2. 邦教育研究与培训委员会。

邦教育研究与培训委员会是邦教育部门下的一个自治机构。它是按照国家教育研究与培训委员会的思路建立的，负责所在邦从学前教育到高中教育的所有学术问题。邦教育研究与培训委员会的愿景是"通过研究、开发和培训来领导学校教育，培养学生的能力、创造力和科学精神"，主要职能有：向邦政府提供关于提高学校教育质量的政策和方案的建议；开展和协调学校教育领域的教育研究；开发学校教育的课程、教科书和其他材料；编写研究论文和其他相关文献；定期为教师组织在职培训，开发教师职前教育的课程和材料；开发和传播创新的教育技术和实践；与其他邦的教育部门、大学、非政府组织和其他教育机构进行合作；等等。

印度各邦具体情况不尽相同，但大体保持一致。以喀拉拉邦为例，该邦教育研究与培训委员会负责邦内所有与学校教育相关的事务。喀拉拉邦教育研究与培训委员会主要分为两个部门，一个部门负责所有学术事务，一个部门负责所有非学术事务，其中负责学术事务的部门下设六个小组，分别负责学校教育的不同方面，每个组都包含若干名助理教授、研究员和当地政府工作人员。喀拉拉邦教育部部长担任该委员会主席。

3. 学校管理委员会。

按照《儿童免费义务教育权利法》精神，学校管理委员会作为分权结构的一部分，是地方参与教育治理的重要体现。该委员会通过参与中小学治理确保教育质量和公平，加快普及义务教育。《儿童免费义务教育权利法》对学校管理委员会的组成和职能做出了基本规定①：来自学生家长或监护人的成员比例不低于75%；弱势群体及弱势群体子女的家长或监护人应保持适当比例；女性成员的比例不低于50%。学校管理委员会的主要职能是监督学校的工作，制订学校发展计划，监督学校从联邦政府、邦政府、地方政府或任何其他机构所获资金的使用情况，履行规定的其他相关职责。其中，学校发展计划应为三年计划，具体应包含以下内容：对每年的班级入学率的统计；三年期间在增加教师人数方面的要求，包括校长、学科教师和兼

---

① DWIVEDI R，NAITHANI A. Primary education in India：role and responsibilities of school management committee (under right to education act)［J］. Management Insight，2015（1）：6-15.

职教师；三年期间基础设施和设备的实际需求；三年期间按年度计算的财务要求；提供特殊培训设施的附加要求，如免费课本和免费校服；履行《儿童免费义务教育权利法》规定的学校责任所需的任何其他财务要求。

二、初等教育的实施

初级小学和高级小学之间的联系和教学机构的运行都相当复杂。初级小学和高级小学往往在不同的机构中进行，但不是在所有地区两者都是分离的。有些初等学校同时提供两个阶段的教育，私立学校中这种情况比公立学校更为普遍，但各邦各有不同。

印度中小学依据学校不同的主办者可以分为政府学校、地方机构学校、受政府资助的私立学校和不受政府资助的私立学校四类。政府学校指邦或联邦政府、公共部门、完全由政府资助的自治机构主办的学校；地方机构学校是指由市政当局或市政委员会之类的政府机构主办的学校；私立学校是指由个人或私人机构举办的学校，其中受政府资助的私立学校是指接受政府或地方机构以公立学校教师工资的一定比例支付教师工资的私立学校，不受政府资助的私立学校是资金完全自筹的私立学校。[①]

以德里为例，德里的政府学校，即由德里政府或受政府资助的自治组织所管理、运行的学校，受教育理事会的管理。德里市政府和新德里市政府管理的学校属于地方政府开办的学校，私立学校通常是由私人或者私立组织（包括宗教团体和私人慈善会等）运行的学校。除此之外，另外的一些学校，包括面向政府雇员子女的中心学校和面向天才儿童的示范学校则受联邦教育部的直接管理。

第二节　初等教育的课程与教学

20 世纪 60 年代以后，印度初等教育经历了一系列的重要改革，相应地在课程与教学方面也有所变化，使之顺应社会经济发展和人民精神文化

---

① 杨红霞.印度政府对私立中小学的资助及其启示［J］.华中师范大学学报（人文社会科学版），2008（5）：135-140.

的需求。科塔里委员会于 1966 年发布了有关教育发展远景规划的教育与国家发展报告书，联邦政府于 1968 年和 1986 年两次颁布具有法律地位的《国家教育政策》，这些政策文件均对初等教育的发展提出了新的理念与思路，包括改革学制，推行三种语言方案，规范和扩展课程教学内容等。其中，《国家教育政策 1986》第一次提出了全国性的课程框架，该框架包括核心课程和一些较为灵活的课程。这些课程内容贯穿于各个科目之中，以培养平等主义、民主和世俗主义、男女平等等价值观。[①]2000 年，印度国家教育研究与培训委员会公布了国家学校教育的课程框架（讨论稿），2005 年颁布《国家课程框架 2005》，掀起了印度新一轮的课程改革，同时，这也是印度沿用至今的一版课程框架。

一、初等教育的课程

目前，印度初等教育年限为八年，分初级小学（简称"初小"）和高级小学（简称"高小"）两个阶段，初小年限为五年，高小年限为三年。课程和教材虽由各邦自定，但各地初等教育的课程设置一般遵循联邦教育部门确定的一些原则：课程设置的目标具有普遍性；课程设置与中等教育的课程设置具有相关性；课程设置具有可比性；教学目标和实践具有统一性；教学内容与国家政治经济总目标具有一致性；课程内容和教学计划的安排具有灵活性。印度初等教育的课程主要包括语言、数学、科学、社会科学、艺术、健康与体育、和平教育。

（一）语言

印度是一个多语言国家，因而在课程设置中有三种语言方案，即学生须学习三种语言：母语（或地区语言）、印地语、英语。初小阶段学习母语或地区语言；高小阶段学习三种语言，即母语／地区语言、印地语和英语。在初等教育的八年时间中，大约通过一半时间（四年）的学习，学生就可以掌握基本的英语语言能力。

在语言教学中，教师通常运用建构主义，以儿童日常活动中感受到的社会文化为基础，逐渐发展其读写能力。在初小阶段，应鼓励儿童自由地表

---

① 刘媛媛.当代印度基础教育课程改革研究［D］.南京：南京师范大学，2008.

达自己，尊重儿童的母语习惯，使儿童在生活环境中自主掌握语言的规律，在各种活动中提炼语法的学习要点，而不是简单的、枯燥的灌输式教学。

（二）数学

在初级小学阶段，可以通过数学游戏、谜题和故事等方式，将数学与儿童的日常生活联系起来，使他们获得相应的认知技能，并培养孩子对数学的积极态度。初小阶段的数学包括数字运算、形状、空间理解、测量和数据处理等内容，强调建立不同内容间的联系，培养儿童的推理和逻辑能力。具体来说，一、二年级时，儿童需要形成一些基本的与大小、长度和重量相关的前数学概念，需要突出分类、分组和有序思考的技能。数学的学习内容是围绕儿童的直接环境确立的。三至五年级的儿童应该接触到数字和分数的概念，并且应该掌握数字和分数的四种基本运算——加、减、乘、除，以及相关的计算技巧。长度、重量、金钱、时间、面积和体积等概念应该在测量、使用它们时一起发展。[①]

在高级小学阶段，学生已经具备了抽象思维的能力，并具备了一定的学习经验，可以重新审视和巩固在初级小学阶段学到的基本概念和技能。这一阶段，旨在让学生掌握普遍的数学规律和知识，提高学生的空间推理能力和处理数学信息的技能，学习的内容包括代数符号及其在解决问题和概括中的应用，系统地研究空间和形状等。

（三）科学

在初级小学阶段，孩子们应该快乐地探索周围的世界并与之和谐相处。这个阶段的目标是培养孩子对世界的好奇心，让孩子参与探索和实践活动，通过观察、分类、推理等获得基本的认知和心理运动技能；强调设计和制造、估计和测量，为后续的定量研究课程打下基础。整个初级小学阶段的科学课程，都不设置专门的定期考试，不公布成绩。

在高级小学阶段，孩子们通过熟悉的生活经验来学习科学原理，学习设计和制作简单的工具，并通过活动和调查继续了解环境和健康，包括生殖健康和性健康。这一阶段的科学课程设有小组活动、与同伴和教师讨论、调查、展示等教学活动，并有持续的以及定期的评估（包括单元测试、期末测试等）。

---

① 赵中建，等.印度基础教育［M］.广州：广东教育出版社，2007：45.

（四）社会科学

印度十分重视社会科学领域的教育，并针对不同年龄阶段的学生教授不同的知识内容。在初级小学阶段，社会科学所涉及的自然环境和社会环境的教学内容都来自儿童所处的环境，没有独立开设课程，而是与语言、数学以及其他的活动如游戏、健康活动、绘画等整合在一起，促进学生的观察、描述和自我表达等技能。三年级至五年级时，社会科学中自然环境和社会环境的内容将独立为一个科目，即"环境学习"。其中，自然环境的研究重点放在保护自然环境和挽救自然环境急剧退化的现实问题上，社会环境的研究则结合儿童的日常生活经验，比如城乡差异、种姓等社会敏感问题。

在高级小学阶段，社会科学将从历史、地理、政治学和经济学中汲取内容，整合教学。历史部分包括印度不同地区的发展，世界各地的主要事件及发展历程；地理部分包括环境、资源等内容；政治学部分将向学生介绍地方、邦和联邦等各级政府的形成及运作，以及民主参与的过程；经济学部分让学生了解家庭、市场和国家等经济体的运作体系与规律。

（五）艺术、健康与体育教育

初等教育阶段的艺术涵盖四大类，即音乐、舞蹈、视觉艺术和戏剧。每所学校都应设有专门的艺术课程，配备专业教师和专业设备，一节课大约持续一个小时到一个半小时，以确保一堂艺术教育课的完整性。艺术教育旨在传授美的多样性，鼓励儿童表达和展现自我，培养儿童的审美意识和坚持不懈的精神，而不必设单一或成人化的"完美标准"。同时，印度十分重视传统文化的学习，开设专门的课程讲授印度丰富的文化遗产、传统手工艺等。

健康与体育是初等教育阶段的一门核心课程，与其他学科具有同等重要的地位。这一学科领域包括健康教育、体育教育和瑜伽等。

（六）和平教育

鉴于当今世界的动荡与冲突，印度特别强调在初等教育阶段开展和平教育，并贯穿所有其他课程领域。和平教育注重培养学生道德品质方面的能力，包括与他人（包括自然）和谐相处所需的价值观、态度和技能，享受和热爱生活的希望与勇气，尊重人权、社会、文化多样性的品质，以及正义、宽容、合作等。和平教育必须渗透整个学校生活——课程、学校管理、师生关系、教学过程和学校活动。此外，需要有意识地消除儿童周围日益增多的暴力事件及媒体宣传等对儿童思想的负面影响，取而代之的是促进儿童对和平生活更有意义的方面的思考。真正意义上的教育应该使每个人能够明确自己的价值观，使他们能够在考虑到行动后果的情况下，做出有意识和深思熟虑的决定，要选择和平的道路而不是暴力，使他们成为和平的缔造者，而不仅仅是和平的消费者。

具体来说，为了开展和平教育，初等学校可以在校内设立专门的俱乐部和阅览室，集中报道和平新闻和违反社会公正与平等规范的事件；列出一份宣传正义与和平价值的电影清单，包括纪录片和故事片，定期为学生播放；邀请有影响力的人物来学校进行演讲，在报纸和期刊上积极宣传和平思想；在学校开展各类宣传印度文化和宗教多样性的活动。

二、初等教育的教学

《国家课程框架 2005》对初等教育阶段的教学提出了指导性的要求和意见。进入小学后，儿童开始正式接触阅读、写作和算术等科目，并通过八年的学习，塑造个人理性、发展智力和培养社会技能。初等教育阶段是儿童认知发展的关键期，为未来的发展奠定基础。这一时期的教育必须具有综合性质，使儿童能够获得语言和表达能力，并通过各类活动不断增强自信心。同时，基于印度多种族、多文化的社会现状，初等教育同样需要结合不同背景的学龄儿童的需要，因此，多元性和灵活性也是这一教育阶段的教学关键。

（一）教学方法

印度初等教育阶段的教学方法特色鲜明，改革方向明确。

一是强调以儿童为中心的教学方法，在课程设置和教学内容方面都十分注重学生的个人经验和能力。《国家教育政策 2020》指出，中小学课程和教学法要适应学习者在不同发展阶段的需求和兴趣。因此，课程和教学法改革的总体重点将是使教育系统朝着真正的理解和学习的方向发展，摆脱当今普遍存在的"死记硬背"的模式。教育的目的不仅在于认知能力的发展，还在于树立个性并培养具备 21 世纪关键技能的全面发展的个人。同时，教师在教学过程中，要十分注意本土文化、本地知识与课程内容的结合，包括当地的传说、歌曲、民谣等。儿童在接受正规、系统的学校教育前，已经通过这些本土文化获得了关于社会和环境的知识，这些知识存在于儿童的记忆里，因此，教师在开展教学活动时，需要结合儿童的内在知识、生活经验等进行教学设计。

二是依照建构主义，设计与儿童的心理发展和兴趣相一致的教学过程。学习是主动的、具有社会性的过程，有意义的学习是一个生成的过程，也是一个不断深化和丰富联系以及获得新的意义层次的过程。知识是被建构出来的，而不是作为成品直接提供给学生的。初等教育阶段，教师十分注重与学生的互动，经常组织小组讨论、调查实践、课堂展示等活动，营造民主的课堂环境。建构主义认为，教师是儿童建构知识的中介，是社会与儿童之间的沟通媒介，教师不仅仅是一个教学者，同样是成人社会的代表，通过手势、语言等向儿童传递社会文化。在互动和建构知识的过程中，除了教师与学生的互动外，儿童与儿童间的互动也十分重要，可以实现儿童初步的社会化。

三是借助批判性教育学的有力观点，培养学生的多元性。印度是一个孕育着多种文化的国度，为了维护多元文化社会的稳定，教师还需要汲取批判性教育学的观点来开展教学活动。在日常教学活动中，鼓励儿童对社会和政治问题进行研讨和辩论，使他们可以接受社会问题的多种观点和民主的互动模式。批评是一个创造的过程，在这个过程中，儿童不仅建构知识，而且创造知识，并试图取代和超越现有的概念和认知。

（二）教学大纲

印度国家教育研究与培训委员会在 2005 年国家课程框架搭建的课程体系基础上，于 2006 年制定了基础教育各科教学大纲，加快统一全国课程的步伐。中小学首先关注的是儿童语言能力的发展：与表达和识字有关的问题，以及使用语言进行创作、思考和与他人交流的能力。需要特别强调的是，要确保那些希望用母语学习的人有更多的机会，包括那些使用人数很少的部落语言。初等教育阶段虽然教授英语，但绝不能以牺牲印度本土语言为代价。在数学、科学等科目的教学过程中，要注重联系周围环境，结合学生的具体生活经验，开展实践操作活动。通过这种研究，儿童对世界的直觉知识被整合到学校的知识中。在中小学阶段，应提供各种活动，包括参加文化活动、到校外旅行等，使他们在社会和情感上发展成为对他人敏感的有创造力和自信的人，并能够主动行动和担负责任。教师可以设计和领导各种活动，以满足儿童的发展需要，从而为儿童对自我和世界的必要态度和看法打下基础。教师还可以为社会各阶层的儿童提供必要的支持和指导，使他们在小学阶段有所寄托。整个课程的方法应该是以过程为导向，而不是以结果为导向。

在此，以印度普通教育数学教学大纲文件〔Syllabus for Classes at the Elementary Level：Math（I-V）〕为例。该文件由国家教育研究与培训委员会编定并于 2006 年出版，对印度初级小学数学教学大纲做了全面介绍与评析。此大纲编写理念主要是 [1]：

（1）鼓励课堂以外学习文化的发展，如果一个主题能很好地与生活经验相联系，编制相应的趣味练习，那么每学年数学学习的时间将延长并超过 140 课时。

（2）一年级到五年级的学习主题需要经常重叠，不仅是不同年级之间的，而且与同时学习的其他课程中的主题相重叠。

（3）在开发数学材料时，焦点在活动或练习中，围绕学生的现实生活经验对整个课程的各个区域进行开发。这些材料应能同时实现多个目标，并贯穿多个年级段。进一步说，必须把课外扩展活动作为课程材料的一个主要部分而不是补充，让学习者受到鼓励从而去实践。但是，对任何活动或经验，教师需要给学生足够的空间或者改变一些活动以迎合他们的兴趣。在这种情况下，重要的是最大化地利用学生当前的局部兴趣与热情，这是形成数学观念的机会。教科书中必须有足够的空间供学生做笔记，并且用多样的方式来呈现知识。

（4）数学是用一种特定的方式进行思考和推理，这应该在书面材料、其他活动和练习中被体现出来，教师的教学也应该反映出这些。特别强调的是，在学生用一种特定的方法做完某项练习之后，必须鼓励学生说出他这么做的原因，这种互动需要教师花更多的时间去计划在课堂上讲授某个特定的概念，而且教科书也应该考虑到这一点。

（5）三年级至五年级的教科书中的语言应该是学生日常使用的，并且能够被他们理解。

---

[1]　东洪平，陆吉健，张维忠．印度初级小学数学教学大纲评介［J］．数学教育学报，2016（1）：10-14.

（6）概念给出的顺序不应是直线型的，而应是螺旋形的。

（7）教科书不应该是枯燥的，而应该用多种方法去吸引学生，如用连环画、卡通画、故事或者其他有意思的文字向学生解释书中要点。

（8）在解决问题时，教材应该给出多种正确解决方案的不同情境，让学生意识到解决一个问题可以有多种策略。

（9）涉及模式的知识应该允许学生观察模式并且概括规律，从而建立自己的模式。

（10）提出问题是学习数学的重要途径。练习要求学生能明确地表述问题，并向同学及其他人提出不同的问题。

表 5-1 一二年级"几何"的具体内容

一年级（10 课时）	二年级（13 课时）
（1）图形与空间理解 学习和使用空间关系词（顶部、底部、上、下、内、外、近、远、前、后）。 （2）身边的立体图形 从周围的环境中收集形状不同的物体，例如鹅卵石、盒子、球体、锥体和管状物体等。 利用物体的形状和其他可观察的特性对它们进行排序、分类和描述。 观察和描述物体的形状如何影响它的运动，例如滚动和滑动。 处理各种平面图形，例如用卡片做成的平面物体。	（1）图形与空间理解 （2）立体（三维）和平面（二维）图形 观察周围的图形，获取对这些图形的几何属性的定性认识。 能够通过名称识别基本的立体图形，例如长方体、圆柱体、圆锥体、球体等。 描绘立体图形的平面轮廓。 识别平面图形的形状，即通过图形的名称识别长方形、正方形和三角形等。 直观地介绍平面图形的特性。 先识别，然后通过折叠的方法得到直线、边缘是直边的物体，徒手或用尺子作一直线。 徒手画出水平线、垂直线和倾斜线。 辨别直线和曲线。 通过观察图形的阴影识别图形。

第三节 初等教育的保障体系

初等教育在印度教育体系中占据着重要的一席之地，在培养学生的学习兴趣、学习能力方面有着奠基性的基础作用。因此，印度十分重视初等教育的发展，政府和各类社会组织不断调整和完善，以期从法律政策、保障计划、经费投入和师资队伍建设等方面，为初等教育的改革与发展保驾护航。

一、法律政策保障

印度的法律法规是比较健全的，但是由于急切赶超的心态，有些规定过于超前，因此迟迟不能实现，反而损害了法律的权威性。特别是对于义务教育来讲，1950 年宪法就规定，国家应努力在自宪法生效之日起 10 年内为所有儿童提供免费义务教育，直到他们满 14 岁为止。但是直到 20 世纪末，印度的义务教育普及率仍然不高。在全民教育计划的压力下，印度 21 世纪伊始又制定了新的法案，以保证实现免费义务教育。2009 年制定了《儿童免费义务教育权利法》，为 6~14 岁的所有儿童提供质量令人满意的免费义务教育，并作为他们的一项基本权利。免费义务教育意味着任何一名儿童都无须向学校交付任何费用。该法案还承诺，在每一个社区设立学校，以增加儿童上学的机会。该法案自 2010 年 4 月 1 日起生效，大部分邦政府为实行这一法案还制定了邦内部的专门制度。

（一）宪法

印度 1950 年宪法要求国家努力为所有儿童提供免费义务教育，这是印度第一次把"免费"和"义务教育"写进宪法，也意味着国家实施 6~14 岁的八年义务教育。宪法还对第 45 条中的"国家"进行了明确的定义，即印度政府和议会，以及在印度领土范围内由印度政府管辖的所有地方权力机构或其他权力机构。宪法还规定，各邦政府和各邦地方政府应该在初等教育阶段，努力为持不同语言的少数民族儿童提供适当的母语教学设施。由此可知，普及初等义务教育的任务是联邦政府、各邦政府、地方政府和民间组织的共同责任。[①]

（二）《儿童免费义务教育权利法》

虽然宪法规定了为 6~14 岁儿童提供义务教育，但由于各种原因，到 2007 年"十五"计划结束之时，印度仍然没有实现普及八年义务教育的目标。社会各界认为宪法规定失之过简，因而制定专门的义务教育法的呼声越来越高。在这种情况下，印度 2009 年通过了《儿童免费义务教育权利法》。

[①] 安双宏.印度教育战略研究［M］.杭州：浙江教育出版社，2013：60-61.

该法被认为是印度基础教育改革过程中里程碑式的立法，不仅界定了政府、学校、家长的职责，还规定了学校的性质、特点和配套设施。该法规定教育是一项基本权利，确保6~14岁的每个儿童都能接受免费义务教育。[①]

《儿童免费义务教育权利法》的显著特征[②]：免费教育，即免收学杂费、人头费；所有学校都将得到承认；不设立入学考试或遴选程序，不延迟入学，不制订惩罚措施；在每一个社区建立一所学校；完善学校基础设施，包括全天候校舍、图书馆、校长办公室、洗手间、无障碍通道、操场、围墙等；保证教师配备，包括师生比、受训教师数量，不允许私人辅导。

（三）国家教育政策

1.《国家教育政策1968》。

1968年，印度政府颁布了《国家教育政策1968》，其中有3条关于义务教育的原则[③]：

（1）免费义务教育。应为早日实现宪法第45条中的指导原则竭尽全力，为所有14岁以下的儿童提供免费义务教育，确保每个入学儿童圆满地完成所规定的学业。

（2）教育机会均等。应竭力使教育机会均等，纠正在各阶层和各地区间存在的不平衡现象，重视少数民族、女性和残疾人的教育。

（3）统一学制。在全国建立一个大体一致的教育结构，最终目标应该是采用"10+2+3"的学制模式。

从以上原则可以看出，印度政府在普及初等教育上的侧重点是建立统一的学制，保证教育机会的公平。这些都是根据当时的国情制定的，具有很强的针对性，为普及初等教育提供了指导思想，为进一步施行相关政策奠定了基础。

2.《国家教育政策1986》。

《国家教育政策1986》明确提出，为了促进平等，必须为所有人不仅在入学方面而且在成功的条件方面提供平等的机会。除此之外，要通过核心课程去树立人人生而平等的意识，要消除由社会环境和各种偶然因素引起

---

① 安双宏.印度教育战略研究［M］.杭州：浙江教育出版社，2013：60-63.
② 王燕.G20成员教育政策改革趋势［M］.北京：教育科学出版社，2015：47.
③ 安双宏.印度教育战略研究［M］.杭州：浙江教育出版社，2013：61.

的偏见和成见。

在普及初等义务教育方面，《国家教育政策 1986》指出将最先解决儿童辍学问题，并将采取一系列策略来保证儿童的在校巩固率。这些策略是以微观计划为基础在全国各基层应用过的。

《国家教育政策 1986》指出，要努力贯彻执行宪法第 45 条的指导原则，向 14 岁以下的儿童提供质量令人满意的免费义务教育；减少学校目前存在的不足和不良行为，确保每一个在校生不仅能圆满完成规定课程，而且能不断发展有用的技能。

3.《国家教育政策 2020》。

《国家教育政策 2020》指出，教育的目的是培养善于理性思考和行动，具有同情心、勇气、韧性、科学态度、创造性、想象力，具有健全的道德基础和价值观的人，以建立宪法所设想的公平、包容和多元化的社会。

该政策设想由覆盖 3~18 岁的 "5+3+3+4" 学制替代现行的学制，新学制将 3~6 岁年龄段的儿童纳入其中，以推动和完善幼儿保育和教育的发展，为儿童提供更好的整体学习。学校教育的课程和教学结构将重新设置，使其适应学生在 3~8 岁、8~11 岁、11~14 岁和 14~18 岁不同发展阶段的发展需求和兴趣。"5+3+3+4" 学制包括 5 年的基础阶段（分为两个部分，即 3 年学前教育，涵盖 3~6 岁儿童；小学一至二年级，涵盖 6~8 岁儿童），3 年的预备阶段（小学三至五年级，涵盖 8~11 岁儿童），3 年的初中阶段（六至八年级，涵盖 11~14 岁儿童），以及 4 年的高中阶段（分为两个阶段，第一阶段为九至十年级，第二阶段为十一至十二年级，涵盖 14~18 岁儿童）。同时，该政策提出到 2030 年，实现学前班到中学各个阶段的毛入学率均达到 100%。

《国家教育政策 2020》提出，所有儿童获得基本识字和算数的能力将成为一项紧迫的任务，需要在许多方面立即采取措施，并制订短期内可以实现的明确目标（包括到三年级时，每个学生都将获得基本识字和算数的能力）。到 2025 年实现小学普及基本识字和算数，相应的，所有邦将立即制订一项在所有小学普及基础识字和算数的实施计划，确定到 2025 年要实现的分阶段目标，并密切跟踪和监测进展情况。

二、保障计划

（一）针对区域均衡发展的保障计划

1. 县初等教育计划。

该计划于 1994 年开始实行，总目标是通过实行分权管理、调动民众、由各县制订适合县情的具体计划等策略来全面普及初等教育。[①] 具体目标：（1）通过正规的初级小学或其他替代途径使所有儿童都接受小学教育；（2）将初级小学阶段的辍学率降低到 10% 以下；（3）使学生学业成就比基准水平提高 25% 以上；（4）将不同性别和社会群体间的入学差异缩小到 5% 以下。该计划所需经费的 85% 由联邦政府承担，15% 由各邦政府承担。[②]

2. 普及初等教育计划。

印度政府于 2001 年发起普及初等教育计划，目标是到 2003 年使所有儿童入学；到 2007 年使所有儿童都完成 5 年初小教育；到 2010 年使所有儿童完成 8 年初等教育。[③] 截至 2005—2006 年度，该计划已覆盖全印度所有邦和中央直辖区。该计划采取的策略主要包括：通过体制改革提高教育系统的办学效能；各县按照普及初等教育计划框架制订县域初等教育规划；采取经济高效的新方法加强机构建设，尤其是加强国家教育研究与培训委员会、各邦教育研究与培训委员会、县教育与培训学院等机构的建设；关注表列种姓、表列部落、少数民族群体、城市贫困儿童等处境不利群体以及有特殊需求的儿童的入学和就学问题。[④] 该计划由中央和地方共同实施，所需经费由中央和地方共同承担。联邦政府负责制订目标、规范和规划，各邦政府负责具体管理、规划以及筹集社会有关方面的资源。

---

① 孔令帅. 教育均衡发展与政府责任：试论印度政府在基础教育均衡发展中的作用［J］. 比较教育研究，2010（5）：48-52.

② VARGHESE N V. DPEP：logic and logistics［J］. Journal of Educational Planning and Administration，1994（4）：449-455.

③ STNGH R. Rural education in India［M］. New Delhi：Adhyayan Publishers & Distributors，2009：123.

④ Sarva Shiksha Abhiyan：a programme for universal elementary education framework for implementation［EB/OL］.（2010-11-20）［2021-09-07］. http：//www.education.nic.in/ssa/ssa_1.asp.

（二）面向群体均衡发展的保障计划

1. 国家女童初等教育计划。

2003 年 7 月，印度政府提出为初等教育阶段处境不利的女童提供特殊支持的措施——国家女童初等教育计划，主要内容包括：在每个村落建立模范学校，动员社区力量监督女童的入学；编制适合女童的学习资料，向女童提供学习所需的文具、作业本、校服以及护送服务；开展教师性别意识教育，提升教师对女童教育的敏感度；提高女童入学率、保持率和学习成绩的同时，给她们传授生活技能，使她们形成法律权利意识并树立自信等。该计划主要在农村女性识字率低于全国平均水平和性别差距高于全国平均水平的教育落后乡镇，以及拥有 5% 以上表列部落 / 表列种姓人口和表列部落 / 表列种姓人口中女性识字率低于 10% 的乡镇实施。[①]

2. 女生寄宿学校计划。

该计划于 2004 年 8 月启动，主要目的是在教育落后的乡镇设立寄宿学校，确保高级小学阶段表列种姓、表列部落和少数民族等群体的女生能够接受教育。该计划主要内容包括：为 50 名以上表列种姓、表列部落和少数民族女生集中设立寄宿学校；为寄宿学校提供基础设施；为这些学校提供必要的教学资料和援助；采取适当措施为女生提供必要的学习支持；鼓励并创造条件使家长送女生就读寄宿学校。该计划在实施上根据规模将寄宿学校分为 3 种类型，并据此提供资助；在名额分配上，将 75% 的入学机会优先预留给表列种姓、表列部落和少数民族群体的女生，其余 25% 的配额提供给贫困线以下群体的女生。[②]

（三）改善资源均衡配置的保障计划

1. 操作黑板计划。

该计划由《国家教育政策 1986》提出，并从 20 世纪 80 年代末开始实施，主要目的是提升初等教育质量，确保各小学配备有必需的物质设施和学习

---

① National programme for education of girls at elementary education（NPEGEL）［EB/OL］.（2010-12-06）［2021-09-07］. http：//ssa. nic. in/girls-education/npegel/brief_NPEGEL_12Mar07.pdf/view.

② Revised guidelines for implementation of Kasturba Gandhi Balika Vidyalayas（KGBVs）［EB/OL］.（2010-12-06）［2021-09-07］. http：//www. indg. in/ primary-education / women-and-education / guidelines-for-implementation-of-kasturba -gandhi -balika -vidyalaya/.

设备。后来，政府又对计划进行了调整。新计划要求：进一步向所有未辐射到的初级小学，特别是表列种姓和表列部落地区的学校推进；加大计划实施力度，向有需要的初级小学提供 3 名教师和 3 间教室；向高级小学阶段延伸，向每所学校提供每个年级至少 1 间教室、1 名教师，1 间校长办公室，男女生独立的厕所，以及用于设备补充、消耗和维护的应急经费。①2001年之后，这一计划并入普及初等教育计划。

2. 教育保障及替代与创新教育计划。

该计划是普及初等教育计划的重要组成部分，主要目的是使失学儿童得以接受初等教育。计划的实施策略包括：（1）在 1 公里半径内没有正规学校的偏远居住区建立教育保障计划学校、替代学校、合同学校等不同类型的学校；（2）为流动儿童提供干预措施，包括建立季节性社区宿舍，配备流动教师，在流动工人集中的地区设立学校，为流动期间未能上学的儿童提供返乡后补偿教育；（3）开设衔接课程，为失学儿童接受相应年级的正规教育做准备；（4）为流动儿童和贫困儿童提供衔接课程、补习教学中心、寄宿营、就学中心等具有针对性的、灵活的干预措施；（5）为 12~14 岁儿童提供为期 12~24 个月的寄宿教育，使其完成初级小学及高级小学教育；（6）为失学的青春期少女设立学习中心和扫盲中心，向她们提供生活导向教育及性别教育，以及有关法律救助、卫生保健、环境及女性问题的信息。②

3. 全国基础教育营养资助计划，即营养午餐计划。

该计划始于 1995 年 8 月，为小学生提供必要的营养，从而提高小学生的入学率、巩固率和出勤率。该计划的做法是要为全国所有一至五年级小学生每天提供有营养价值的 100 克免费熟食。1995 年，政府支出约 44 亿卢比，涉及 378 个县的 22.5 万所学校的 3 350 万名小学生，到 1998 年支出81.1 亿卢比，使全国近 1.1 亿名小学生受益。③到 21 世纪初，印度政府对营

---

① AGGARWAL J C. Education policy in India：1992 and review 2000 and 2005［M］. Delhi：Shipra Publications，2009：123.

② Handbook for education guarantee scheme and alternative and innovative education［EB/OL］.(2010-11-15)［2021-09-07］. http：//www.education.nic.in /edu_guarantee.asp.

③ "完善农村义务教育财政保障机制" 课题组，刘艳华. 印度 20 世纪 50 年代以来的义务教育普及与保障情况［J］.经济研究参考，2005（46）：42-54.

养午餐计划进行了新的补充和完善，详细规定了伙食费用标准、厨师配备标准等。[①]

（四）师资均衡发展保障计划

1. 代课教师计划。

20 世纪 90 年代中期开始，印度很多邦陆续实施了以低成本聘用受过专门培训的教师的代课教师计划，目的是以低成本的方式将学校教育推进到正规政府学校未能覆盖的村庄，增加教师数量，降低生师比。代课教师在资格要求上一般低于政府举办的初级小学的正规教师，工资也只有正规教师的 20%~50%。由邦政府和非政府组织共同设计、组织和实施对代课教师的培训。例如，在拉贾斯坦邦的教育工作者计划中，教育工作者通常需接受 37 天的培训，而后每年寒假和暑假再分别接受 10 天和 30 天的培训。[②]

2. 县教育与培训学院计划。

1987 年 10 月，印度政府推出教师教育改革与重组计划，其中一个重要内容就是建立县教育与培训学院。县教育与培训学院的职能是开展各种层次的培训和继续教育活动，提供资源支持，开展行动研究；主要任务是为成功实现初等教育领域业已制订和实施的各项战略和计划，在基层层面上提供学术和资源支持；培训对象包括小学教师、校长、乡镇教育部门工作人员、县教育委员会和村教育委员会成员、社区负责人、从事教育活动的人员和其他志愿者等，培训的内容包括教育学基本理论与教学法，小学阶段涉及语文（2~4 门语言）、数学、环境研究（社会科学 / 自然科学）等学科。[③]

三、经费投入

印度教育经费的主要来源有联邦政府和邦政府的拨款、地方团体资助、个人捐赠。初等教育投资在教育总投资中所占比例较大，在 1980 年印度政

---

① Mid day meal scheme［EB/OL］. (2010-12-19)［2021-09-07］. http : //education. nic. in/Elementary/mdm/index.htm.

② Para teachers［EB/OL］. (2010-12-09)［2021-09-07］. http : //www. educationforallinindia. com/page154. html.

③ District institute of educational training［EB/OL］. (2010-12-09)［2021-09-07］. http : //www. educationforallinindia.com/page112. html#_Functions_of_a.

府的教育经费中,学前教育、初等教育就占 36.9%,超过三分之一。印度独立后的第一个五年计划期间,特别强调基础教育的发展,教育经费的一半以上都用于初等教育。在第二个和第三个五年计划中,印度同期教育经费的分配开始向中等教育倾斜,中等教育投入比例从最初的 13% 上升到 18%,高等教育经费所占比例也有较大提高,而初等教育投入比例从最初的 56% 下降到 34%。到 20 世纪 80 年代后期,印度开始强调提高教育的经济效益,努力消除贫困,因此在教育经费分配上开始加大初等、中等教育投入比例,到 1997 年,初等教育、中等教育投入比例达到 50.1%、30.7%。[①]

对印度的初等教育经费投入情况进行分析,可以发现邦政府承担了绝大部分的责任,同时不同邦之间的差异较大。基础教育经费几乎占总教育经费的一半以上,近年来,联邦政府在基础教育经费方面的投入逐年增加,且投入增幅较大,其中基础教育预算内来自联邦政府的经费占近 30%。当然,总的来说,各邦政府投入的基础教育经费占总经费的比例仍高于联邦政府。印度基础教育经费主要用于对政府运营(公立)学校的资助,但对私立学校的资助比例也不小,约为五分之一。在生均教育经费方面,印度基础教育生均预算内经费较低,但增长较快,地区间差距较大。不同的地域之间,也出现了邦际差异,呈现出不均衡的"小马拉大车"的状况:少数几个邦承担了印度基础教育的绝大部分重任。在校生规模超过 1 000 万人的 7 个邦的学生总数占了全国学生总数的 62.5%,因此全国基础教育的重任就落在了北方邦、中央邦、马哈拉施特拉邦、比哈尔邦、西孟加拉邦、拉贾斯坦邦、安德拉邦等 7 个邦上。[②]

四、师资队伍建设

教师是开展教学工作的主体,教师的素养与能力直接影响教学的质量。加强师资队伍建设,是提高初等教育质量的重要途径。一直以来,印度政府都高度重视师资培训,《国家教育政策 1986》就强调了要在教师培训的基础上不断改善教学质量,普及初等教育。同时,要求保证教师能够有机会参与

---

① 侯荣娜.中印财政教育经费支出比较研究 [J].中国经贸导刊,2011(22):43-44.

② 沈有禄,谯欣怡.印度基础教育财力资源配置差异分析 [J].教育学术月刊,2012(1):47-49.

广泛的学校管理活动，强调这一点对于他们所在学校的发展是十分重要的。印度政府要求教师参与的学校管理活动包括编制学校规划、课程设计和开发等。各邦依据当地的具体情况，在联邦政府规定的范围内，对教师的招聘、入职和培训采用因地制宜的措施，不断加大人力和物力的投入，完善和调整政策，提高初等教育阶段的教师教学质量。

（一）教师招聘

一般情况下，由各邦的公共服务委员会来承担教师招聘工作。全国范围内各邦初等教育层面的教师招聘主要有两种方式：一是直接招聘，二是间接招聘。直接招聘主要是招聘不在教师系统中的人，间接招聘主要招聘已经在教育系统中的教师或需要提升的教师。通常情况下，间接招聘主要依据教师的经验和资格完成。在有些邦，如果初等教育教师想要从初小转到高小，可以通过间接招聘完成资格提升。在印度，初等教育教师的初始分配是集中决定的。根据各邦情况的不同，教师任命和分配由邦或地区决定。也就是说教师在任命方面的初始分配依赖于教师归属的地方（邦、县、乡），也依赖于他所在邦的招聘和任命程序。有的邦在学校分配上还是尊重教师的意愿的。

各邦在教师招聘方面通常考虑以下情况：

（1）邦政府能够承担的薪酬和与额外教师相关的其他费用。

（2）为确保新建学校师资的稳定供给，可以适当降低教师的资格要求。

（3）为缩小教师和学生之间的社会差异和增加责任感，更多地实施教师本地招聘。

为此，大多数邦通过设置固定薪水、有时限的合同来等条件招聘教师。因此，大多数邦招聘的教师身份有两类，一是普通教师，另一类是合同教师。[①] 目前许多邦继续聘用合同教师，但是出现了通过延长服务年限或者增加附加资格使合同教师合法化的趋势，而且许多邦对合同教师的资格要求也有不断提高的趋势。

（二）教师入职资格

在初等教育方面，各个邦依据全国教师教育委员会颁布的教师入职

---

① 于海英，陈敏. 印度初等教育教师质量监控政策研究［J］. 外国中小学教育，2017（8）：42-48.

最低的教育和职业资格标准，因地制宜地制订本地区的教师入职资格。自1993年以来，全国教师教育委员会不断修订和调整初等教育教师的最低入职资格。目前沿用的是全国教师教育委员会2011年制订的版本，该版本划分为初小和高小两个阶段。[①]

1.申请到一至五年级任教的教师需要具备两方面的入职资格。[②]

（1）需要具备高中学历（或同等学力）和一个2年的初等教育文凭（任何类型的初等教育文凭），其中高中学历（或同等学力）的教育和专业资格成绩至少达到总分的50%；或教育和专业资格成绩至少达到总分的45%的高中学历（或同等学力）和全国教师教育委员会规定的一个2年的初等教育文凭（任何类型的初等教育文凭）；或教育和专业资格成绩至少达到总分的50%的高中学历（或同等学力）和四年的初等教育学士学位；或教育和专业资格成绩至少达到总分的50%的高中学历（或同等学力）和一个2年的教育文凭（特殊教育）；或本科学历和2年初等教育文凭（任何类型的初等教育文凭）。

（2）需要通过教师资格测试，这一测试是由相关政府部门依据全国教师教育委员会指导框架实施的。

2.申请到六至八年级任教的教师需要具备两方面的入职资格。[③]

（1）需要具备本科学历和2年初等教育文凭（任何类型的初等教育文凭）；或本科学历并且教育和专业资格成绩至少达到总分的45%和1年的教育学士学位，其中1年的教育学士学位是依据全国教师教育委员会规定组织的；或教育和专业资格成绩至少达到总分的50%的高中学历（或同等学力）和四年的初等教育学士学位；或教育和专业资格成绩至少达到总分的50%的高中学历（或同等学力）和四年的文学学士学位/理学学士学位、教育文学学士学位/教育理学学士学位；或本科学历并且教育和专业资格成绩至少达到总分的50%和1年的教育学士学位（特殊教育）。

（2）需要通过教师资格测试。2014年全国教师教育委员会在教师专业资格方面又提出了新规定，主要是提出教育学士项目。这一项目是一个为

---

①②③ 于海英，陈敏.印度初等教育教师质量监控政策研究［J］.外国中小学教育，2017（8）：42-48.

期 2 年的课程，整合了文学学士和教育学士水平的 4 年课程，包括 20 周的实践工作（包括教育学士课程）以及至少 16 周的教学实践。这一项目同时对商业学士和技术学士毕业生开放。

上文中提到的教师资格测试是由政府授权的中等教育中央委员会在国家层面上实施的教师资格测试。各邦从 2011 年开始按照全国教师教育委员会准则实施教师资格测试。教师资格测试由两张试卷组成[①]：试卷 1 是为申请一至五年级教师资格的人员准备的，试卷 2 是为申请六至八年级教师资格的人员准备的。如果申请人既申请一至五年级也申请六至八年级教师资格，那就需要参加两个测试。试卷 1 中 20% 的问题是关于儿童发展与教育，80% 是关于学科内容（语言、数学或环境研究）。试卷 2 中 20% 的问题是关于儿童发展与教育，40% 是关于所有申请人语言方面的内容，剩余的 40% 根据申请人任教学科的不同而有所差别，考试内容可为数学和科学，或者社会科学。

（三）教师专业发展

印度有许多关注教师专业发展的机构，包括国家层面的国家教育研究与培训委员会、国家教育规划和管理研究所、全国教师教育委员会，邦层面的邦教育研究与培训委员会、邦教育机构等，均致力于提高教师的专业能力，开展培训与教学等活动。

1. 专业成长。[②]

在印度，不同学段的初等教育教师需要具备不同等级的学历证明。例如，在有些邦，初级小学的教师需要本科学历才能提拔到高级小学，高级小学的教师则需要获得教育学士学位后才能被提拔到中学。同时，提拔工作的进度需要依据当地实际空缺的岗位情况而定。但目前，只有较少的邦制订了具体的有助于教师获得专业提升必要资格的项目。比如在卡纳塔克邦，教师如果被选拔出来去接受高等教育文学学士 / 理学学士 / 教育学士或者研究生 / 副博士 / 博士的学习，政府则为这些教师提供长达数年的带薪休假（如文学学士、理学学士学习 3 年，教育学士学习 1 年，研究生课程学

---

①② 于海英、陈敏 . 印度初等教育教师质量监控政策研究［J］. 外国中小学教育，2017（8）：42-48.

习 2 年），其职位暂时由其他人替代。

2. 在职培训。

《国家教育政策 1986》强调了在职教师教育的重要性，成立了由国家教育研究与培训委员会、邦教育研究与培训委员会提供专业和后勤支持的县教育与培训学院，为所有初小和高小教师提供持续的在职培训。1994 年，印度在县和乡成立了县资源中心和乡资源中心，为教师提供持续的教学支持。同时县教育与培训学院为县资源中心全体成员提供指导。根据印度初等教育普及计划，每位小学教师每年接受二十天的在职培训，这样的培训大约有十天在乡资源中心进行，剩余的在县资源中心进行。县资源中心需要将自己以及乡资源中心的相关资料提供给县教育与培训学院，同时，把县教育与培训学院的指示或建议传达给乡资源中心。乡资源中心必须向县资源中心提供关于自身的项目信息以及教师培训的反馈，以便能使县资源中心的培训满足当地的特殊需要，也期望接受来自县资源中心的指导和学术支持。

作为发展中国家和人口大国，尽管在过去七十多年间，印度初等教育取得了一定的成就，但印度初等教育的发展仍然任重道远，教育质量、教育公平、教师水平等问题仍是未来一段时间内印度初等教育必须面对的棘手困境。同时，随着就业形势的迅速变化和社会的向前发展，儿童不仅要学习，而且要学会学习，要掌握知识，更要掌握探寻知识的方法。因此，教育必须朝着培养学生批判性地思考和解决问题，具有创造性和创新能力，具有适应多元社会的快速发展的能力的方向前进。着力培养学生的 21 世纪技能，加快传统文化的传承与发扬，是《国家教育政策 2020》提出的改革方向，亦是印度初等教育未来发展的必由之路。

第六章
印度中等教育

中等教育一般是在初等教育基础上继续实施的中等普通及专业教育，作为整个教育系统中承上启下的中间部分，担负着为高等教育输送合格生源以及为国家建设培养劳动后备力量的双重任务，起着关键的纽带作用。印度近代中等教育发端于19世纪中叶，独立后，印度通过改造殖民时期的教育制度，逐步探索发展了适合本国国情的中等教育，主要包括初中和高中两个阶段，覆盖九至十二年级（其中九至十年级为初级中学，十一至十二年级为高级中学），为14~18岁的年轻人进入劳动力市场或者接受高等教育做准备。总体来看，印度的中等教育从古至今不断发展，受到了各个阶段政治、经济、文化等的不同影响，在培养目标、实施机构、课程教学乃至师资队伍建设方面都呈现出了不同的特点。

第一节　中等教育的管理与实施

中等教育在印度的发展处于相对弱势的地位，但近年来也逐渐受到了政府的高度重视。总体来看，印度的联邦和各邦层面都对中等教育展开了管理，某些半行政机构也担负起相应的责任，共同致力于提升印度中等教育的发展水平。印度中等教育实施机构除了传统的公立学校外，近年来私立学校的比例逐渐上升。

一、中等教育的管理

印度中等教育管理的部门主要分为联邦和邦两个层面，从类型上又可以分为教育行政部门和半行政机构，发挥不同的管理作用。

（一）教育行政管理部门

1. 联邦教育部门。

目前印度联邦政府负责中等教育管理的部门为教育部，具体事项由教育部下属的学校教育与扫盲司承担。1947年印度独立，继承了英国遗留下来的联邦政府和邦政府合作管理教育的体制，并由宪法和各种立法分别规定了各有关方面的管理权限。1950年生效的印度宪法分别规定了联邦政府的权限、邦政府的权限及联邦政府与邦政府的协同权限。联邦政府对各邦和中央直辖区政府在制订与贯彻教育计划方面进行指导；对各邦政府就教育的各方面问题提出总体上的建议；协调全国的教育进展，并公布与此进展有关的统计数据等。这一时期联邦政府对于中等教育的管理主要通过国家教育政策等影响中等教育的整体走向，属于宏观的政策指导。而后，1977年的宪法修正案把整个教育事业从邦政府的权限范围划入协同权限范围，联邦政府对全国教育事业有了比以往更大的发言权，可以针对全国教育的各个方面进行立法。在联邦政府和邦政府对一个教育领域都有立法的情况下，联邦的法律效力强于各邦的法律效力，因此联邦政府在 1977 年后对中等教育的管理从以往的政策引导层面进入了法律约束层面。此外，联邦政府还通过五年计划的推行，影响各邦中等教育的经费支出，联邦一级对于中等教育的管理也通过资助的计划进行。总体而言，政策引导、法律约束、经费资助、专项计划是联邦政府管理中等教育的主要形式。

2. 邦教育部门。

印度的中等教育在一定程度上仍是各邦的主要事务，各邦对于中等教育的管理不仅层级明晰，还辅以一些专门机构进行管理，促进印度中等教育的整体发展。

在教育的行政管理部门中，印度各邦主管教育事务的机构多数称为邦教育部，也有的邦将其称为文化教育部、普通教育部。在邦一级，最高一级的教育管理人员是部长级的邦教育部部长，邦教育部部长直接对邦议会负责，其本人通常也是邦议会的议员，同时会有 1~2 位副部长协助其工作。第二级则是秘书级，邦教育秘书直接负责邦教育政策的制定，协助部长的工作，所有呈交给部长的文件都要经过秘书之手。第三级是局长级，印度各邦教育部的公共教育局长负责教育政策的贯彻执行，在邦政府和教育机构之间发挥联系沟通的作用，通过拨款、监督、检查等方式直接管理中等教育阶段的教育机构。公共教育局长有两位副局长辅助工作，还有一些负责各职能部门的处长。①

以喀拉拉邦为例，它的普通教育部的组织机构可以让我们对印度邦一级教育管理部门有一个清晰的了解。在喀拉拉邦，普通教育部是最高的教育管理机构，部长是普通教育部的最高长官。在普通教育部，秘书一级有普通教育的秘书长，协助部长工作。在局一级，设有普通教育局，局主任同时也是主管本邦政府考试（Government Examination）的专员，会得到其他高级行政官、高级财务官、法律官、会计官、助理人员等其他员工的协助。此外，政府考试专员办公室的联合专员、秘书和其他工作人员会协助普通教育局主任开展与考试相关的活动。基于《儿童免费义务教育权利法》的实施，喀拉拉邦政府发布命令强调普通教育局须有效协调和控制该部门

---

① 安双宏.印度地方教育管理探析［J］.黑河学院学报，2010（1）：81-84.

的所有活动。

（二）半行政机构

印度的教育行政部门对中等教育负有领导责任，而具体的课程、教学事务多由教育方面的半行政机构负责。类似机构在国家层面有中等教育中央委员会、国家教育研究与培训委员会，在邦层面主要是邦教育研究与培训委员会。

1. 中等教育中央委员会。

中等教育中央委员会成立于 1929 年，1952 年印度政府授予该委员会"中等教育中央委员会"的名字，一直沿用至今，并修订了该委员会的章程，扩大了管辖范围。总之，在初建后的适应阶段中，该委员会的名称不断调整，其职能也主要体现在兴建和视察中学方面。20 世纪 60 年代之后，该委员会进入了质量提升和规模扩张双向进步的阶段。在规模扩张方面，1963 年，该委员会有来自 16 个邦的 436 所附属学校，发展到 1990 年，该委员会附属的学校突破了 3 000 所大关，覆盖范围也向国外延伸，拥有了很多国外的附属学校。在质量提升方面，该委员会设立了全印度高级中学考试，为各邦的中等教育委员会提供考试的模板。此外，为了符合《国家教育政策 1986》的期望，也为了进一步提高教育质量，该委员会于 1989 年对各学科的教学大纲和课程进行了全面审查。1990 年，为即将毕业的学生颁发综合成就证书，从某种意义上说，这是持续和全面的学校评价的起源。该委员会还开设了许多职业课程，丰富了中等教育阶段的课程种类。20 世纪 90 年代之后，该委员会进入了质量深化发展阶段：1991 年推出了成人扫盲运动；2005 年参与编写的新教学大纲和教科书得以完成，并在印度中等教育领域广泛应用。自 2012 年起，该委员会还启动了学校质量评估和认证计划，通过学校的自我评估和外部评估（同行评审）对中学进行评估，督促中等教育学校提高教学质量。近年来该委员会还在印度建立了质量和能力建设的卓越中心（Centres of Excellence for Quality and Capacity Building），为附属学校的学生和在职教师提供各种能力建设方案。可以看出，近年来中等教育中央委员会的职能范围逐渐拓宽，且深入中等教育的课程与教学、招生与管理、评价与认证等各个领域。总体来看，该委员会促进了印度中等教育质量和规模的迅速发展，在专注于中等教育考试外还采取了许多其他措施促进中等教育的发展，大致包括对附属学校进行行政和学术视察，开展教师培训计划，编写课程和教学大纲，为联邦教育部提供咨询意见，组织学术领域的研讨会和讲习班等。中等教育中央委员会就考试设置与控制方面在全印度范围内设了 16 个区域性的机构，还辅以学术、技术、技能教育、教师培训等相应的部门 ①，对印度的中等教育展开了全方位的管理。

整体而言，联邦教育部是中等教育中央委员会的主管机构，部长是委员会的主席，由 14 位部门首长协助，即秘书、考试总监、学术主任、培训主任、IT 主任、考试主任、教育研究与发展主任、技能教育主任、区域主任（4 名）、注册办公室主任和专业考试主任等人，其中 12 人为分管不同领域的主任。秘书是行政总裁，负责行政、审计及账目、公共关系、法律、学校隶属关系等事宜。考试总监负责所有有关考试和管理的事项，主要领域是考前和考后工作，与地区办事处协调进行年度和分组的初中和高中证书考试。学术主任负责为初中和高中的所有科目制订课程，开发新的课程内容，开展教育领域的创新。培训主任组织教师培训，评估培训需要的能力建设方案。IT 主任负责所有地区部分类别的预考和考试后活动的在线注册，所有计算机相关活动和熟练程度的测试等，与出版管理系统、奖学金、招聘、网站更新和维护有关的在线申请。考试主任负责所有有关中央教师资格考试的事项，负责有关尼赫鲁示范学校选拔考试（Jawahar Navodaya Vidyalaya Selection Test）和公私分办的中央学校考试（Kendriya Vidyalaya Admission）的所有事项。教育研究与发展主任负责印度空间研究组织（Indian Space Research Organisation）关于远程教育的所有事项。技能教育主任负责技能教育科目课程设计等各项事务。区域主任负责中高级证书考试和管理考试（包括考试前和考试后的主要事项），成绩的申报和其他相关活动。注册办公室主任负责注册办公室的活动，例如签发文件，核查、更正董事会文件等。② 此外，在全国范围内设置了 16 个区域办事处，这些部门各司其职，充分保证了中等教育中央委员会功能的发挥。

---

① Central Board of Secondary Education. Organogram［EB/OL］.［2021-09-11］. https：//www.cbse. gov.in/cbsenew/organogram.html.

② Central Board of Secondary Education. 2019-2020 annual report［EB/OL］.［2021-10-08］. https：// cbseportal.com/download/cbse-annual-report-2019-20.

2.邦教育研究与培训委员会。

印度各邦都设有国家教育研究与培训委员会的分支机构——邦教育研究与培训委员会，在本邦教育部门和国家教育研究与培训委员会的双重领导下开展工作。这里以喀拉拉邦教育研究与培训委员会为例进行说明。喀拉拉邦教育研究与培训委员会作为该邦普通教育部的一个自治机构，在该邦教育部部长的指导下开展工作，下辖课程、教科书和评估处，教师教育与推广处，教育技术处，艺术、体育、健康和职业教育处，非正规和继续教育与特殊教育处，教育研究、文献和传播处等6个部门[1]，负责从学前教育到高中教育的相关事务，职能广泛，包括制定教育政策，发展课程，编制教学材料，开展教育研究，促进教育职业化乃至负责师资培训课程等，以确保该邦的学校教育保持良好的水平。作为学术机构，它规划和协调邦内所有学术项目和计划，还在与学校教育的学术方面有关的事务中在邦一级发挥咨询作用。[2]

二、中等教育的实施

在现代社会，中等教育作为教育和经济发展之间的一个关键环节，在培养学生接受高等教育和参与社会整体发展进程的能力方面至关重要。印度中等教育的发展目标为发展民主公民，发展职业技能，促进个性发展，发展学生的领导力。[3]这四大目标一直影响印度的中等教育。在这些培养目标的指引下，印度的中等教育除了发挥普通教育的作用外，还会开展促进学生职业能力提升的职业教育，中等教育也分成普通教育和职业教育两大轨，实施机构也呈现出多样化的发展趋势。其中，中等普通教育的学校主要包括公立学校、私立学校、公私合办的中央学校、新式学校、国家开放学校。在此仅对中等普通教育的五大实施机构展开阐述，中等职业教育的实施机构在本书"印度职业教育"一章中展开阐述。

① The State Council of Educational Research and Training Kerala. Departments[EB/OL].[2021-09-11]. https://scert.kerala.gov.in/.

② General Education Department Government of Kerala. State council of educational research and training[EB/OL].[2021-09-07]. https://education.kerala.gov.in/scert/.

③ DAS M N. Comparative study on objectives and curriculum of secondary education between India and Germany[J]. International Journal of Informative Futuristic Research，2015（80）：2570-2576.

（一）公立学校

印度的公立学校一般是指联邦或者邦设立的，由联邦或邦政府直属的教育部门负责管理，并且经费主要来源于联邦或者各邦政府直接拨款的学校。一般而言，受到联邦政府直接管理的学校有明显的优势：教育经费投入较充足，教师工作稳定且待遇丰厚，学校基础设施完善。联邦政府直接管理的学校常常因其自身的优越感而与地方脱节。公立学校教职员工一般由教育委员会或各邦教育服务委员会通派或批准任命，教师的工资水平及福利等由政府统一规定。但教师的保障和待遇过好也使得一些教师工作懒散，没有危机感，极大地影响了教学。这些学校受到联邦政府的直接管理，受到规章制度的束缚，学术创新性较弱，因此大部分学校成绩平平。各邦政府管理的学校也存有类似的问题，但和联邦政府管理的公立学校相比，与当地的联系更加密切，教学通常按照各邦的大纲执行，贴合当地的需求。此外，公立学校的教师常常会受到政府安排的与教学不相关的事务的干扰，从而无法专心从事教学工作，这在一定程度上影响了公立学校的教学质量。

（二）私立学校

印度的私立学校一般指由慈善机构、社会福利机构或个人建立的学校。[①]印度私立学校按是否接受政府的固定资金资助分为受政府资助的私立学校（Private Aided School，PAS）与不受政府资助的私立学校（Private Unaided School，PUS）。PAS获得政府认可，在学生和教师管理等方面受政府一定法规的限制，并且几乎全部教育经费都由政府提供，这使得PAS在教师聘任、课程、收费等方面与公立学校趋同，办学效率远低于PUS。[②]部分PUS是获得政府认可的，另一部分则是在没有获得政府认可的情况下开展教育。获得政府认可的PUS在校舍、经过专业培训的教职员工、教学设备和官方语言等方面都必须遵循一定的要求。在印度，PUS大部分是获得政府认可的，它们的经费完全自筹，在学校管理方面有很大的自主性，如有权通过收取高额学费等形式筹措资金，自行招聘或解雇员工等。[③]PAS是印度中等教育的主要实施机构，其在得到一定资金保障的情况下可充分发挥私有部门效率优

①③ 张学强，张晓冬．印度公私立学校的比较分析［J］．外国教育研究，2006（3）：26-29.

② 杨红霞．印度私立中小学政府管制的问题与启示［J］．外国教育研究，2008（5）：43-48.

先的优点^①，极大提高了印度中等教育的质量。

（三）示范学校

《国家教育政策1986》发布了建立示范学校的决定。示范学校是印度的公立免费寄宿学校，旨在保障平等和社会公正（为表列种姓和表列部落的学生保留席位）的情况下促进卓越教育的发展，招收的学生多为来自农村地区的有天赋的儿童，不论其家庭经济条件如何，父母是否付得起学费，都为他们提供学习的机会并努力挖掘他们的潜力。此外，示范学校还在树立全印度中等学校榜样和提高中等教育质量方面发挥重要作用。学生要想进入示范学校，需通过专门设计的入学考试，考试涉及心理测试、数学和区域语言测试，竞争非常激烈，2015年的通过率大约为2%。示范学校的教材由国家教育研究与培训委员会根据各地情况专门编写，教学用语为印地语和英语，教师聘用一般以学术经历和工作经验为条件，受聘期间待遇优厚，如免费住宿、工作餐和职业晋升等，学生在十年级和十二年级分两次参加中等教育中央委员会举办的统一考试。

自《国家教育政策1986》颁布以后，示范学校在全国范围内广泛兴建。然而，印度社会对于示范学校莫衷一是。有学者认为，示范学校是一种精英教育，而印度目前文盲率和辍学率都较高，跨越普及教育的精英教育将会加剧两极分化，想以示范学校促进中等教育平等和社会公正的想法不可能实现。也有学者认为，示范学校为少数有天赋的儿童提供了优越条件，充分发挥其潜力，这不失为一个为印度发展培养人才的方法^②。

（四）公私合办的中央学校（Kendriya Vidyalayas）

印度政府在鼓励私人办学的同时，也和一些非营利性的民间组织联合办学。Kendriya Vidyalayas就是公私合办的典型学校，旨在解决经常调动的联邦政府雇员、警卫部队人员等国防和准军事人员子女的教育需求。中央学校在发展目标上追求卓越，引领了印度学校教育发展的方向。这类学校使用统一的教材和教学大纲，且使用梵语进行教学，也会招收表列种姓和

---

① ANSARI A A. Challenges and opportunities of secondary education in India [J]. Journal of Information and Computational Science，2020（7）：188-200.

② 王长纯. 印度教育 [M]. 长春：吉林教育出版社，2000：326.

表列部落的儿童，男女同校，提供免费教育，培养学生的民族融合精神。[①]
这一类公私合办的中央学校受中央学校管理委员会管理。

近年来，中央学校充分认识到青少年教育的重要性，回应青少年的教育需求，帮助他们更快理解快速变化的世界。中央学校是青少年教育计划实施的重要机构之一。青少年教育计划在 2005 年国家课程框架的指导下开展工作，该框架建议教育应培养青少年思想和行动的独立性，对他人幸福感和感受的敏感性，以灵活的方式应对新情况的能力。基于这一要求，青少年教育计划旨在为年轻人提供准确的、适合年龄和文化背景的信息；养成健康的态度并培养技能，使他们能够有效应对现实生活中的情况。青少年教育计划采取了一系列干预措施：开发培训资源，建议围绕青春期变化的主题展开课堂交流，支持将生活技能和青少年问题纳入中学的学习材料中；鼓励学校的校长和教师在课堂中进行基于生活技能的教育；改正学生对性别和性行为的刻板印象和歧视，认识滥用和违规行为，预防药物滥用和艾滋病。[②] 中央学校为实施青少年教育计划创造有利的环境，面向家长与校长提供了宣传会议，希望得到他们的认可与支持。

（五）国家开放学校

《国家教育政策 1986》明确指出，印度需要远程教育，要建立一个高质量的、强有力的、生机勃勃的开放学校系统，作为印度正规中等教育系统的补充。在这一政策的整体引导下，国家开放学校成立，以满足那些无法在正规学校注册的学生的学习需求。创建初期，国家开放学校就得到了政府的大力支持，获得了自行组织考试和自行颁发文凭等权利，这在一定程度上激发了各邦开放学校的广泛建立。2002 年，国家开放学校更名为国家开放教育学院（National Institute of Open Schooling，NIOS），作为一个自治组织，负责管理全国的开放学校。在课程设置方面，NIOS 除了提供小学课程计划、初中课程计划、高中课程计划和职业教育课程等非学位课程外，还为全国中等教育阶段适龄人口提供综合的远程教育计划，同时也提供生活

---

① Kendriya Vidyalayas Sangathan. Mission［EB/OL］.［2021-09-12］. https：//www.kvsangathan.nic. in/about-kvs/mission.

② Adolescence education programme implementation strategy［EB/OL］.［2021-09-12］. http：//www. aeparc.org/pages.php?id=aboutlse&ln=en.

技能培训等生活课程。在评价方面，NIOS 一年组织两次考试，学生可以一次报考多门科目，获得毕业证书的条件是修完相应的课程和修满规定的学分。在促进教育包容方面，NIOS 在印度政府的支持下为女童、表列种姓 / 表列部落儿童和残疾儿童免除学费，以保障更多的困难群体顺利接受教育。此外，NIOS 在学生录取和学习计划方面都拥有较大的灵活性，学生入学不受年龄、地域、受教育经历的限制，学生也可以自由选择学科目录上的科目并按照自己的学习进度学习。[①] NIOS 在国际上也颇受赞誉，在开放教育领域广泛开展研究、创新活动，并将研究成果传播给所有利益相关者，还建立了开放教育数据库。NIOS 还与国际组织层面的开放学校建立了良好的合作关系，充当着重要的资源组织和能力建设中心，为印度和国外的机构提供开放与远程教育领域的专业技术咨询。[②]

具体而言，在中等教育方面，学生在 NIOS 学习的 5 年内有多达 9 次参加公开考试的机会，学生多利用教科书等学习材料、音频和视频等进行自学，参加个人成长计划和导师指导作业计划。NIOS 共提供 28 门科目，除此之外，NIOS 还提供初中阶段与学术科目相结合的职业科目。这些职业科目是在职业教育计划的引导下开设的，包括农业、商业、工程和技术、健康和辅助医疗、家庭科学和酒店管理、教师培训、IT 及计算机等。[③] 总之，NIOS 在印度的中等教育体系中扮演重要角色，极大地保障了学生的受教育权。

第二节　中等教育的课程与教学

印度自独立以来，课程改革颇受政府和教育界的关注，政府接连颁布国家课程框架促进课程改革。具体而言，国家课程框架的制订与落实是印

---

① 徐辉，任钢建.六国普及高中教育政策与改革的国际比较［M］.北京：教育科学出版社，2010：204.

② National Institute of Open Schooling. Objectives & functions［EB/OL］.［2021-09-14］. http : // niosac.in/about-us/objectives-functions.html.

③ National Institute of Open Schooling. NIOS profile 2017［EB/OL］.［2021-09-14］. https : //nios-cms.s3.ap-south-1.amazonaws.com/2020/May/16/NIOS%20PROFILE%20FINAL_Curve_English_compressed.pdf.

度改革课程体系的重要手段，一般由国家教育研究与培训委员会基于国家教育政策，在国家层面为学校课程提供总体的规范与指导。

一、中等教育的课程

《国家课程框架 2005》是经印度中央教育咨询理事会认证的最新课程框架，强调在中等教育阶段打破"死记硬背"的教学传统，开展经验式的跨学科学习，减轻学生的学习负担。[①] 这一课程框架是目前印度通用的课程框架，促进了印度最新一轮的课程改革。然而，对中等教育而言，在学生选择层面却缺乏灵活性，且未能全面融入印度的传统文化，尚未充分促进中等教育阶段的普通教育和职业教育的有机融合。

（一）《国家课程框架 2005》对中等教育的要求

《国家课程框架 2005》（National Curriculum Framework 2005，简称 NCF 2005）作为印度课程改革的纲领性文件，对印度基础教育中出现的各种问题进行了深入剖析，也给出了发展方向，对中等教育阶段的课程改革极具参考价值。首先，在学科分化方面，NCF 2005 认为中学阶段可能是一个需要更清晰地界定学科领域的阶段，因此在中学阶段学生可以系统地学习自然科学、社会科学、数学和语言等必备学科，通过对这些领域知识的全面摄入与分析，培养自身的理解能力和批判性思维。然而，在这一阶段，学科之间的区分不应过于绝对，而应该创建跨学科的空间，通过为学生创造一个没有界限的探索社会问题和知识的空间来鼓励学生持续地思考。其次，在中等教育的课程设置方面，NCF 2005 认为中等教育阶段的学生的知识基础、语言能力等已经较为扎实，也具备一定的实践经验，因此学生可以全面地接触不同形式的知识：概念、知识体系的结构、调查方法和验证程序等。[②] 因为这些不同形式的知识与高等教育的学科知识紧密相连，所以只有学生清楚学科的概念，清晰表达出所有形式的知识，并能清楚知道知识间的相似之处、特殊特征以及相互联系的时候，学习才变得更为明确，创新

---

① National Council of Educational Research Training. National curriculum framework 2005［EB/OL］.［2021-09-14］. https：//ncert.nic.in/pdf/nc-framework/nf2005-english.pdf.

② National Council of Educational Research Training. National curriculum framework 2005［EB/OL］.［2021-09-14］. https：//ncert.nic.in/pdf/nc-framework/nf2005-english.pdf.

也更容易在这些领域中萌发。

　　NCF 2005 除了在中等教育课程改革的整体理念上提出了要求，也针对中等教育的部分课程提出了宝贵的建议，尤其对社会科学、数学这两门必修科目，以及艺术教育、健康与体育教育这两门公共科目的教育提出了明确的要求。

　　（1）中学阶段的数学课程旨在让学生加强对数学的应用，积极学习计算机科学等应用科目。鉴于此，NCF 2005 提出了数学课程的基本标准：一是让学生学会享受数学而不是畏惧数学；二是数学不仅仅是公式和机械的运算，还要学习可以应用的数学，用数学去解决有意义的问题；三是引导学生把数学看作是可以谈论、交流、讨论的东西；四是鼓励学生在数学中利用抽象思维来感知关系，看到结构，论证陈述的真伪；五是要让学生理解数学的基本结构——算术、代数、几何，通过数学课程的基本内容掌握抽象、结构化和概括的方法。总之，中学阶段学生应该将科学和数学作为一门综合学科展开学习，强调实验/技术和问题解决能力的培养。合理安排课程内容，以避免初中课程大纲与高中课程大纲之间的差距过大。

　　（2）中学阶段的社会科学课程旨在为学生提供选择的机会，增强学习的灵活度。对于部分学生而言，中学可能是接受正式教育的最后阶段，他们的学生时代可能会到此结束。因此，在这个阶段必须为学生提供广泛的社会科学和商业课程，以使他们具备基本的知识和必要的技能，以便在他们选择的领域做出有意义的贡献。鉴于此，中等教育阶段的社会科学课程没有必要进行课程的绝对分类，更多应实行选修制，学生可根据自己的需要、兴趣和能力自由选择科目或课程进行学习。此外，社会科学的教学需要更加形象生动、充满活力，帮助学生在互动的环境中获得知识和技能，促进学生创造力、审美能力、批判性思维的发展。

　　（3）艺术教育在初中和高中阶段至关重要。这不仅仅是艺术类学生需要学习和掌握的科目，对于所有学生而言，艺术教育对于学生专攻自己感兴趣的领域大有助益。艺术教育常常需要花费大量时间和精力，随着技能的学习和练习，学生还可以学习艺术理论，提高审美和鉴赏能力，理解这个领域的知识的意义。

　　（4）在健康与体育教育方面，NCF 2005 强调印度必须首先完善健康与体育教育的政策保障机制，从宏观政策出发加强人们对于健康与体育教育全面发展重要性的深入认识。健康与体育教育应该是从小学到中学的必修科目，要鼓励行政人员、学校其他学科教师、卫生部门、家长和儿童广泛参与，在高中阶段需凸显健康与体育教育的重要性，同时也要为学生提供选择的空间，将其作为一门选修课并给予它与其他学科同等的地位。[①]

印度的民族、宗教、语言、文化的内涵都非常丰富，这也使得印度各邦的教育状况参差不齐。因此，NCF 2005 颁布之后，各邦政府根据邦内的实际情况和 NCF 2005 的内容制订本邦的课程框架及实施方案。以教育相对发达的喀拉拉邦为例，喀拉拉邦教育研究与培训委员会于 2007 年以 NCF 2005 为基础，颁布了《喀拉拉邦课程框架 2007》（KCF 2007）[②]，表 6-1 是喀拉拉邦课程框架中规定的高中课程。

表 6-1 KCF 2007 中规定的高中课程

学段	必修					选修
	文化	商业	科学	社会科学	职业能力	
高中	喀拉拉邦文化/印度文化、语言或艺术形式	会计、经济、商务	数学/生物、物理、化学	历史、政治/社会、地理/经济	职业选择的理论与实践、销售、计算机能力	地质学、统计、计算机应用、新闻、心理学、计算机科学、计算机会计、合作、甘地的研究、社会工作、人类学、社会学、哲学、家庭科学、职业教育等

在此框架下，高中共形成了四种课程组合，学生可以从中选择一种来学习。这四种组合分别为[③]：

（1）英语、数学、物理、化学、生物。

---

① 张婉莹. 21 世纪印度基础教育国家课程改革：内容、特点及启示：以印度《国家课程框架（2005）》政策文本为个案［D］.重庆：四川外国语大学，2021：27-31.

② State Council of Educational Research and Training. Kerala curriculum framework 2007［EB/OL］.［2021-09-15］. http://14.139.60.153/bitstream/123456789/2098/1/Kerala%20Curriculum%20Framework%202007.pdf.

③ 张晓卉，解月光，董玉琦.印度中小学信息技术课程新世纪发展：以 IITB 的"学校计算机科学课程模型"为例［J］.中国电化教育，2013（10）：24-29.

（2）英语、数学、物理、化学、计算机科学。

（3）英语、数学、物理、化学、生物技术。

（4）英语、商业研究、经济学、会计学、数学 / 信息实践。

整体来看，NCF 2005 是印度课程改革的纲领性文件，在中等教育领域凸显了以学生为中心的课程理念，拓展了课程的内容，同时也对中等教育阶段的部分课程提出了要求，并在课程设置方面为学生提供了一定的灵活性，但在实现中等教育课程普通教育与职业教育分流（简称"普职分流"）方面还有所欠缺。

（二）中等教育中央委员会规定的中等教育课程大纲

在 NCF 2005 颁布之后，印度认识到了该框架对于中等教育普职分流的忽视，因此基于高中阶段职业教育的不利情况，要求实现中等教育普通教育和职业教育分流。初中教育依旧沿袭共同科目制，而高中课程则经历了新的变革，分为学术型和职业型两大类。学术型课程由基础课程、选修课程和前沿课程构成，多采用分组讨论、个别指导、实验室工作、设计作业、家庭学习等形式提高学生的自学能力和解决问题的能力。职业型课程包括语言教育、普通基础课程、健康与体育教育以及职业选修课，其中，实践训练是职业型课程的重要形式，学生在实习期间到培训生产中心实习，将知识有效地转化为技能。总的来说，职业型课程主要侧重于大职业教育，培养学生卓越的品质，注重增强学校和劳动力市场之间的内在知识联系。印度高中阶段学术型和职业型课程设置具体如表 6-2 所示。

表 6-2　高中阶段学术型和职业型课程设置 [①]

学术型	语言（15%）
	劳动实习（15%）
	选修科目（70%），在下列选修科目中任选四门：语言（必修语言除外）、数学、经济学、化学、政治学、地理、生物、社会学、哲学、历史、美术、体育、商业和财会、心理学、物理、家政学

---

① 顾静 . 印度高中的课程设置及其启示［J］. 教学与管理，2013（16）：86-88.

续表

职业型	语言（15%）
	普通基础学科（15%）
	选修科目（70%），包括渔业、水果和蔬菜的基础知识、农业农场机械、水土保护、小型工业、畜牧管理、园艺、合作销售或农业产品销售、小型农场管理和乡村建设技术、商业和办公室管理、辅助医事、教育服务、地方团体和其他服务、新闻、家政及其相关职业，另外还包括其他一般性服务，如照相、印刷、导游、理发等

　　在一系列课程改革中，中等教育中央委员会也对印度中小学的课程大纲进行了更新，最新的是 2020—2021 年的课程大纲（如表 6-3 所示）^①。在最新的课程大纲中，中等教育中央委员会根据整体的教育思路规划学生的全面发展，中学课程主要强调学生对包括语言、数学、科学和社会科学在内的学科有广泛和深入的理解，使学生能够有效地交流、分析信息，做出明智的决定，构建符合宪法价值的世界观，并朝着成为有生产力的公民的方向前进。中等教育中央委员会 2020—2021 年的课程大纲的重点是让每个学生都能够在独立、安全和舒适的环境中发展技能。为了实现这一目标，中等教育中央委员会强调儿童在其他的公共核心领域，如健康与体育教育、生活技能、价值观教育、艺术教育、劳动体验等，获得足够的知识和技能，以促进学术知识和公共领域知识的联系。从某种程度上说，中等教育的课程是以学生为中心的，学校是学生获得各种技能，建构自我概念，培养进取心、审美情趣和体育精神的地方。

表 6-3　中等教育中央委员会规定的中等教育课程大纲（2020—2021 年）

学术领域	必修	语言 1（印地语、英语、37 门语言中的一门）
		语言 2（印地语、英语、37 门语言中的一门）
		社会科学（地理、历史、经济学和政治学）
		数学
		科学（生物、化学和物理）

---

① Central Board of Secondary Education. Secondary school curriculum : class Ⅸ - Ⅹ（2020-21）［EB/OL］.［2021-09-15］. https : //www.cbse.gov.in/cbsenew/curriculum/initialpage/Intitial_pages_sec_2020-21.pdf.

续表

学术领域	选修	其他学术性科目
		技能培养科目
公共领域	自我评价	健康与体育教育
		劳动体验
		艺术教育

　　综上所述，印度的中等教育课程受到印度多样化的民族、语言乃至文化的影响。语言在印度中等教育课程中占有重要地位，多种语言的学习要求学生不仅要学会单词拼写、句法结构，还要求学生领悟语言背后蕴含的文化传统，以促进语言的多样化和民族、国家的团结，这是印度中等教育课程的民族化取向。[①]此外，印度的中等教育课程设置从高中起就将学生进行分流，一部分学生高中毕业后直接进入社会就业，一部分学生进入更高级的学府深造，这样的分流定位更具有针对性和选择性。相应的，在印度中等教育阶段的课程改革过程中，高中课程设置也做了分化安排。在两种不同的课程设置中，学术型课程偏重知识的系统性和专业化，包括了文、史、哲、数、理、化等学科；职业型课程偏重知识的运用和技能的掌握，如农、林、渔、家政、办公知识等，分工细化，同时为了培养学生的21世纪技能，还开设了相应的生活教育课程。这体现了印度中等教育课程与时俱进，促进普职分流的重要趋势，以及以人为本、充分发挥不同学生的天赋才能的重要特征。

二、中等教育的教学

　　印度独立初期，中等教育中央委员会就对填鸭式教学方法进行了严厉的批评，认为填鸭式教学方法扼杀了学生的个性发展，使学习成为一种负担。独立后，印度在审视中等教育现状的基础上提出了调动教师积极性、普及新的教学方法的建议。《国家教育政策2020》还结合了国际教学方法发展的整体态势提出了跨学科教学等具体的教学方法，这也将成为印度中等教育教学未来的发展趋势。

① 袁琳，杨茂庆.印度高中课程改革的经验与发展趋势［J］.比较教育研究，2011（5）：11-14.

（一）独立初期强调中学生的能力培养

独立初期，中等教育中央委员会就提出了当时印度中等教育教学方法存在的缺点：教学方法不能培养学生的多种兴趣及其对学习和工作的正确态度；不能发展学生好的工作习惯和技巧；多以外语作为指导语；学生是通过死记硬背进行学习，而非在理解的基础上进行学习；过多的家庭作业带给学生巨大的压力，严重妨碍了学生综合学习能力的培养和学习兴趣的养成。针对以上问题，中等教育的教学应加强对学生学习兴趣和能力的培养。

（二）科塔里委员会重视教学方法的改革

1964—1966 年，科塔里委员会详细考察了印度中等教育教学方法的局限，指出首先需要更新观念，中等学校的教学方法应培养学生正确的价值观、态度和工作习惯，尤其应当培养学生对工作的执着，为以后高效、诚实、认真地完成工作做准备。主张采用以学生为中心的教学方法，因材施教，尽可能满足不同学生的需要，将活动教学法与计划教学法结合起来。强调全方位促进教学方法体系改革，政府应出台相关政策建立试验学校，普及先进的教学方法，自由地试验新的教学方法，政府、学校领导、培训机构等都需对这些试验学校给予大力支持。[①]

（三）《国家教育政策 2020》提倡跨学科学习和体验式教学

进入 21 世纪，各国都掀起了轰轰烈烈的教育改革运动，其中教学方法的改善在提高教育质量方面发挥着关键作用。印度也于 2020 年颁布了新的国家教育政策，指引 21 世纪印度教育的发展方向，尤其强调教学方法的改革，重点是促使印度的整个教育系统朝着理解学习的方向发展。

中等教育阶段将主要开展跨学科学习的活动，要基于中学阶段的教学法和课程风格，但是需要提升教学的深度以培养学生的批判思维能力和对生活的关注，还要关注学生自主选择的灵活性。

在中等教育阶段，将采用体验式教学（包括动手学习、艺术整合、体育整合式学习、基于故事的教学法）来作为每门学科的标准教学法，以探索不同学科之间的联系，促进跨学科的融合。艺术整合作为一种跨学科的教学方法，将以艺术和文化的不同方面和形式作为跨学科教学的基础，在

---

① 王长纯.印度教育［M］.长春:吉林教育出版社，2000：321-322.

教学过程的各个阶段将艺术和文化嵌入课堂教学之中，以加强教育和文化的联系，让学生在教学中受到印度精神风气的熏陶。体育整合则是指要在教学实践中充分发挥本土体育在内的体育活动的作用，以促进学生团结协作、自我激励、自我指导、自我约束等技能的发展。在教学中引入本土体育的知识以帮助学生认识到"健身是一种终身的态度"的重要性，促进学生的整体发展。

第三节　中等教育的保障与师资建设

中等教育作为普通教育的重要一环，是印度整体教育体系的关键。印度的中等教育的受关注度虽不及义务教育和高等教育高，但还是获得了应有的发展，政府为其提供了政策、计划、经费等重要的保障，还重视中等教育的师资队伍建设，为教育的发展提供人力资源。

一、从上到下覆盖全面的政策保障

教育政策对一个国家的教育发展起着重要的导向作用，印度为了促进中等教育的发展，从上至下，从联邦政府到各邦政府都针对中等教育颁布了相应的教育政策或法规，为中等教育的发展保驾护航。

在国家层面，与中等教育直接密切相关的重要政策是印度独立以来颁布的三大国家教育政策。

《国家教育政策 1968》在中等教育这部分规定：（1）提供更多的中等教育机会是实行社会变革的一个主要手段，因此，中等教育的设备应迅速覆盖到那些过去得不到这些设备的地区和社会阶层去。（2）有必要增加中等技术教育和职业教育的设备。为中等技术教育和职业教育提供的设备应与发展中的经济和实际就业机会的需求大致相符。为中等技术教育和职业教育提供的设备应适当多样化，包括多个领域，如农业、工业、贸易和商业、医学与公共卫生、家政学、工艺美术、秘书培训等。①

《国家教育政策 1986》在中等教育这部分强调，中等教育开始使学生接

---

① 瞿葆奎.印度、埃及、巴西教育改革［M］.北京：人民教育出版社，1991：304.

触到自然科学、人文科学和社会科学的不同方面，这也是一个向学生介绍历史知识和民族前途，并使他们有机会理解自己作为公民的法律义务和权利的合适阶段。健康的工作态度和高尚的综合文化价值观念将通过适当编制的课程得到有意识的内化。在这个阶段，通过专门化学校或中学教育的新形式所进行的职业化教育能为经济增长提供有用的人力。《国家教育政策1986》围绕着示范学校和职业化教育展开了进一步的论述。在示范学校这一部分，强调在结合平等和社会公正（对表列种姓和表列部落的学生有保留政策）的情况下，为来自全国各地，尤其是农村的有天赋的儿童提供学习的机会，挖掘他们的潜力，提升中等教育计划的整体水平。在职业化教育方面，提议到1990年要有10%的高中生修习职业课程，并在1995年达到25%，帮助大多数高中毕业生找到工作或成为自我就业者。①

《国家教育政策2020》则对中等教育阶段的年限及教育目标进行了重新规定：高中教育作为初中教育的延伸，在学科内容学习的基础上强调学科内的体验式学习和跨学科探索，通过深度学习培养学生的批判性思维与自主学习的能力。把高中教育从之前的2年制变为4年制，年限的延长一方面体现出高中教育的重要地位，在确保学生完成免费、公平、优质的义务教育基础上充分发挥高中教育的育人与选拔功能，另一方面有助于促进高中教育与高等教育的衔接。在教育目标方面，中等教育阶段聚焦于21世纪技能的培养，倡导在课程、教学、评价三个方面展开改革，以服务于能力为导向的整体性教育体系。首先，在课程方面，整合课程内容，降低课程难度。整合中小学阶段所需要的特定技能和价值观并将其融入国家课程框架；禁止中学阶段人文和科学课程、职业和学术之间的硬性分离；赋予学生自行选择、设计学习计划的机会。其次，在教学方面，强调学习方式转变的重要性，要求以体验式和跨学科学习为主，让教学具有更大的深度和更强的批判性，以培养学生应对未知挑战的关键能力。再者，中学阶段的评价需从终结性评价转变为形成性评价，提倡学校使用360度多维透视的进度卡对学生进行评估，该进度卡包括自我评估、同伴评估以及教师评估。此外，还将建立一个新的国家评估中心作为联邦教育部的评估标准制订机

---

① 瞿葆奎.印度、埃及、巴西教育改革［M］.北京：人民教育出版社，1991：442-444.

构，以实现制订学生规范、标准和指南的基本目标。

二、多方位的专项计划支持

联邦和各邦层面的教育政策和法令为教育发展的整体方向提供了相应的参考，但对于中等教育发展的薄弱之处有所忽视。为了重点攻破这些薄弱环节，促进印度中等教育的均衡发展，印度政府开展了多方位的专项计划支持。

（一）加强女生膳宿设施计划

为了满足那些居住在农村、沙漠、山地及贫困地区的女生（特别是表列种姓、表列部落以及教育落后的少数民族）的中等教育的受教育需求，提升这一群体中等教育的入学率，印度需打破传统的社会习俗。农村地区和经济落后地区人群聚居地距离高中学校较远是女生入学率低的另一个主要原因。为了解决这一问题，印度政府于 1993 年正式启动加强女生膳宿设施计划，为农村地区和经济落后地区的初中和高中女生修建食堂和宿舍。这一计划作为一个提升女性中等教育入学率的专项计划，于 1999 年进行了修正：将针对寄宿生的循环拨款从每人每年 5 000 卢比提升到 10 000 卢比，这些专款主要用于采购食品以及支付厨师的工资；将每年每位寄宿生的非循环拨款从 1 500 卢比上升到 3 000 卢比，这些资金主要用于购买家具、教具、娱乐设施、体育器材、设备、书籍和开设阅览室。为了促进该计划的进一步贯彻实施，政府还规定任何公司、机构、组织在收到印度政府的拨款以后不应当收取寄宿生的住宿、伙食以及其他宿舍费用，并必须为此提供证明。[①] 这是一项针对女性的中等教育专项计划，在一定程度上解除了女性接受中等教育的后顾之忧，让更多的女性得以走入学校接受中等教育。

（二）普及中等教育计划

在普及初等教育的影响下，印度于 2009 年启动了普及中等教育计划，这项计划旨在发展印度中等教育中的所有公立学校。这一计划的主要目标是为中学生提供优质的教育，并在五年内（2009—2014 年）将印度中

---

① 徐辉，任钢建 . 六国普及高中教育政策与改革的国际比较［M］. 北京：教育科学出版社，2010：203-204.

等教育的毛入学率从2005—2006学年的52%提升到75%。为了达到目标，该计划采取了许多具体的措施：兴建了大量的教室、实验室、图书馆，加强学校基础设施的建设等；为教师提供了广泛的在职培训和经费支持；推广瑜伽、环境教育、人口教育，推进中等教育课程和教学改革等。在该计划的推行下，印度对于中等教育的经费投入也发生了重大变化。联邦政府通过人力资源开发部直接向各邦政府提供资金，在"十一五"计划期间，各邦总的教育经费中有75%来自联邦政府。这表明联邦政府在一定程度上意识到了中等教育的重要性，并积极投入资金给予大力支持。

（三）国家资助暨优秀学生奖学金计划

印度中等教育的辍学率，尤其是偏远农村地区和经济落后地区的学校的辍学率让人震惊，对此印度政府一直都在努力将辍学率维持在较低水平。2008年5月，印度政府发起了国家资助暨优秀学生奖学金计划，旨在为一部分学生提供奖学金，确保那些家庭经济能力较差但有才华的学生能够获得所需的中等教育。这一计划针对的是初等教育结束后的学生，即完成八年级学习的学生，申请条件为学生家长的年收入不超过15万卢比，且学生在八年级考试中获得的分数至少为总分的55%（对于表列种姓和表列部落的学生可放宽5%），并通过选拔性的心理能力测试和学术能力测试。该计划资助范围广、力度大，在一定程度上为降低印度中学辍学率做出了贡献。

三、多渠道的经费投入保障

中等教育的发展能为一个国家或民族提供多样的人力资源，一个国家全面发展的必要条件之一是通过适当的教育投资来提高人力资源的素质。印度高度认识到中等教育在国家发展中的重要性，在资金上予以大力支持。

（一）五年计划中的中等教育支出

五年计划是指导印度社会发展的重要纲领，也为中等教育的发展指明了一定的方向。纵观印度独立以来的各个五年计划，可以了解印度中等教育的经费投入在整个教育系统中的具体情况（具体见表6-4）。

表 6-4　印度五年计划中的教育支出状况

五年计划	教育支出占五年计划总支出的比例 /%	教育支出占国内生产总值的比例 /%	初等教育支出占五年计划教育支出的比例 /%	中等教育支出占五年计划教育支出的比例 /%	高等教育支出占五年计划教育支出的比例 /%
五年计划 1	7.60	0.76	56.00	13.00	31.00
五年计划 2	5.90	1.29	35.00	19.00	46.00
五年计划 3	6.90	1.56	34.00	18.00	48.00
五年计划 4	4.90	2.16	30.00	18.00	52.00
五年计划 5	4.30	2.63	35.00	17.00	48.00
五年计划 6	2.70	3.14	30.00	25.00	45.00
五年计划 7	3.50	3.69	34.00	22.00	44.00
五年计划 8	4.50	3.58	47.00	18.00	35.00
五年计划 9	6.10	3.95	66.00	11.00	23.00
五年计划 10	6.30	3.45	66.00	10.00	24.00
五年计划 11	9.50	3.92	50.00	20.00	30.00

　　独立以来，印度便一直以五年计划指引印度的整体发展，渐进地促进印度的进步，并且始终将教育置于五年计划的重要地位。分析印度第一个到第十一个五年计划，数据清晰地表明：（1）五年计划的教育支出占国内生产总值的比例在不断上升，尤其在前几个五年计划期间高速增长，这表明独立初期的印度高度重视教育的发展，拟以教育进步作为经济增长、民族振兴的重要基石。现在印度五年计划的教育支出占国内生产总值的比例已经大致维持在 4% 的水平，总体来看较为良好。然而，与印度政府理想中教育支出要占国内生产总值的 6% 的目标相比，还相差甚远。（2）五年计划中的教育支出增长缓慢。在印度经济腾飞的情况下，每一个五年计划的经费投入也飞速增长，然而从第一个五年计划到第十一个五年计划，教育支出占五年计划总支出的比例也只从 7.6% 发展到 9.5%，并且这是 11 个五年计划中最高的两个数据。这说明五年计划中的教育支出增长缓慢，教

育在五年计划中的重要性仍然有待提升。（3）尽管印度政府为教育发展投入的资金逐渐增多，但教育支出的内部结构极不协调，初等教育和高等教育占据教育支出的绝大部分。在第一个五年计划中，初等教育、中等教育和高等教育在五年计划教育支出中所占比例分别为 56%、13%、31%。然而，从第一个五年计划到第十一个五年计划，中等教育支出占五年计划教育支出的比例仅从 13% 增加到了 20%，最高比例是第六个五年计划的 25%，仅占五年计划教育支出的四分之一，这是相当低的。从这个意义上说，印度政府在促进中等教育发展方面还需提供大力的支持。此外，中等教育支出占五年计划教育支出的比例从第六个五年计划开始呈现下降的趋势，而初等教育支出占五年计划教育支出的比例却稳步上升。这在某种程度上看是不科学的。初等教育经费支出的不断上升，表明印度的初等教育规模扩张较快；中等教育经费支出却处于下降的趋势，表明印度中等教育发展的速度和规模都受到了一定的限制。然而，大量初等教育毕业生理应进入中等教育阶段继续学习，愈发庞大的初等教育毕业生与愈渐缩小的中等教育规模相互矛盾，这表明大量学生在完成初等教育之后就不再继续学习。这一教育投入结构造成了不同层次的教育衔接不畅通，使得印度普及初等义务教育的目标一直难以实现。中等教育不受重视，高等教育发展也面临缺乏优秀储备人才的困境。

（二）联邦政府和各邦政府的中等教育支出

印度中等教育的公共支出主要是指联邦政府和各邦政府为了发展中等教育所提供的经费支持，总体来看，各邦政府是中等教育公共支出的重要主体。从图 6-1 可以看出，十年内，印度各邦政府都是中等教育公共支出的主力军，承担了 90% 以上的资金支持，而联邦政府则只提供了不到 10% 的经费支持。在印度整体经济进步的情况下，联邦政府的中等教育支出在十年内仅从 2.53 千万卢比发展到了 11.86 千万卢比，而各邦政府对中等教育的经费支出则飞速增长，十年内从 33.06 千万卢比增长至 146.33 千万卢比。当然，联邦政府和各邦政府的教育支出差异与印度的教育管理体制紧密相关，独立以来教育便一直被看作是各邦政府的主要事务之一，联邦政府主要颁布相关政策提供战略指引，各邦政府则具体负责中等教育管理、经费支持乃至学校具体事务开展等。

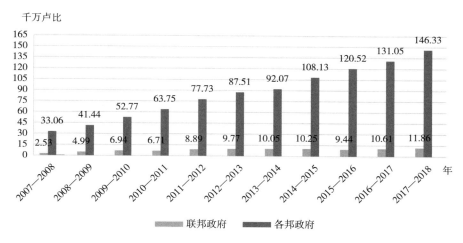

图 6-1　联邦政府和各邦政府的中等教育支出 ①

　　世界银行有专家曾对印度的教育投入展开调查，认为近年来印度在很大程度上重视了初等教育的发展，却忽视了中等教育的发展，中等教育的经费投入有所下降。② 然而，总体来看，印度中等教育经费的投入也许和初等教育相比处于下降的状态，但在数值上仍有所上升。

四、师资队伍建设

　　教师能力和质量能直接影响中等教育的教育水平，印度政府深谙这一点，历来比较重视教师教育，并做出了种种努力来提高中等教育教师的质量。印度中学教师教育旨在培养教师了解并掌握与中学生相关的心理学和社会学基础知识，运用适当的资源来组织学生的学习，熟悉照顾中学生特殊需要所需的方法和技术，掌握培养学生求知欲、想象力、自我意识所需的必要技能，培养学生解决社会和情绪问题的理解与分析能力、沟通交流能力等，要求教师充分利用社会资源作为教学材料，学会组织课堂以外的教学活动，学

---

① 　Statistics new［EB/OL］.［2021-10-11］. https：//www.education.gov.in/en/statistics-new?shs_term_node_tid_depth=387.

② 　Decline in investment in secondary education in India：World Bank［EB/OL］.［2021-03-17］. https：//www.thehindu.com/news/national/Decline-in-investment-in-secondary-education-in-India-World-Bank/article16885097.ece.

会组织游戏、体育活动和其他关联课程活动等。[①] 为了达到这些目标，鉴于中等教育兼顾了普通教育和职业教育的特殊性，印度对中等教育师资队伍建设从数量、质量、针对性和奖励力度等方面做了相应的努力。

（一）大力培养中等教育教师，增加中等教育师资数量

独立以来，印度的中等教育不断发展，由于经费支持薄弱、不受政府重视等原因，印度中等教育的发展在一定程度上受到了限制。为了提高中等教育的质量，印度也加快建设中等教育师资队伍，增加中等教育教师的数量。印度中学教师多由大学教育系或教育学院、单独设置的师范学院、地区教育学院培养。

印度主要通过两种方式来培养中学教师：一类为大学本科毕业后再攻读一年教育专业，毕业时除获本专业学位外，还可获得教育学士或教学学士学位；另一类为高中毕业后进入地区教育学院，攻读四年师范专业课程，毕业时可同时获得专业学位（文学学士、理学学士）和教育学士。[②] 印度先后在布巴内斯瓦尔、迈索尔、博帕尔和阿杰米尔四个城市创办了地区教育学院，支持印度各邦的中学教师队伍建设。印度的许多学者和专家更加倾向于用四年制师范教育课程来培养中学教师，因为四年制师范教育能从高中毕业生中挑选优秀学生，与本科毕业后一年的修业时间相比，四年的课程更加有助于提高教学质量，学生也可以较为系统地掌握教学内容和教育方法，并在教育实践中积累教育教学本领，最后较为从容地成为一名中学教师。然而，尽管有发达国家的可行性案例和经验，印度学者也极力推荐，但四年制师范教育课程仍然只在四个地区教育学院中实施[③]，并未得到较大范围的推广。

（二）设置中等教育教师从业资格，开展教师教育的认证

除了解决印度中等教育教师数量不足的难题外，印度还面临提升中等教育教师质量的难题，只有促进教师数量和质量的同步提升，中等教育的水平才会有所提高。对此，中等教育中央委员会对中等教育的教师从业资格和教

---

① National Council for Teacher Education. Curriculum framework for quality teacher education [R]. New Delhi : National Council for Teacher Education，2005：24.

② 冯增俊.当代国际教育发展 [M].上海：华东师范大学出版社，2002：117.

③ 顾静.印度职前教师教育课程设置研究 [D].重庆：西南大学，2012：29.

师的人数都做出了强制性的规定。在教师从业资格方面，中等教育中央委员会要求其所有的附属学校都必须遵循 2018 年附属学校的相关细则。在教师的人数限制方面，中等教育中央委员会强调每一所附属学校的生师比例不得超过 30 ∶ 1。除此之外，除校长、体育教师和辅导员外，平均每科必须有 1.5 名教师[①]。

印度提升中等教育师资队伍质量的一大重要保障措施是开展教师教育的认证。目前印度的教师教育认证制度中，主要由负责管理和规划全印度教师教育事务的全国教师教育委员会和质量委员会对印度教师教育的机构展开认证，鼓励各级各类教师教育机构不断提升办学质量和水平，以提高教育行业的活力。[②] 一般而言，认证分为教师教育机构认证和教师教育项目认证。在教师教育机构认证方面，主要从实物资源、学术资源、教学质量、学生学习成效四大方面出发进行认证。在教师教育项目认证方面，主要从课程多样性与丰富性、学习成果与教学评估、学校实习、研发与推广、基础设施与学习资源、学生支持制度与发展、治理与领导力等方面展开认证。印度独具特色的教师教育认证制度以产出为导向，关注学习成果，且程序较为规范，相对比较高效，在提升印度教师队伍质量方面大有裨益，保障了印度中等教育师资队伍的质量。

（三）专项培养中等职业教育教师，提高中等教育师资队伍的针对性

21 世纪以来，印度愈发重视中等职业教育教师质量的提高，2014 年启动的新中等教育职业化计划就主要从完善中等职业教育教师资格认证和评价，加强产教融合，强化教师入职和在职培训等方面出发提升教师质量。首先，完善中等教育教师资格的认证与评价。教师作为在实际教学中解读并实施教育政策的关键人物，教师的选拔和任用显得尤为重要。新计划规定，印度中央职业教育研究所应该出台每一个层次教师的资格要求，并详细规定中等职业教育教师的职责及教师年度评估的标准[③]，并在每一学年结束的时

---

① Mandatory directions of the board with regard to teacher qualification［EB/OL］.［2021-09-17］. https://www.cbse.gov.in/cbsenew/documents//teacher_qual.pdf.

② 钱隽至.印度教师教育认证制度研究［D］.武汉：华中师范大学，2020：48.

③ Guidelines for enlisting quality contractual vocational trainers in schools［EB/OL］.［2021-09-17］. http://mhrd.gov.in/sites/upload_files/mhrd/files/upload_document/VE_guidelines.pdf.

候评价教师的综合表现，教师是否留任与其教学质量息息相关。此外，在 2017 年出台的《录用高质量的职业教育培训者指导意见》明确要求，严格执行职业教育教师的选拔与任用程序，选拔程序应包括考查专业知识的笔试，由专家小组和各邦政府代表主持的考查被试者知识、兴趣与态度的面试，以及在教室、车间或实验室中进行的操作测试。① 这表明印度的中等职业教育教师选拔对知识和操作技能两方面予以同等重视。其次，加强产教融合以提高中等职业教育教师的专业能力。学校应该聘请产业界资深的技能培训者作为职业教师教育的客座教师，也可以直接聘用一些没有正式资格认证的专业人士来教授那些涉及传统技艺和职业的课程，以合理规划课程设置。在多个学校设置同样职业课程的情况下，雇佣"产业协调人"（Industry Coordinator），在师资问题上协调学校和产业之间的关系，让教师在多所学校中教学。最后，新计划还强调要加强教师的入职和在职培训，所有即将入职的教师都必须接受 20 天的培训，如有特殊需要，可以延长为 2 个周期，每个周期时长 2 周，通过入职计划让准教师在入职前充分掌握相关的教学方法。在职教师必须接受每年 5 天的常规培训，以更新教师对领域内先进技术和最新的职业教育政策改革的了解。此外，实施培训者培训计划（Training of Trainer Programme），由中央职业教育研究所组织培养一批优秀的教师培训工作者。这些措施为印度中等职业教育的师资队伍建设筑牢了坚实的基础。

（四）设置全国教师奖，加大中等教育师资队伍的奖励力度

印度为了表彰一些优秀教师的独特贡献，并表彰那些通过他们的无私奉献和辛勤付出提高了学校教育质量且丰富了学生生活的教师，设置了全国教师奖，加大了对教师的奖励力度。全国教师奖的评选标准由客观标准和基于贡献的标准两大类构成（具体见表 6-5）。全国教师奖的评选通常是由印度教育部门户网站发起，邀请教师在线自我提名，再由地区 / 地区遴选委员会筛选教师，并通过在线门户网站将候选人名单转发给邦 / 组织遴选委员会。国家遴选委员会 / 组织遴选委员会的入围名单通过在线门户网站转发给独立国家陪审团，由独立国家陪审团最终确定候选人。

---

① 翟俊卿，袁靖. 印度职业教育的新变革：解读"新中等教育职业化计划"[J]. 职业技术教育，2018（24）：72-77.

表 6-5　印度全国教师奖的评选标准 [①]

标准	内容	分数
客观标准	教师为鼓励社区、家长、校友等以任何方式为学校做出贡献的工作，例如基础设施、计算机、午餐、资金、书籍等	3
	近 5 年内发表的论文（研究论文 / 文章发表在国际 / 国家期刊、书籍等）	3
	最近 3 年的年度绩效评估报告或其他绩效评估报告	3
	教师是否定期教学	3
	教师是否定期参加委派的在职培训	2
	教师为增加入学率和减少辍学所做的工作	2
	为邦教育研究与培训委员会、董事会或国家教育研究与培训委员会开发电子内容、教科书、教师手册	2
	教师是否注册了慕课（MOOC）平台下的任何课程	2
基于贡献的标准	教师进行的创新实验（如使用信息技术、快乐学习技术），以提高他 / 她的教学对学生的影响力。在日常教学活动中开发和使用适当的教学方法，包括教学材料、低成本教具等（基于创新 / 实验的数量、规模和影响）	30
	组织课外活动（基于实验的数量、规模和影响）	25
	动员社会建设学校基础设施和在儿童中传播社会意识，促进国家建设和民族融合	25

印度的全国教师奖作为一个针对教师的全国性荣誉，体现了印度对于教师的尊重，也鼓舞了教师为教育努力贡献的热情。这也是从精神层面保障中等教育教师队伍建设的重要手段。

独立后印度在中等教育改革方面采取了一系列措施，从联邦到各邦都设置了独立的管理机构对中等教育进行管理，强化了政府做好顶层设计的功能，并且中等教育的实施机构、课程设置、教学方法等也随着中等教育普职分流的要求与时俱进，日益多样化。近年来印度为了大力提升中等教育这一教育领域的薄弱环节，更是从政策保障、专项计划、经费投入乃至师资建设等方面为中等教育的发展保驾护航，以促进中等教育的发展。这

[①] National awards to teachers 2021［EB/OL］.［2021-09-17］. https : //nationalawardstoteachers. education.gov.in/.

些都是印度中等教育的主要内容，也是印度中等教育发展过程中的宝贵经验。诚然，印度的中等教育还面临一系列的问题，但印度政府及相关的教育机构在改革中等教育方面不遗余力。2020 年颁布的《国家教育政策2020》就对中等教育的时间长短和目标等都进行了调整，印度未来的中等教育学制将会延长，尤其在高中阶段更加强调普职分流和与高等教育的密切衔接，发挥中等教育培养高等教育后备军和社会工作者重要力量的双重作用。近年来，印度中等教育的发展受到国际范围内 21 世纪技能培养的影响，也以 21 世纪技能培养作为重要的教育目标，这体现了印度中等教育改革在与国际不断接轨，促进印度中等教育焕发新的生机与活力。

第七章

印度高等教育

印度高等教育的发展有着悠久的历史，早在公元前 1 000 年，印度便已形成具有高等教育性质的教育机构。现代印度高等教育体系植根于英国殖民时期的遗产，而殖民时期建立的大学直接模仿伦敦大学，专注于英语和人文学科，致使印度高等教育呈现出浓郁的殖民色彩。独立以前，印度高等教育的规模和质量相当有限，伴随 1947 年实现民族独立和 20 世纪 90 年代末印度经济的崛起，印度高等教育进入了全面改革时期，高等教育体系从小到大迅速发展。进入 21 世纪，印度高等教育规模更是大幅扩张，实现了跨越式发展，综合性大学从 2009 年的 436 所增加到 2017 年的 903 所，附属学院也从 26 000 所增加到 39 000 所[①]，为国家输送了大量人才。印度庞大的高等教育系统如何运作，印度又是如何对其进行有效建设和管理，是本章讨论的主要内容。

---

① GUPTA V，NOONE D，KELKAR M，et al. Shaping the future：delivering on the promise of Indian higher education［EB/OL］. (2019-04-13)［2021-09-07］. https：//www2.deloitte.com/us/en/insights/focus/reimagining-higher-education/indian-higher-education-sector.html.

第一节　高等教育的管理与实施

印度高等教育在世界上拥有重要地位，印度是目前世界上高等学校数量最多的国家，高等教育学生规模仅次于中国，居世界第二位。印度的高等教育类型复杂多样，既有绝大多数国家都有的综合性大学，又有国家重点学院，还有非常独特的附属学院，另外还有其他国家较为少见的类型——名誉大学。整体来讲，联邦和各邦对高等教育都有一定的管理责任，当然，大学主要依靠大学法进行自治管理，某些半行政机构接受联邦和各邦的委托对大学进行学术管理。

一、高等教育的管理

印度高等教育的外部管理机构主要可分为三类，即联邦、邦和半行政机构，内部管理则主要是指大学内部的自治。联邦政府作为高等教育管理的主要力量，对各高等教育机构进行宏观调控的同时，也将权力下放至地方各级教育部门。邦政府拥有一定的自主权，可制订本邦高等教育发展规划，分配高等教育资源，制定高等教育管理法规，监督高等教育活动和评估高等教育质量。印度也通过设立一系列半行政机构，例如大学拨款委员会、全印技术教育委员会等，共同参与大学的自治，为大学的发展提供经费资助、政策咨询和监督指导等。当然，高等学校自身也拥有相当广泛的自主权力。

（一）行政管理机构

1. 联邦机构。

在高等教育方面，最高权力机关为联邦教育部，具体负责部门为高等教育司，负责全印度普通高等教育政策制定与统筹规划。根据 1956 年《大学拨款委员会法》，高等教育司有权根据印度大学拨款委员会的建议，授予高等教育机构大学地位[1]。高等教育司的愿景是充分发挥印度高等教育领域的人力资源潜力，实现教育公平和社会包容。高等教育司的主要工作内容包括：为所有人提供平等接受高等教育的机会，尤其是保障弱势群体的受教育权利；管理高等教育机构，对其学术研究、师资培养、基础设施等方面进行管理和监督，以促进各机构的发展；与邦政府和非政府组织合作，共同推动印度高等教育的发展；制订各类行动计划和政策方针，提高高等教育的质量，推动高等教育领域的改革与发展。[2]

2. 邦机构。

虽然印度宪法第 42 修正案将教育事务权限规划到并行条款中，但是邦仍享有建设和管理邦立大学的权力。各邦负责高等教育事务的部门多数与中小学教育是分开的，一般名称为高等教育局。邦在高等教育方面的职责有：管理现有的所有高等教育机构（大学、学院）；开设新的学院；管理和分配本邦的高校资金（包括高校的基础设施建设资金、学生的奖学金等）；管理本邦的高校教师队伍（师资培养、工资发放等）。总的来说，就是负责本邦所有的高校事务。

（二）半行政机构

印度对高等教育的管理除了联邦和邦政府的直接管理外，还通过很多半行政机构对高等学校行使管理责任，这些半行政机构虽多名为委员会、理事会，但实际上是接受政府委托，在某一方面进行相应的管理，发挥各机构在高等教育管理及运作过程中的协调作用。主要机构包括全印技术教育委员会、印度农业研究委员会、印度医学委员会、印度大学联合会等。这一系列机构与大学拨款委员会（UGC）也有一定的合作，在相应学科领域发挥着重要作用。

UGC 是印度政府法定的管控、维护大学教育标准的组织，是政府与高校之间就高等教育管理权进行博弈的结果，行使由宪法赋予的高等教育最高管理权力。1944 年，印度首次尝试建立国家教育体系，发表了《战后印

---

[1] The university grants commission act 1956 and rules & regulations under the act [EB/OL]. [2021-09-17]. https : //www.education.gov.in/en/sites/upload_files/mhrd/files/upload_document/ugc_act.pdf.

[2] About department of higher education [EB/OL]. [2020-09-25]. https : //www.education.gov.in/en/overview.

度教育发展》的报告，也被称为《萨金特报告》，建议成立 UGC。1945 年，UGC 负责监督阿里加尔、巴纳拉斯和德里三所中央大学的工作。1947 年，UGC 受托负责监督当时所有现存的大学。但在 1948—1949 年，印度成立了大学教育委员会，由此暂停了 UGC 的所有工作。到 1952 年，在多方呼吁下，印度政府决定重设 UGC，使所有与向高等院校分配公共资金有关的项目都可以由 UGC 处理。1953 年，临时性的 UGC 宣告成立，直至 1956 年，才通过《大学拨款委员会法》，UGC 成为法定机构。[①]

　　在政府与高校之间，UGC 扮演了"缓冲器"的角色，助推着印度高等教育的繁荣发展。一方面，UGC 是政府的助手，帮助政府将相应的责任施加给高校，政府也通过 UGC 向大学进行拨款；另一方面，它又是高校的代言人，帮助学校向政府提出要求。此外，UGC 还充当联邦政府、邦政府和高等教育机构在高等教育问题上的咨询机构。[②] 因此，UGC 的成立与运行既缓解了政府与高校之间的关系，在保障高校充分行使自主权的同时，也保证政策、计划和规定等在各高校的执行与落实。当前，UGC 的职责主要有两项：提供资金，协调、确定、维持高等教育机构的标准。UGC 的任务具体包括：促进和协调大学教育；确定和维持大学的教学、考试和研究标准；制定关于最低教育标准的条例；监测大学和大学教育领域的发展；向大学和学院提供补助金；作为联邦及邦政府与高等院校之间的重要纽带；就改善大学教育的必要措施向联邦和邦政府提供咨询意见。[③]

（三）大学内部管理机构

　　高校自治是印度高等教育内部管理制度的核心特征。印度宪法规定，印度的大学是自治性机构，各高校根据法案和章程对大学事务进行管理。在内部的管理机制、权力配置和运行方面，大学较少受到政府的直接干预，即便是在那些由政府官员担任校长的大学里，政府的影响也是有限的。因

---

① 安双宏.印度大学拨款委员会及其对我们的借鉴意义［J］.比较教育研究，2003(12)：55-58.

② 李雁南，王文礼.印度大学拨款委员会的建立及意义［J］.现代教育科学（高教研究），2015(2): 158-162.

③ University Grants Commission. About UGC mandate［EB/OL］.［2021-09-15］. https：//www.ugc. ac.in/page/Mandate.aspx.

此，印度无论是中央大学还是邦立大学均享有高度自治权。^①

1. 最高权力机构：大学委员会 / 理事会。

大学委员会（理事会）是大学最重要的权力部门，其作用在于为大学与社会提供沟通的桥梁，以期依赖社会各界杰出人士为大学的建设与发展贡献力量。该委员会的职能具体包括：制订预算；列出大学应提供哪些课程；审查年度报告中述及的大学工作，并作为一个咨询机构发挥总体作用。但该委员会无权干涉大学根据法律赋予的权力所做出的决定。在组成层面，大学委员会的成员不超过 100 人，其中大约一半应来自大学以外。按照章程规定，在组成人员中，由校友会选出的毕业生代表应有 5 人，大学经费捐赠者代表不超过 5 人，其他还包括院校管理人员、行政委员会提名者、视察员提名者、校长、副校长、大学院系代表等。其中，副校长担任委员会主席。但在大学运行过程中，由于大学委员会规模庞大，成员组成复杂，在一定程度上降低了管理以及运行的效率，致使后期一些新建的大学只将大学委员会作为议事机构而不再是最高权力机构^②。

2. 主要行政机构：大学行政委员会 / 大学执行委员会。

行政（执行）委员会是大学内部最主要的行政机构，学校的日常行政事务、学校的各项规章制度等都由其负责。行政（执行）委员会应由同等数量的学术成员和非学术成员组成，主要职能在于招聘、任用教师和大学的其他工作人员，筹集资金，确定费用和组织考试。在成员组成层面，行政（执行）委员会应有 15~20 名成员，大学内部、外部人员约各占一半。主席由副校长担任，委员会由以下人员组成：副校长、教务长、4 名全职教师、4 名学院院长、3 名由大学委员会从其成员中选出的人员和 4 名由视察员提名的人员（包括政府代表）。此外，行政（执行）委员会中还应有 2 名教授和 1~2 名由校长提名的人员。为了大学的有效运行，校长应拥有行政（执行）委员会授予或转授的关于纪律事项的权力。

3. 首要学术机构：大学学术委员会。

学术委员会是大学最高学术决策机构，总揽如入学、课程教学、考试、

① 戚兴宇，谢娅. 印度政府与大学的关系及启示 [J]. 南亚研究季刊，2010（2）：88-93.
② 安双宏. 论印度普通大学内部管理的特色 [J]. 比较教育研究，2005（8）：13-16，23.

学位授予等所有教育工作。学术委员会的主席应由校长担任，它的规模应该根据大学院系的数量以及学院的数量做具体调整，对于单一和联合的大学来说，其规模应该在 60 人左右，而对于纳附大学来说，其人员可以更多。学术委员会的人员组成具体包括系主任、部门主管、校长以及除系主任和校长之外的不同学科教师代表（这些教师可由学术委员会一年增选一次），此外还有从大学以外选拔的具有专门知识的人员。总的来说，学术委员会的任命方式并非选拔，而是依照成员资格，按资历轮流分配。

4. 财务管理机构：大学财务委员会。

财务委员会主要负责大学财务管理，制订全校年度预算和决算，掌握各项开支。财务委员会主任的任期是五年，可以连任，但年满六十二岁时需退休。财务委员会对大学的经费实行全面监管，并就其财政政策提出建议，加以改进；管理学校的所有财产和投资，包括信托和捐赠财产；负责编制大学的年度账目和预算，并提交行政会议；时刻关注现金和银行存款余额情况以及投资情况；确保所有办公室、部门、中心和实验室的建筑物、家具和设备等登记在册并适时更新，对设备及消耗性材料进行库存检查。

二、高等教育的实施

印度高等教育的实施机构同样很复杂，主要体现为印度高等教育实施机构的层次性、多样性和庞杂性。印度高等教育机构组成以纳附制为组织逻辑，主要有大学、名誉大学、国家重点高校和学院等类型。

（一）大学

大学主要包括中央大学、邦立大学、私立大学，还可分为附属或单一制大学：其一，中央大学是通过联邦议会确定的，由联邦教育部管理的重点大学，学校的全部费用均由联邦政府提供，邦立大学和私立大学顾名思义，即为依据邦法律建立或合并的大学以及由赞助机构依据联邦或邦法案建立的大学；其二，单一制大学是指这类大学通常设在一个单一的中心内，自己负责所有的教学和研究工作，一般不设附属学院，如农业大学、女子大学等均属单一制大学；其三，附属大学是大学的最主要类型，它在创立初期只为附属学院组织考试和颁发学位证书，不进行任何教学活动，但现在大多数附属大学也从事一部分教学工作。

（二）名誉大学

名誉大学也被称为"名誉上是大学的高校"，是印度高等教育体系中一个重要的类型，是对那些满足大学拨款委员会设立的标准，在一些具体的学科领域研究质量比较高的研究机构的一种称号。名誉大学不是通常意义上的大学，大学的建立是由联邦议会或邦议会批准的，而名誉大学则是由大学拨款委员会提出授予某机构"名誉大学"称号的建议，之后由联邦教育部批准的，是一种介于质量一般的普通院校和大学之间的机构，享有与大学同等的学术地位和权力。[①]早期关于名誉大学学位授予权的规定中，只有公立和有政府资助背景的研究机构可以获得名誉大学身份。1976年，私立高等教育的先驱者麦里普高等教育学院（Manipal Academy for Higher Education）成为第一个获得名誉大学身份的私立教育机构。1998年，有关部门对名誉大学认定的有关程序条款进行了修订，以最大限度地促进新兴学科领域高等教育的发展，之后私立名誉大学的数量实现了持续增长。[②]

（三）国家重点高校

国家重点高校是印度政府授予主要公立高等教育机构/研究所以重点院校地位，在特定区域内发挥关键作用，培养高技能人才，受到印度政府的特别认可和资助，在印度高等教育中具有显要的地位。为满足国家发展对高科技人才的需求，在独立之初百业待举的情况下，印度政府把创建新型高等技术教育体系作为优先的考虑。经过几十年的努力，印度政府建成了地位在大学系统之上的国家重点高校系统。模仿麻省理工学院办学模式建立的印度理工学院是印度国内影响最大的国家重点学院。第一所印度理工学院成立于1951年，而后其他六所也相继成立，短短数十年内便成为世界一流的研究型大学。根据印度教育部网站的汇总，截至2020年，印度国家重点高校共128所，主要包括印度理工学院、印度管理学院、印度国家技术学院、国立信息技术研究所等著名高等教育机构的一系列分校。

---

① 王文礼. 独特的存在：印度名誉大学的发展与嬗变［J］. 比较教育研究，2016(9)：99-105.

② AGARUAL P. 印度私立高等教育的新动向：私立名誉大学的崛起［J］. 教育发展研究，2007(20)：86-87.

（四）学院

印度大部分的本科教学是在学院进行的，这些学院分为两类——组成型学院和附属学院。[①] 组成型学院是联合大学的组成部分，一般是指大学和它的一些学院合作进行工作，一般组成的学院要服从大学的管理，组成的学院的自主权有时被放弃，有时大学及其组成的学院所处地位十分接近。构成这种大学的每所学院，按大学标准积极从事某些方面的工作。印度的附属学院一般是由慈善团体、个人、私营企业或组织建立起来的，并且由私人信托、社团、私人企业、私营组织或其他个人团体进行管理并提供资金，同时政府也提供一部分财政补助金。在印度，接纳附属学院的综合大学被称为纳附大学，纳附大学接纳本地区或者临近地区的高等教育机构为自己的附属学院。

第二节　高等教育的课程

教育是社会发展和进步的重要引擎，不仅承担传授知识、技能和价值观的使命，还负责培养社会发展所需的人力资本，培育、推动技术革新，促进经济增长和保障个体生存。高等教育的变化受诸多因素驱动，包括全球化、人口结构、经济、技术、雇主需求、责任要求、学生期望等。在不断变化的社会环境中，学生的发展需求必须通过课程载体得以满足。当前，印度高等教育的课程建设也呈现出新特点和新形式。

一、高等教育的培养目标与课程设置

当前，印度已形成较为完善的高等教育系统，大学、名誉大学、国家重点高校和学院构成了印度现代高等教育系统的主体，形成了由博士、硕士和学士构成的三级学位结构。不同的结构板块承担着不同的教育培养目标，发挥着不同的教育职能，并为达成培养目标设置了相应的专业课程，

---

① RAVI N. Structure and organization of higher education in India : a macro-perspective [J]. Indian Journal of Educational Studies : An Interdisciplinary Journal，2015(1) : 24-29.

以保持高等教育系统的连贯和协调。

（一）高等教育培养目标

高等教育培养目标是国家总体教育目的在高等教育阶段的具体体现，规定着各高等教育学校培养目标以及各专业课程目标的总体方向。独立初期，总理尼赫鲁指出，大学代表人道主义、坚韧性、理性、进步、思想的冒险和对真理的探索，代表人类向更高的目标全速前进，如果大学充分履行其职责，那么它对于国家和人民来说，都是十分有益的。在独立之后，印度高等教育培养目标也随着国家、社会以及教育整体的发展而不断发生变化。

1.独立初期的高等教育培养目标。

独立后，印度政府在高等教育方面采取的第一个具有重大意义的行动即成立大学教育委员会。大学教育委员会认为，高等教育是实现国家发展目标，实现社会、经济、文化变革的一种强大工具，对提高生产力，加速现代化的进程，培养社会的、道德的和思想的准则具有十分重大的作用。在这种认识的基础上，大学教育委员会在向政府的报告中提出了发展印度高等教育的方针政策和改进高等教育的诸多建议。这份报告是印度独立以后教育发展史上一个十分重要的文件，为印度高等教育的发展奠定了坚实的理论基础，描绘了宏伟的蓝图。[①]

大学教育委员会规定高等教育的目的在于[②]：

（1）教育学生有意义地生活。

（2）通过教育努力开发学生的智慧和天赋。

（3）了解支配教育、经济和政治生活的社会哲学。

（4）进行民主训练。

（5）促进自我发展训练。

（6）发扬大无畏思想、完善的意志和道德力量。

（7）了解文化遗产，促进文化遗产的复兴。

（8）了解教育是毕生的过程。

---

① 马加力.当今印度教育概览［M］.郑州:河南教育出版社，1994：102-103.

② 马加力.当今印度教育概览［M］.郑州:河南教育出版社，1994：104.

（9）了解历史与现状。

（10）给予专业和职业训练。

2. 21世纪以来高等教育的培养目标。

20世纪80年代之前的高等教育政策基本上是围绕印度经济建设和高等教育发展需要而制定，高等教育政策全面阐述了高等教育在国家经济建设中的地位、作用及属性。这些政策都是针对印度经济社会发展需要而制定的，发展目标明确、具体。[①]

进入21世纪，随着国内外形势的发展变化，印度高等教育的目标也出现新转向。2014年莫迪上台后启动了对《国家教育政策》的修订，历经2016年和2019年的两次讨论，印度于2020年7月29日颁布《国家教育政策2020》。《国家教育政策2020》是21世纪印度第一项国家教育政策，充分表达了当前印度政府的教育愿景。关于高等教育的目标，《国家教育政策2020》做出以下阐述。

从个人层面来看，随着印度迈向21世纪的知识经济和知识社会，高质量的高等教育必须以培养优秀、有思想、全面、有创造力的人才为目标。高等教育必须使每个人都可以深入研究一个或多个专业领域，并且在各学科的学习中培养性格、道德和宪法价值观、求知欲、科学精神、创造力、服务精神，以及新世纪对自然科学、社会科学、人文艺术、语言、专业、技术和职业等多方面要求的能力；必须使学生为更加有意义和令人满意的生活和工作角色做好准备，培养全面发展的个体。

从社会层面来看，高等教育必须服务于建设一个开明、具有社会意识、知识丰富的国家，从而找到并实施针对自身问题的有效解决方案。高等教育必须成为知识创造和创新的基础，为国民经济的增长做出贡献。因此，发展优质高等教育的目的不仅仅是为个人就业创造更多的机会，更是形成有活力、有生产力、创新、进步和繁荣的国家的关键。

（二）高等教育课程设置

高等教育课程具有时代性与专业性特征，具体课程的设置也以高等教育的总体培养目标以及高等教育机构的具体培养目标和课程目标为依据。

---

① 施晓光. 印度高等教育政策的回顾与展望［J］. 北京大学教育评论，2009（2）：118-129，191.

在印度，由于高等教育机构类型的多样化，使得不同的高等教育机构在课程开设权方面存在差异。2013 年，印度大学拨款委员会对不同类型高等教育机构的课程设置权力做了相关澄清。其中指出，中央或邦立大学可以通过自己的院系或附属学院开设课程，私立大学和名誉大学不能附属于任何学院或机构来开设学位课程，各大学的第一学位课程及研究生课程的设置需与大学拨款委员会颁布的条例规定一致。

在开设有学位课程的高等教育机构中，其课程设置因学科专业而异，但总体上均包括必修基础课程（普通课程）、核心课程和选修课程三大类。

1. 必修基础课程。

在功能层面，大学既具有为国家培养高级专门人才的基本功能，同时也具有保存并传递社会文明的功能。因此，大学课程的设置兼具专业性与通识性，各学科专业在课程领域需借助必修基础课程或通识课程来形成共同的基础。

在印度高等教育机构中，不同的大学及学院均在本科阶段设置了必修基础课程，但在不同的学校和专业之间有所差异。以卡利卡特大学（University of Calicut）为例，本科阶段所有学生都必修英语课程，学校共提供了 14 门必修基础课程，包括 6 门公共英语课程、4 门其他语言课程和 4 门普通课程（数字技能、普通信息学、创业学以及一门由学校董事会设计的课程），学生必须选择其中 10 门课程，修满 38 学分。[①] 而在印度理工学院，必修基础课程为基础科学、工程艺术与课程、人文与社会科学。此类基础课程的开设旨在为学生的学习奠定坚实的基础，以进一步培养复合型人才。在工程教育领域，学生的必修基础课程占总课程的 30%，其中，基础科学和数学课程占比 20%，包括英语在内的人文和社会科学占比 10%。[②]

2. 核心课程。

核心课程是指强制要求学习的课程，是印度高等教育课程的重要组成

---

① Choice based credit semester system for undergraduate programme of University of Calicut［EB/OL］.（2014-05-29）［2021-09-16］. http : //www.emeacollege.ac.in/SSR-Documents//CRITERION%201/1.2.2%20CBCS/UG%20IN%20ECONOMICS.pdf.

② RAJARAMAN V. Undergraduate computer science and engineering curriculum in India［J］. IEEE Transactions on Education，1993(1)：172-177.

部分，以培养学生的专业知识和能力为目标，具体根据不同专业的培养目标进行设置。核心课程具体可分为硬核心课程（Hard Core Course）和软核心课程（Soft Core Course），前者是指不具备选择性的核心课程，而后者则是学生可从主课程中进行选择的核心课程。以具体学校为例，迈索尔大学（University of Mysore）将各专业核心课程均划分为硬核心课程和软核心课程，其中，在有机化学专业，课程计划规定学生需修满 52 学分的硬核心课程和最少 16 学分的软核心课程。此外，印度理工学院作为印度高等教育发展中的"独秀"，其专业主要集中于工程领域。根据印度理工学院德里分校 2017—2018 年学校专业课程文件，学校主要提供以科学为基础的工程教育，核心课程和选修课程约占总课程的一半，且核心课程分为各院系核心课程和二级专业核心课程。以生化工程与生物技术专业为例，学校共为该专业学生提供了 20 门以院系为单位的核心课程，共计 66 学分，而二级专业核心课程有 8 门，共计 32 学分。[1] 聚焦于具体的专业，工程专业核心课程的比例约占 35%[2]，教育学专业本科生的核心课程主要包括教育哲学和社会学基础、教育心理学和教育学、印度教育的发展、当代印度的教育问题和趋势、教育评价和教育统计、教育管理与教育技术、课程与教学、教育思想与实践等。

3. 选修课程。

选修课程是指高等学校学生根据教学计划的安排自行选择学习的课程，可具体分为限选课程和任选课程，前者主要指学生在专业内部进行课程选择，而后者范围较广，学生可在院系之间进行跨专业、跨学科的课程选择。2019 年，大学拨款委员会在"基于学习成果的课程框架"（Learning Outcomes based Curriculum Framework ）中提出将英语作为本科课程中的选修课，建议开设艺术、科学和商业本科教育的英语课程，以满足本科生的

---

[1]　Indian Institute Of Technology Delhi. Courses of study 2017-2018 ［EB/OL］. ［2021-09-16］. http://academics.iitd.ac.in/sites/default/files/acadcalendar/CouStudy_201718.pdf.

[2]　RAJARAMAN V. Undergraduate computer science and engineering curriculum in India［J］. IEEE Transactions on Education，1993 (1)：172-177.

英语学习要求。[①] 2021 年 7 月，印度大学拨款委员会发布有关学分制的条例通知，其中指出，在高等教育课程中，学生除规定的选修课程之外，还可以根据自己的能力选择超出学位课程规定的其他课程，并在其学分系统中进行学分累计。同时，高等教育机构也要在核心课程与选修课程之间合理分配学分，以借此推动高等教育的多学科以及跨学科发展。

二、高等教育课程设置的特色

印度作为一个历史悠久，集聚了多元宗教和文化的国家，其高等教育课程的设置也体现了本土传统特色。此外，随着社会经济的不断发展，缺乏就业机会已成为印度当前亟待破解的难题，因此，适应社会发展需求，提高毕业生就业能力成为印度高等教育课程设置的重要取向。

（一）课程设置契合社会发展需求

高等教育具有重要的社会职能和价值，其发展既受制于社会的发展进程及水平，反之也影响着社会经济、政治、文化的总体发展。课程作为高等教育的核心与载体，也需从目标、内容、实施等各环节反映社会发展的现实需求。当前，印度高等教育为印度甚至国际输出了大量高水平人才，尤其是在技术领域，对国家及社会发展做出了重要贡献。从高等教育课程层面出发，主要得益于课程与社会发展需求之间的高度契合性。2019 年 2 月，印度大学拨款委员会发布了"在印度高等教育机构中培养社会责任和社区参与意识"的课程框架和指南草案，其中指出，"为了实现新印度的社会经济发展目标，高等教育可以通过积极的社区参与发挥重要作用。这种方法也将有助于提高高等院校的教学和研究质量"，并建议每个高等教育机构都要开设一门必修课，为所有本科生和研究生提供社会参与的机会。[②] 这一门必修课程共计 2 学分，课堂教学和现场参与各 1 学分，课程包括 30 个课时，有 50% 的时间是在户外开展。该课程的内容包括四大模块，分别为乡村社

---

① Learning outcomes based curriculum framework for English as generic elective undergraduate programme 2019［EB/OL］.［2021-09-16］. https : //www.ugc.ac.in/pdfnews/2758387_English-Generic_Elective-NEW.pdf.

② Fostering social responsibility & community engagement in higher education institutions in India［EB/OL］.［2021-09-16］. https : //www.ugc.ac.in/e-book/UNNAT%20BHARAT%20ABHIYAN.pdf.

会赏析、了解农村经济和生计、农村的机构、农村的发展方案。在此课程框架的指导下，高等教育机构课程与社会之间的联系进一步加强，学生也能够在实践中深入了解社会发展现状。

（二）课程设置遵循职业技能导向

职业技能导向是印度高等教育课程的一大特色和核心趋势。1994—1995 年，印度大学拨款委员会启动了一项本科阶段教育职业化的计划。该计划旨在确保那些完成本科课程学习的学生能够拥有从业的技能与能力，总体目标在于推出以职业和市场为导向的技能提升型课程，以对学生的就业和创业提供帮助。自该计划开始实施到印度"九五"计划结束，印度共有 2 124 所学院和 38 所大学引入了职业课程。在"十五"计划期间，大学拨款委员会决定基于职业导向重新修订本科课程，以期实行灵活的课程以及文凭制度。在大学拨款委员会的建议下，各大学可自行制订以需求为本位的职业导向课程。① 当前，印度已有多所大学和学院通过大学拨款委员会的批准，开始设置技能课程，联邦教育部也正致力于开发并实施职业课程。

（三）课程设置彰显本土传统特色

印度作为一个多元文化和多语言国家，其高等教育课程设置也呈现出传统特色，主要体现在佛教文化、梵语等在课程中的渗透和融合。2001 年，印度大学拨款委员会发布了梵语课程发展委员会的报告，指出要修订梵语专业本科及研究生课程框架，以应对新世纪梵语研究将面临的新挑战。报告中指出，制订统一的梵语课程及教学大纲需遵循以下原则：注重学生在梵语口语、阅读和写作方面的能力；确保学生掌握梵语知识传统；学生能够与其他传统尤其是古典和现代西方思想进行交流；加强梵语理论研究与技术之间的联系。报告中也明确了梵语专业本科和研究生课程的具体设置。② 2021 年，印度大学拨款委员会发布了关于开设佛教课程的公告，提出要开设与佛教有关的课程，以发展印度佛教文化。此外，《国家教育政策 2020》

---

① Guidelines for introduction of career oriented courses in universities and colleges during XI plan (2007-2012) [EB/OL]. [2021-09-16]. https://www.ugc.ac.in/oldpdf/xiplanpdf/revisedcareerorientedcourses.pdf.

② Report of the curriculum development committee on sanskrit [EB/OL]. [2021-09-16]. http://14.139.60.153/bitstream/123456789/4723/1/Report%20of%20the%20Curriculum%20Development%20Committee%20on%20Sanskrit.pdf.

中也强调了要将印度传统知识纳入高等教育课程，建议高校将母语或当地语言作为教学语言，并招聘当地优秀的艺术家和手工艺人成为高校客座教授，以推广当地的音乐、艺术、语言和手工艺品，帮助学生了解传统文化和当地知识。[①]

第三节　高等教育的保障体系

印度独立以来，尤其是 20 世纪 90 年代经济自由化改革之后，印度高等教育事业发展成效显著，实现了跨越式发展。印度政府对高等教育设定的目标是截至 2035 年，将高等教育的毛入学率至少提高到 50%。目前印度高等教育的毛入学率不足 30%，人民群众高等教育的基本需求还不能完全满足，总体上也面临"大而不强"的问题，不仅在高等教育资源配置和结构的合理性方面有待改进，而且在人才培养质量、科研创新能力、国际竞争力和影响力等方面与发达国家差距较大。为了实现向高等教育强国的目标迈进，印度从法律、政策、计划、经费投入、师资建设和质量保障等方面助推高等教育深化发展。

一、法律保障

高等教育法律的制定与健全是高等教育步入规范化和法制化道路的根本保障，也是高等教育发展的内在必然要求。印度高等教育保障性法律可以分为三类：第一类是以宪法为代表的保障公民受教育权利的国家根本大法，第二类是以《中央大学法》为代表的由国家制定的用于管理某一类大学的法案，第三类是以《印度理工学院法》为代表的某一个大学或学院的内部管理法案。

（一）宪法

宪法对公民的平等权、自由权、文化与教育权利等做出了根本规定。

在教育层面，宪法对受教育权、教育平等、教育机构中的宗教工作等做了明确规定。例如，宪法中规定：不得在完全由国家资金维持的任何教育机构中提供宗教教育；少数群体拥有建立和管理教育机构的权利，国家在向教育机构提供援助时，不得以受少数民族管理、宗教或语言为由歧视任何教育机构；国家应在其经济能力和发展的限度内，为保障公民受教育权做出有效规定。[①] 宪法作为国家基本大法，为印度其他各项高等教育法律及政策的制定提供了根本规范。

（二）《中央大学法》

2009 年印度颁布《中央大学法》（the Central Universities Act）[②]，在法律层面明确和规范了中央大学的管理与运作。《中央大学法》对中央大学在授予学位、开展教学和研究活动、传播知识、主管人员的职责与任命、设立和颁发各类奖项、收费标准、员工福利等方面进行了详细规定。基于此法案，印度建立了一大批中央大学，包括贾坎德邦中央大学（Central University of Jharkhand）、拉贾斯坦邦中央大学（Central University of Rajasthan）等。这些大学由大学拨款委员会全额资助，旨在解决高等教育领域的公平和入学问题，快速提高高等教育入学率并增加教育程度较低地区的公民获得高质量高等教育的机会。《中央大学法》作为国家管理中央大学的法案，具有鲜明的特点——社会包容性和追求卓越。该法案指出，中央大学应当对所有人开放，无论何种种姓、信仰、种族，都可以在中央大学中享受和行使自己的权利；中央大学应努力保持印度特色，并开展高水平的教学和研究。2014 年，印度政府颁布了《中央大学法（修正案）》[the Central Universities (Amendment) Act][③]，进一步完善和补充了中央大学的管理条例。

（三）《印度理工学院法》

1961 年，印度议会通过《印度理工学院法》（the Institutes of Technology

---

① The constitution of India [EB/OL]. [2021-09-17]. http：//extwprlegs1.fao.org/docs/pdf/ind132810. pdf.

② The central universities act，2009 [EB/OL]. (2009-03-20) [2020-12-12]. http：//www.cusb.ac.in/assets/pdf/central-universities-act-2009.pdf.

③ The central universities (amendment) act，2014 [EB/OL]. (2014-12-08) [2020-12-12]. http：//www.cusb.ac.in/assets/pdf/central_universities_amendment_act.pdf.

Act），以立法形式赋予了印度理工学院国家重点院校的地位，保障了印度
理工学院的独立与学术自治权。该法案中规定，每所理工学院都可以制定
法规和条例，并对其进行修改；可根据学院需求开展工程技术、科学及艺
术等专业的教学和研究；可举行考试并授予学位；自主决定费用收取；可开
展一切能够推动研究的事项。[①] 在此法案保障下，印度理工学院可不受政府
及外界干预，以充足的经费开展教学和科研，为国家及社会培养了大量高
素质的工程技术人才。

二、教育政策保障

当前，印度已颁布三项国家教育政策，分别是《国家教育政策1968》《国
家教育政策1986》《国家教育政策2020》，这三项国家教育政策均对印度高
等教育改革做出了相关规定，指导着印度高等教育的发展方向。

（一）《国家教育政策1968》

在高等教育领域，《国家教育政策1968》强调要重视科学研究，关注
人才培养。第一，为了培养优秀人才，有必要在尽可能早的时候识别不同
领域的人才，并为其充分发展提供一切机会。第二，为了加速国民经济的
增长，科学教育和研究应得到高度重视。第三，每个邦至少应该有一所农
业大学，并且应该尽可能是独立校区的大学。但在必要的情况下，也可在
不同的校区设立相关学院。而在有发展潜力的地区，也可以联合其他大学
建立相关系所来研究农业的某一个或多个方面的问题。第四，在大学教育
层面，政策中提出了相关要求和规定，具体包括：学院或大学录取的全日
制学生人数应根据实验室、图书馆和其他设施以及工作人员的情况来确定；
建立新大学需要慎重考虑，应该在具备充足的资金并采取了适当的措施以
确保达到适当的标准之后，才可以开始实施；应特别注意研究生的课程组
织，要提高研究生培养的标准；高级研究中心应该得到加强，应该建立旨
在开展高水平研究的研究中心群；有必要对大学的研究给予更多的支持，
研究机构应尽可能在大学范围内或与大学密切合作。这一系列关于提高高

---

① The institutes of technology act，1961［EB/OL］.［2021-09-17］. https：//www.iitbbs.ac.in/pdf/
institutes-of-technolgy-act-1961.pdf.

校科学研究能力的政策建议对印度高等教育的发展起到重要的推动作用。[①]

（二）《国家教育政策1986》

自《国家教育政策1968》实施后，印度全国各级教育设施有了相当大的扩充，并在全国范围内实施了统一的教育体系。到了20世纪80年代，多年来积累的有关教育机会、质量、数量、效用和财政支出等的问题不断加剧，各种新的挑战和社会需求使得印度政府必须为国家制定新的教育政策。1986年5月，印度议会讨论并通过了《国家教育政策1986》。该政策就印度高等教育建设做出了相关规定。具体而言，该政策十分重视提高高等教育质量，提出加强对大学研究的支持，并采取措施确保其高质量。强调要充分发挥大学拨款委员会的作用：大学拨款委员会将会设立适当的机制，协调大学和其他机构的研究，尤其是科学技术的尖端领域的研究。另外提倡大学所设立的高级研究中心的自主管理，鼓励在大学系统内部建立国家研究设施，并实行适当形式的自主管理。[②]

由于《国家教育政策1986》条文过于笼统，操作性不强，印度于1992年对该政策进行了适当修订，并制订和发布了详尽的操作性方案，即行动计划（1992），为国家教育政策中的相关建议提供了行动路径。其中，关于高等教育部分的行动建议包括：强调大学要面对国家需求，努力解决工业和国家机构的重大科学问题，提出重视研究生教育和跨学科研究方案，建立高等教育质量认证局，保障高等教育质量。总体而言，该政策着眼于采取措施提升印度高等教育质量，为后期印度加速高等教育建设奠定了政策基础。

（三）《国家教育政策2020》

《国家教育政策2020》提出了印度高等教育系统的新规划——建立优质大学和学院。政策中指出，高等教育在促进人类和社会福祉以及印度宪法所设想的发展中发挥着极其重要的作用。该政策对印度大学今后的发展提出如下的建议：迈向由大型、多学科的大学和学院组成的高等教育系统，每个地

---

① National policy on education，1968［EB/OL］.［2021-09-15］. https：//www.education.gov.in/en/national-policy-education-1968.

② National policy on education，1986 (As modified in 1992)［EB/OL］.［2021-07-23］. https：//www.education.gov.in/sites/upload_files/mhrd/files/document-reports/NPE86-mod92.pdf.

区至少有一所大学，并且印度各地要有更多的高校以本地语言为教学语言；建立国家研究基金会，以资助杰出的同行评审研究，并积极地为大学提供有潜力的研究；通过一系列措施增加公民获得高等教育的机会，包括提供更好的优质公共教育机会，以提高公平性和包容性；私立或慈善大学为处境不利的学生提供奖学金；提供在线教育和开放式远程学习，以及可供残障学习者使用的所有基础设施和学习资源。该政策中还提到未来要建立多学科的高等教育机构。该政策指出，整个高等教育部门的目标是建成一个综合性的高等教育系统，包括专业和职业教育，以打造一个统一的高等教育生态系统，而大型的多学科大学和学院将走向高质量的整体和多学科教育机构。到2040年，所有高等教育机构都将致力于成为多学科机构，并力争使更多的学生入学。此外，该政策也提出未来要建立多学科教育和研究型大学，旨在达到世界一流大学的高质量教育水平，并为印度多学科教育设定最高标准。

三、建设计划保障

随着高等教育国际化和知识经济全球化不断深入，建设世界一流大学成为提升国家综合实力的关键因素。自20世纪90年代以来，印度在高等教育领域提出了一系列关于建设世界一流大学的计划，旨在提升印度高等教育质量及其国际竞争力。

（一）卓越潜力大学计划

为全面提高人才培养的质量和效率，促进高等教育国际化发展，印度大学拨款委员会于“九五”计划期间发起卓越潜力大学计划，旨在向有潜力的大学给予财政支持和政策援助，目的是使这些印度大学能够与世界一流大学相媲美，追求卓越。该计划建设目标具体包括以下十项：（1）让这些大学在教育、培训、研究和治理方面达到卓越水平，以应对未来的挑战；（2）加强学术条件和硬件设施建设，努力在教学、科研和社会服务方面达到卓越水平；（3）提高大学治理的灵活性和有效性；（4）利用模块化的弹性学分制度和目前世界通行的一系列创新手段来提高本科教育和研究生教育的教学质量；（5）加强适应国家特别是区域社会经济需求专业的建设；（6）通过与研究生教育相衔接来提高本科教育水平；（7）加强大学与本国其他中心（或院系）、实验室之间的交流合作；（8）实施考试制度改革，如实行学期制、学分制、持续性内部评价等；（9）推动大学自治和权力下放；（10）开展以上可以实现卓越的所有活动。[①]随着高等教育领域的建设与深入发展，"十二五"计划对该计划的目标和任务进行修改和补充，要求这些大学除了致力于实现卓越潜力大学建设目标，还需要加强教学、科研和社会服务方面的创新能力，以新兴的跨学科专业教学和研究为主，努力成为知识传播中心和真正的知识创造中心。[②]

（二）顶端大学计划

印度大学拨款委员会于2017年制订并实施了顶端大学计划。该计划承诺赋予高等教育机构相应权力，以帮助它们成为世界一流的教学和研究机构；将向十个公立和十个私立高等教育机构提供一个有力的监管架构，使其成为世界一流的教学和研究机构。大学拨款委员会通过了顶端大学规则和顶端大学指南，制订了详细的标准，并且对申请大学的建设目标、基本特征、申请条件、审核程序及经费分配做出了具体的规定。最终印度大学拨款委员会于2019年8月确定名单，授予了十所公立和十所私立高校"顶端大学"称号。2021年1月，印度大学拨款委员会对2017年的顶端大学规则进行了系列修订，进一步推动了印度建设世界一流大学的进程。其中，顶端大学指南适用于公立机构，即中央大学、政府拥有和管理的名誉大学、国家重点高校、政府拥有的独立机构，而顶端大学规则适用于非政府拥有或管理的现有或拟设立的院校。

总体而言，当前印度高等教育正逐步从数量发展向质量提升转型，一系列一流大学建设计划的颁布，既为印度高等教育发展提供了计划保障，同时也体现了印度对提升高等教育机构的创新与科学研究水平的高度重视，旨在以高等教育水平的整体提升来增强印度在国际舞台上的竞争力。

四、师资队伍保障

印度政府采取了一系列具体措施和办法来加强高校师资队伍建设，主

---

① University Grants Commission. Guidelines for universities with potential for excellence: during the XI plan period（2007-2012）[EB/OL].（2008-07-29）[2021-08-28]. https://www.ugc.ac.in/oldpdf/xiplanpdf/upe290409.pdf.

② 杨秀治，何倩.印度创建世界一流大学政策研究 [J].比较教育研究，2016(6)：15-21.

要包括以下几方面。

（一）高等教育的师资管理

1. 教师的聘任。

按照印度大学拨款委员会的界定，教学人员包括教授、副教授、讲师、助教四类。印度高校教师聘任实行公开招聘，教师的聘任分长期聘任和临时聘任两种，由大学内的教师聘任遴选委员会负责遴选和推举拟聘教师人选后并对应聘人员进行筛选及开展面试，通过综合平衡确定初步人选后上报校学术委员会讨论，征得学术委员会的同意，再报校行政委员会讨论，讨论通过则决定聘任。

2. 教师的考评与晋升。

印度早在《国家教育政策 1986》中就提出了要实施教师考评制度，后高校教师工资提高委员会进一步强调要实施教师评价制度。1987 年，大学拨款委员会任命教师考评工作小组，经广泛征求意见，制订了考评内容和办法：一方面考察教师的基本情况，包括教师本人的基本情况、学历、科研、课题、会议、教学经历、教学革新（如课程设计、教学方法、评价方法）、社区服务等；另一方面主要是教师对本年度的工作进行总结和自我评价，包括教学、指导学生、教学革新、进修情况、科研、社区服务等。

1991 年，大学拨款委员会发布了关于高校教师聘任基本资格的规定，对教授任职资格的规定是：知名学者，有高质量论著，积极从事科研工作，10 年的研究生教学经历，包括指导博士生或在大学、国家级研究机构有 10 年科研经历；或者是一名德高望重的学者，对科研做出了杰出的贡献。晋升副教授有两种办式：一种是公开选聘，另一种是按部就班地从高级讲师晋升。两种晋升方式均有十分具体的条件。普通讲师晋升高级讲师的条件是，在普通讲师职位任职满 8 年，参加过 2 次在职或暑期进修课程或其他形式的继续教育。

3. 教师的薪酬制度。

印度高校教师工资实行的是政府主导型的管理体制，即由政府制订工资分配政策、工资标准并组织实施和管理的体制。换言之，高校教师薪酬执行的是与公务员一致的薪酬管理体系，实行全国统一的薪酬标准和补贴标准。高校教师的工资定位基准高，职称、职位越高则薪酬也越高，并且每年按比例自动增加工资额度。除了基本工资以外，许多大学还有各自的福利补贴，比如物价补贴、房租补贴、城市补偿补贴、临时救济、交通补贴、山区综合补偿补贴、边境地区补贴、部落地区补贴、子女教育补贴、生活补助和加班费等，每种补贴都有各自的适用范围及标准。各类补贴中最重要的是前三项补贴，即物价补贴、房租补贴和城市补偿补贴，其标准均由财政部制订，适用于政府各类文职人员①。但由于各地经济发展水平不同，发达地区的高校教师工资会高于全国统一标准。各个大学内部也会有一些福利差异，比如大学本部的教师待遇要高于附属学院的教师待遇，中央大学的教师待遇要好于各邦立大学教师的待遇。

（二）高校教师的专业发展

高校师资的质量直接关系到学校的教学质量，而学校的评级则关联政府的财政拨款，因此，有关部门和机构十分重视高校教师的质量提高。1987 年之前印度没有专门的培训高校教师、帮助高校教师专业发展的机构。《国家教育政策 1986》最早提出建立一个帮助大学教师专业发展的机构的建议。因此，印度在 1987 年建立了大学教师发展中心，旨在帮助大学教师的专业发展和个人成长，提高高等教育的质量。

大学教师发展中心隶属于大学拨款委员会，作为一个自治的单位建立在大学之中，由大学拨款委员会资助其开展对大学教师进行培训等工作。② 大学教师发展中心是大学内一个独立的实体，执行包括计划、组织、实施、监督和评价项目等多种活动，目前主要开设以下 3 种类型的项目，分别针对的是不同层次和类型的高校教师。

1. 入职培训项目。

入职培训项目针对所有讲师层次的新入职者，培训时间持续 4 周，主要目标是帮助新入职的教师发现自己的潜力，发展自信，这是成为一名优秀教师的首要前提。据调查，相当大一部分印度高校教师认为有必要接受

---

① 李建忠. 印度高校教师的工资制度及特点 [J]. 外国教育研究，1998（5）：44-47.
② 王文礼. 致力于大学教师的成长：印度大学教师发展中心的运行机制和培训模式 [J]. 外国教育研究，2016（5）：69-80.

关于教学技术的方法论的培训。为了实现既定的目标，入职培训项目的课程一般包括 A、B、C、D 4 个模块，至少 144 个授课学时，也就是说入职培训项目需要一天授课 6 小时，持续差不多 4 周。

2. 补习课程。

补习课程是针对在职教师、研究人员、博士后的持续 3 周的培训项目。补习课程是学科取向的，为大学和学院的教师提供一个与同行学习和交流的机会。通过各门学科著名专家的授课，补习课程旨在为参与者提供学科方面的最新知识，帮助教师开设新课程，修订教学大纲，发现学科的最新发展和研究趋势等。开设补习课程的目的是提高高等教育的质量，让教师掌握更多的新知识和技能，并在今后的教育活动中将这些知识传播给学生。

3. 针对性的培训项目。

针对性的培训项目包括三类。其一，暑期项目。一般持续 3 周，旨在深入加强高校教师在某一个学科方面的知识、技能和能力。已经参与过入职培训项目、补习课程的教师，也可以参与暑期项目，而且鼓励参加。其二，短期课程。针对大学校长、院（系）领导人和高级教员（教授、助理教授等）等的专业发展，开设持续 6 天的短期课程，还针对包括大学拨款委员会的人员在内的非教学人员开设持续 6 天的短期课程。其三，互动项目。这一项目主要针对拥有博士学位、博士后经历的教师和研究人员，主要采用工作坊（Work-shop）/ 研讨会（Seminar）的方式进行，一般持续 3~4 周，一年举办一次，参与的人数一般为 15~20 名。

五、经费投入保障

为了适应社会、经济发展的客观需要，满足科学技术进步的迫切要求，印度对高等教育给予了大量的资金投入，各高等教育机构的经费一直在不断增加。独立后，印度高等教育经费来源主要分为政府投入和非政府投入。政府投入来自联邦政府、邦政府、地方机构，非政府投入来自学生的学费、高校自筹经费、私人捐赠和国际援助等。

（一）政府投入

联邦政府和邦政府相互协调，各有侧重，共同为高等教育发展提供资金。总体上，根据拨款模式，政府对高等教育的财政拨款投入通过直接拨款和间接拨款两种方式进行。直接拨款就是政府将高等教育经费直接拨给高等院校或者相关高等教育机构；间接拨款则是将高等教育经费通过学生资助的方式拨给受教育者，再由受教育者以学费或者学杂费的形式支付给学校。

印度大学拨款委员会（UGC）是联邦政府建立的旨在负责经费协调、维护高等教育标准的法定机构。联邦政府根据年度财政预算把预算中的教育经费拨给联邦教育部和邦财政。联邦教育部经过充分的讨论与决策，再将一部分经费直接拨给开放大学，剩下的全部拨给UGC。UGC首先对大学和学院是否符合拨款资格进行认定，合格的机构可以获得拨款。

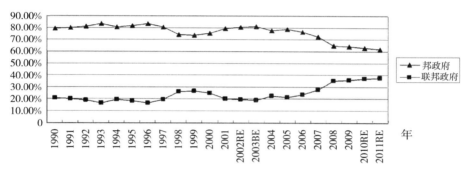

图 7-1　印度联邦政府和邦政府高等教育经费投入比（1990—2011 年）[①]
注：RE 为校正支出，BE 为预算支出。

（二）学费收入

学费是独立后印度高等教育经费中重要的非政府经费来源之一。学费包括学校向学生征收的一系列学杂费，如入学考试费、注册费、登记费、资格审查费、图书馆费用、实验室费用、运动费用、集会费、证书费等。学费并不是公立高等教育体系中经费的主要来源，但是对于没有政府拨款的私立学校来说，学费是重要收入来源。1950 年学费在高等教育财政来源中所占比例高达 36.8%。然而，到 20 世纪 80 年代，随着政府对高等教育投入比例不断攀升，学费所占比例不断缩减，到 1983 年已下降到 13.8%。1990 年前后，随着政府高等教育投入所占比例的下降，印度政府先后出

---

① 刘淑华，王旭燕.印度高等教育大众化进程中的经费来源渠道探析［J］.外国教育研究，2016（3）：69-81.

台多项政策增加高校学生学费,以此来补偿高等教育成本的缺口。[①]最近二十多年来,印度高校的学费在不断上涨,学费在整个高等教育经费中所占比例不断攀升,成为印度高等教育重要的非政府经费来源。

(三)高等院校的自筹经费

1990 年以来,印度高等教育成本逐渐向学生转移,政府财政支持减少,受国内经济自由化改革的影响,政府对高等教育发展采取私有化和市场化的策略。一方面,政府鼓励高校自筹经费,允许高校接受私人组织的资助;另一方面,政府开始放松对高校自筹经费的干预,扩大高校对经费使用的自主权。随着高等教育经费的缩减,高等院校需要进一步扩大经费来源,不仅通过增加学费,还通过其他手段,例如企业的捐赠,建立高等教育机构与工业部门之间的联系等。高等院校的内部经费来源主要包括大学出版社的经营利润,大学土地、教学楼的出租所得,提供咨询服务和研究项目的费用,课程学费等。高等院校还可以通过向社会提供有偿服务获取一定数量的自身发展资金,包括举办成人教育,向社会提供出版物,为有关部门提供信息咨询,向公司和企业转让科研成果等。

(四)社会捐赠收入

随着高等教育向大众化进程迈进,扩大社会捐赠开始成为印度高等教育经费筹措改革的重要措施之一。印度政府一方面进行政策调整,提升国内社会捐赠意愿;另一方面积极争取国际社会捐赠。私人捐赠主要包括馈赠基金、直接捐款和捐物,捐赠者有私人、企业、基金会以及宗教或慈善团体。印度高等教育经费的国外来源,主要是争取教育外援,通过接受发展贷款或追加补助金额,满足高等教育的财政需求;对特殊的教育项目使用专项贷款、信贷或补助金;采用低息长期贷款,对现有高等教育设施提供信贷或补贴等。[②]在印度发展高等教育的过程中,外部援助发挥了比较大的积极作用,这些不同形式的外部资金、技术、物资、人员、设备直接助益印度高等教育的跨越式发展。

---

① 刘淑华,王旭燕.印度高等教育大众化进程中的经费来源渠道探析 [J].外国教育研究,2016(3):69-81.

② 马加力.当今印度教育概览 [M].郑州:河南教育出版社,1994:112.

六、质量保障

印度高等教育系统经过快速扩张，体量和规模得到了迅速提升，由此也带来了新的危机与机遇——如何保障高等教育的教育质量。提高高等教育机构的办学质量成为印度高等教育发展的重中之重。为此，印度建立国家质量保障机构，制订和出台评估认证制度，确定质量标准，以促进和推动高等教育的高质量发展。

（一）机构：国家评估和认证委员会

《国家教育政策 1986》出台后，为了强调高等教育质量的评估与认证，大学拨款委员会建立了国家评估和认证委员会，专门从事全国高等学校的评价和认证。国家评估和认证委员会借鉴国际上先进评估机构的经验，制订了适应印度国情的评估模式，得到了国际上的广泛认可。该委员会以常任会员的身份加入了亚太质量组织，对印度高校的教学、科研和管理方面产生了较大的影响，增强了高校的质量意识，部分院校开始引进质量管理，施行同行评议。

国家评估和认证委员会下设总理事会、执行委员会以及其他的学术、咨询和管理分委员会，主要成员是大学、学院和专业机构的资深学者和教育管理人员，同时也包括来自大学拨款委员会和联邦教育部等的代表。该委员会的评估和认证工作包括：安排对高等院校或相关单位及其具体学术计划和科研项目的定期评估与认证；为高等院校教学与科研质量的提升营造学术环境；鼓励高等院校的自治与革新；为质量评估、提升和可持续发展同高等教育的其他利益相关方进行合作。评估方式采取两步评估法：第一步，当申请的学校还处于评估的计划阶段，首先要求院校获得评估质量资格（IEQA），只有获得 IEQA 才能申请第二步综合评估与鉴定，如果没有获得，国家评估和认证委员会会给予反馈信息并提供相应的改进措施；第二步，大学、自治学院、重点学院和已获得 IEQA 的附属学院需要依据各类院校的指南准备相应的评估与鉴定文件。

（二）标准：国家大学排名框架

1997 年，印度开始推进世界一流大学建设，并出台了卓越潜力大学计划与顶端大学计划，然而成效并不显著。鉴于当前世界范围内高等教育竞争的态势，印度政府意识到需要制订更加准确的大学排名计划，以便国家确定重点支持的大学，使其更快进入世界一流大学行列，提高印度高等教育的国际竞争力。为此，印度政府自 2014 年 10 月起着手制订印度国家大学排名框架，并于 2016 年 4 月发布了首份国家大学排名结果。

印度国家大学排名框架在积极借鉴世界大学排名指标的基础上，结合印度具体国情，提出了五项一级指标，即教学资源、科研水平、毕业生成就、扩展性与包容性、声誉。由于不同高等教育机构的各类指标所占比例有所差异，因此仅以大学类排名为例，具体说明印度国家大学排名框架的指标体系。在印度大学排名框架中，上述五项一级指标所占的权重分别为 30%、40%、5%、15% 和 10%。各项一级指标又可细分为若干二级指标，一级指标的最终分数由各项二级指标分数相加所得。具体而言，教学资源包括师生比、拥有博士学位和富有经验的教师的综合指标、图书馆与实验室设备、体育与课外设施等四项二级指标；科研水平方面，主要体现为科研数量与科研质量（引用率、知识产权），但就具体权重而言，科研质量略胜一筹；毕业生成就方面，突破了传统的就业率或就业满意度等功利主义指标的桎梏，仅仅选取了学生公共考试与在校考试的成绩，是过程性评价的一种体现；扩展性与包容性是最具印度特色的指标，涵盖了教育范围以及教育对象的经济与社会背景、性别等诸多因素，尤其是为残疾人配备无障碍设施这一指标，在一定程度上体现了全纳教育的理念；声誉的分数则是内外部评价综合作用的结果，包括同行评价与录取率两个指标，专业评价与一般评价相结合，使评价结果更加客观公正。

印度独立 70 多年来，其高等教育体系的成功在全球得到了认可。目前，印度高等教育正经历一个前所未有的扩张阶段，特点是学生数量激增，院校数量大幅增加，公共资金水平大幅跃升。为数量不断增长的学生提供高质量的高等教育是印度目前面临的巨大挑战，当然，这也是印度高等教育领域改善不平衡、深化教育改革和追求国际水平的历史性机遇。鉴于 21 世纪的发展需求，印度的高等教育系统亟待改革。《国家教育政策 2020》对高等教育的改革向内围绕"跨学科"这一关键词，高度重视跨学科人才的培养，向外推进高等教育管理机构的重组与合并。未来，印度高等教育需要在扩充数量的基础上进一步提升教学质量，不断朝着促进国家融合和一体化，发展和弘扬传统文化的世界一流大学方向迈进。

第八章

印度职业教育

独立 70 多年来，印度教育发展取得了世界瞩目的成就，对印度经济总量名列世界前茅起到了重要的支撑作用。然而，从教育体系来看，职业教育是印度教育体系中最为薄弱的一环。独立后普及义务教育的迫切任务和高等教育的优先发展也相对忽略了职业教育的发展。

　　1966 年科塔里委员会报告提出在高中阶段进行分流的设想，《国家教育政策 1968》指出中等教育阶段要加强职业教育。之后印度推出中等教育职业化计划，在高中阶段大力推行职业教育。21 世纪，印度推出新中等教育职业化计划，但成效不明显，《国家教育政策 1986》报出的高中阶段受过职业教育的学生比例达到 10% 的目标迟迟未实现。

　　从国际范围来看，职业教育一般包括中等职业教育和高等职业教育。长期以来，印度职业教育主要是指中等职业教育，随着 1994 年社区学院计划、2012 年国家职业教育资格框架、2013 年国家技能资格框架的出台，以及职业学士学位的推行，印度职业教育有向高等职业教育延伸的趋势。2014 年莫迪就任总理后，大力倡导印度制造，积极推行技能印度，印度职业教育迎来大力发展的良好契机。

第一节　职业教育的管理与实施

印度职业教育包括中等职业教育和高等职业教育，在学习方式上除了全日制的学校教育，还有很多的非全日制职业培训。印度广义的职业教育主要指带有职业教育性质的各种培训组织与培训形式，具体包括劳动体验教育、职业教育、职业培训（包括技术工人培训和学徒培训）、技术教育、学士学位职业教育五种类型。[①] 就狭义上的职业教育而言，主要包含职业教育、职业培训和技术教育三种类型，着重对学生进行与职业相关的教育与培训。

一、职业教育的管理

印度的职业教育具有多层次、多渠道、多类别的特色，在管理上也呈现多样化。在联邦政府层面，印度职业教育的管理主要是由教育部、技能发展和创业部负责。除了政府机构外，还有其他比较重要的组织：自治机构——国家技能开发署，公私合作性质的非营利性公司——印度国家技能开发公司，半官方的自治机构——全印技术教育委员会等。各项职业教育培训的执行与实施由各邦政府负责，各有关部门和公私机构都参与这项工作。

（一）行政管理机构

在联邦政府层面，印度职业教育的管理主要是由教育部、技能发展和创业部负责。联邦教育部主要承担学校类型的职业教育的任务，技能发展和创业部主要承担职业培训、技能开发与创业培训的任务。

联邦教育部通过两个部门开展工作，即学校教育与扫盲司、高等教育司。前者主要负责九至十二年级的职业教育工作，重点在实施中等教育职

---

① 王丽华.印度现代职业教育体系及其特征［J］.职业教育研究，2015（10）：87-92.

业化项目；后者主要负责中等教育之后的职业教育工作，近年来在学士学位职业教育方面颇有进展。

技能发展和创业部负责协调全国所有的技能开发工作，消除技能人才供需之间的脱节，建立职业和技术培训框架，不断实现技能升级，持续开发现有岗位及新增岗位的新技能，以最快速度和最高标准培养大规模技能人才，以尽快实现"技能印度"的愿景。

技能发展和创业部通过所属的多个职能部门开展工作，还与职业培训现有的技能开发中心、大学和其他联盟网络合作。此外，与其他相关联邦政府部门、邦政府、国际组织、企业以及非政府组织开展多方面的合作，促进相关技能开发计划的实施。

除教育部、技能发展和创业部外，印度其他联邦政府部门也采取了许多行动开展职业教育计划，帮助人们获得相应的知识技能。农村发展部针对贫困社区 15~35 岁的年轻人发起印度农村青年劳动力提振计划，纺织部面向已完成中学教育的在纺织和服装领域工作的个人或团体开展综合技能发展计划，住房和城市事务部为在过去 3 年内未接受过任何其他行业的技能发展培训、没有技能的城市公民提供技能培训和安置就业。① 参加这些职业教育与培训计划的人员可从国家职业教育和培训委员会或行业技能委员会下属的评估机构获得证书，并可在私营部门就业或创办企业。

（二）自治机构

总体来看，印度政府属于"小政府、大社会"模式，政府部门的人数并不是很多，大部分业务都安排了自治机构具体办理。

全印技术教育委员会最早作为联邦教育部的咨询机构建立，旨在对国家技术教育设备与资源进行调查，促进职业技术教育体系以综合性和协调性的方式发展。1987 年颁布的《全印技术教育委员会法》有着明确的规定，该机构负责规划和协调发展印度技术教育和管理教育体系，对印度职业技术教育的规模进行合理规划，并为技术教育系统制订各项学术标准，以保证职业技术教育的质量。此外，全印技术教育委员会有权颁发技术教育领

---

① TVET country profiles：India［EB/OL］.［2021-03-18］. https：//unevoc. unesco. org/home/TVET%20Country%20Profiles.

域的文凭证书，制订学位的授予标准以及硕士学位课程和博士学位课程的设置标准。总之，全印技术教育委员会一方面要通过诸多措施保证职业技术教育的良好运行与优化发展，另一方面也要通过相关标准的制订与完善，促进职业技术教育质量的不断提升。

国家职业教育与培训委员会（NCVET）成立于 2018 年，作为职业教育的监管机构，制订标准以确保职业教育的质量。NCVET 旨在构建一套有力的监管体系，加强与行业的互动交流，针对不同利益相关者进行分层有效监管以改善结果，为认证机构和评估机构设定标准。NCVET 努力整合分散的监管体系和混乱的质量标准，从而保障职业教育和培训的质量。NCVET 主要职能包括以下方面：对所认可机构、评估机构和技能相关信息提供者的认证和监管，根据国家技能资格框架认证相应的资格等级；对获得认证的机构进行监测、评估和指导；受理不同利益相关者的申诉。

国家技能开发公司（NSDC）是一家非营利性公共有限公司，是由财政部通过公私合营模式设立的。印度政府通过技能发展和创业部持有 49% 的股份，私营部门则持有剩余 51% 的股份。NSDC 旨在通过创建大型、优质和营利性强的职业机构来促进技能发展。此外，NSDC 直接或间接通过合作伙伴关系的方式重点支持质量保证、信息系统和培训学院，还提供资金来建立可扩展的营利性职业培训计划。通过向提供技能培训的企业和组织提供资金，充当技能发展的催化剂。它还采取适当的方式来加强、支持和协调私营部门的举措。

二、职业教育的实施

印度职业教育和培训主要包括学校内的职业教育和校外的职业培训。实施职业教育的学校包括承担初级职业体验的初等学校，承担中等教育职业化的初中和高中，承担中等后职业教育的社区学院、学院和大学等。实施校外职业培训的主要是各种职业培训中心。

（一）学校系统内的职业教育机构

就印度学校系统内的职业教育机构而言，无论是机构类型还是机构数量都呈良好发展趋势，总体来说，主要包括工业训练学校、多科技术学校、高中职业班以及社区学院、学院和大学。工业训练学校、多科技术学校和高中职业班侧重于中等职业教育。根据《国家教育政策1986》，中等教育职业化的目标包括以下几个方面：

（1）为工业部门和服务业培养中等层次的人员。

（2）为农业、小型企业和服务部门培养能够自我就业的人员。

（3）提供既不过分宽泛也不过分专业化的职业课程。

（4）在教育和就业之间建立紧密的联系。

1. 工业训练学校。

工业训练学校是印度技术工人培训计划的主要实施和培训机构，类似我国的技校，以熟练工人和手工艺人的培训为主要目标，故又称为"手工艺人学校"。此类学校主要招收初中毕业生，以工业技艺类专业为主，旨在满足企业对熟练工人的技能需求。就工业训练学校的课程设置而言，整个课程体系凸显技能培训的地位，技能操作占总学时的50%以上，理论课程占40%左右，绘图课、车间计算与科学课程占10%。此类学校有公立、私立之分，公立学校便是工业训练学校，而私立学校则称为工业训练中心。

2. 多科技术学校（综合技术学校）。

多科技术学校是实施中等层次技术教育的主要机构之一，又被称为综合技术学校，与我国的中专学校处于同一层次水平，以培养技术员为主要目标，因此又被称为"技术员学校"。在印度，技术员是中等层次的技术人员，其技术和相关理论知识介于技术工人与工程师之间，主要从事与车间和现场操作密切相关的专业技能工作，是连接技术工人和工程师的桥梁。多科技术学校招收完成十年级学业并通过相关考试的学生，学制通常是两至四年，以三年居多。多科技术学校主要提供土木工程、机械工程、电机工程以及电气工程等传统工程领域的技术课程，但随着科学技术的不断更新与发展，许多多科技术学校也开始提供电子、计算机科学、医学实验室技术等新兴领域的专业课程。传统课程与新兴领域课程的兼顾保证了专业结构的合理性，也使学生有更多的选择，有利于学生个性与技能多样性的发展。

3. 高中职业班。

高中职业班的产生与1964年科塔里委员会提出的"中等教育职业化"密切相关。科塔里委员会认为高中阶段应该进行学术与职业的分流工作，并鼓励高中阶段形成学术班与职业班两种类型。这一建议尽管得到了印度政府的重视，但直到 1977 年，印度政府才开始在高中阶段进行学术教育与职业教育的分流工作，并启动了高级中等教育职业化计划，鼓励各邦政府在高中阶段实施职业教育。高中职业班主要开设农业、家政、商业、工程、技术、护理等专业，基础性较强，普通教育课约占总课时的 1/4 至 1/3，其余时间则为专业课和实践训练课程。

4. 大学与学院、社区学院。

20 世纪 90 年代之后，印度针对职业教育设置的职业学士学位也是其职业教育改革的亮点和重点。2014 年，大学拨款委员会提出设置职业学士学位，以满足产业需求，并向高中职业类毕业生提供垂直向上流动的机会，破解"死胡同式"职业教育的困局。① 此次职业学士学位的设置是 1994 年学士学位职业教育计划的进一步深化与拓展，旨在拓宽职业教育与普通教育，尤其是与普通高等教育沟通的途径。职业学士学位学制为三年，并与 2012 年出台的国家技能资格框架（NSQF）第七级资格相对接，还设置了证书和高级文凭课程，对应技能资格框架第五级和第六级资格。此外，职业学士学位有明确的人才培养分级标准，专业课程内容包括理论教学和技能发展两部分，理论教学内容不超过全部课时的 40%，并要求校企之间合作开发课程，注重学习结果的达成与相应目标的实现。②

印度提供高中后职业教育文凭、学位课程的还有社区学院。社区学院计划旨在为当地提供低成本、高质量的教育，包括技能发展和传统课程，从而为学习者提供直接就业或接受高等教育的机会。它不仅提供了一个灵活和开放的教育系统，也满足了公民基于社区的终身学习需求。社区学院根据当地产业的需要提供不同时长的知识技能混合计划，课程包括 40% 的通识教育和 60% 的职业教育，从而获得 NSQF 各个级别的认证。获得 NSQF 4 级证书需要学习 6 个月，修满 30 学分；获得 NSQF 5 级证书需要学习 1 年，修满 60 学分；获得 NSQF 6 级即高级证书需要学习 2 年，修满 120 学分；获得 NSQF 7 级职业学士学位需要学习 3 年，共需修满 180 学分。

① 李建忠.印度试水职业学士学位［N］.中国教育报，2014-07-09（09）.
② 王丽华.印度现代职业教育体系及其特征［J］.职业教育研究，2015（10）：87-92.

（二）学校系统外的职业教育体系

印度学校系统外的职业教育体系也比较发达，主要关注在职人员与特殊群体的职业培训，并注重服务功能的强化。具体而言，学校系统外的职业教育体系主要包括以下几类。

1. 学徒制培训。

集理论学习与实践操作于一体的学徒制培训受印度政府的高度重视，并通过立法等手段确立了其法律地位。早在 1961 年，印度便制定了学徒法，规定在 140 个专业中由大中型企业按技术工人的一定比例代培学徒，企业须制订学徒培训计划，计划包括基本技能训练、实地见习与现场训练等。1973 年修正的学徒法对学徒训练的对象进行了规定，主要包括综合技术学校毕业的技术员（必须具有毕业文凭）、工业训练学校毕业生、中等职业教育毕业生。学徒培训期满并经考核合格者由中央学徒委员会颁发全国通用的合格证书。

2. 特殊群体的职业培训。

据相关数据统计，2001 年，印度残疾人口约 7 000 万，约占全国总人口的 6%。因此，印度政府特别重视通过制度建设，强化面向特殊群体的职业教育与培训，自 1950 年宪法到 1955 年《卡拉卡尔报告》，再到 2006 年第 93 次宪法修正案，又到"十一五"规划，无不印证了印度政府对特殊群体职业教育法制化进程的重视，体现着印度职业教育对全纳教育思想的追求。① 印度政府还创办了很多伤残恢复职业中心，帮助残疾人得到在职培训或自我就业的培训。国防部则为伤残士兵成立了伤残恢复单位和训练中心。

3. 职业指导和就业咨询。

印度设有联邦学业与职业方向指导总局，各邦也有相应的机构。这些机构都旨在帮助青年学生和求业人员规划职业生涯，并提供职业咨询服务。② 具体来说，这些机构会向学生、家长和教师提供教育与职业选择方面的指导，并通过与企业合作，向学生提供就业指导和培训，学生可以了解

---

① 杨洪.印度弱势群体：教育与政策［M］.北京：人民出版社，2011：254.

② 李继延，等.中外职业教育体系建设与制度改革比较研究［M］.上海：复旦大学出版社，2014：122.

不同专业的就业前景和工作环境。邦学业与职业方向指导总局同国家教育研究与培训委员会合作，共同承担起培训本邦教师的责任，指导和协助教师开展职业指导活动。同时，各邦和中央直辖区还会利用媒体宣传和普及职业教育计划，包括制作宣传片、发放宣传手册等。

　　印度教育实行"10+2+3"学制，即 10 年的普通教育、2 年的高级中等教育（在 2 年的高级中等教育阶段开始实行职业教育与普通教育分流）和 3 年本科阶段的高等教育。学校系统内的职业教育体系与学校系统外的职业教育体系共同组成了印度职业教育的整体结构（如图 8-1 所示）。

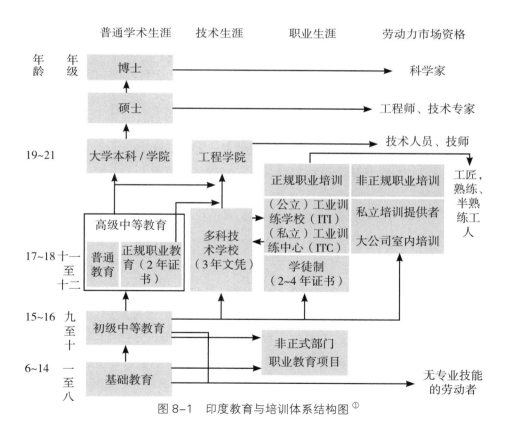

图 8-1　印度教育与培训体系结构图 [①]

① 韩静，张力跃.经济强劲背后的冷思考：印度职业教育发展困境及其政府改革措施 [J].职业技术教育，2016（9）：68-73.

第二节　职业教育的课程与教学

如前所述，印度职业教育的课程与教学呈现出多样性的特点。无论是中等教育阶段还是高等教育阶段均开设有职业教育课程，除此之外，还有专门培养职业人才的学校，如综合技术学校、工业训练学校、社区学院等，各学校有其独特的人才培养体系和教学课程，在此不一一列举。本节着重介绍普遍开设在基础教育阶段的劳动体验教育课程和高等教育阶段的职业学士学位课程。

一、劳动体验教育

印度具有浓厚的重脑力劳动、轻体力劳动的传统观念，由此造成重视普通教育而职业教育式微的失衡局面。为缓解此种困境，印度实施了旨在实现普通教育和职业教育有效结合、消除普职对立的劳动体验教育。印度教育委员会于 1966 年特别提出开设劳动体验课的建议，通过劳动体验（实习）课程，把生产劳动知识和劳动观念融入十二年普通教育的全部课程中。《国家教育政策 1986》提出将劳动实习作为各阶段教育中的基本职业成分，从而使劳动体验教育成为普通教育学习过程的必要组成部分。根据该政策，国家教育研究与培训委员会在 1988 年公布的课程设置中分别为初级初等教育阶段、高级初等教育阶段和高级中等教育阶段安排了 20%、12%、13% 的劳动实习科目。[①] 劳动实习是有目的和有意义的体力劳动，其中蕴含随教育阶段提升而不断升级的技能和知识，通过设计一系列符合学生兴趣、能力和需要并可供学生选择的活动来加以实施。印度在普通教育的高中阶段开设了多样化的普通职业课程，发展学生与就业有关的普通技能，通过培养学生的可迁移能力来提高普通教育的质量。[②] 此外，印度在普通高等教育中还引入了职业能力导向课程，鼓励普通高等教育发挥职业教育功能。

---

① 王丽华.印度现代职业教育体系构建的关键策略及其启示［J］.职业技术教育，2017（27）：65-73.

② 彭慧敏.印度职业教育现状及发展动因［J］.职业技术教育，2007（4）：89-91.

二、职业学士学位

印度职业学士学位项目的主要目标是提供与职业相关的技能以及适当的通识教育内容；确保学生有充足的知识和技能，以便学生能够在项目的每个出口为工作做好准备；为学生提供灵活的预设的多路径进口和出口；为了提高毕业生的就业能力以及满足行业需求，必须在高等教育本科层次使国家技能资格框架一体化，从而，毕业生不仅能够满足本地和国家的需求，而且也能够成为在全球具有竞争力的劳动力。职业学士学位项目最主要的目的是为"10+2"阶段学习职业课程的学生提供向上流动的空间。[①]

（一）授予层级

印度职业学士学位学制三年。职业学士学位项目授予的证书具有体系性，有三个层级，分别为在一个或者多个职业领域的文凭、高级文凭、职业学士学位，三者都是在高校主持下授予（见表 8-1）。

表 8-1　印度职业学士学位项目证书层级

授予证书	学制	相应的国家技能资格框架层级
文凭	一年	5 级
高级文凭	二年	6 级
职业学士学位	三年	7 级

（二）专业细分

在印度，完成"10+2"教育或相当于该水平的任何正式或者非正式教育的学生都具备攻读职业学士学位的资格。大学拨款委员会细化了按部门划分不同专业的具体细则，而且要求高校必须根据当地行业发展潜在的需求来设置合理的部门及其对应的专业。专业设置当然还需符合国家职业标准条款。具体部门和专业划分见表 8-2。

---

① 胡启明. 印度职业学士学位设置述评 [J]. 学位与研究生教育，2014（12）：64-67.

表 8-2　印度职业学士学位专业细分

部门	专业
汽车	发动机检测
	汽车测试
	汽车质量
	汽车电器与电子
	农用设备和机械
娱乐	舞台工艺
	当代西方舞蹈
	戏剧研习
	表演
信息技术	软件开发
电信	移动通信
销售	零售
农业	农业机械与动力工程
	温室技术
	可再生能源
	食品加工工程
	水土保护
建筑	建筑技术
应用艺术	服装工艺
	室内设计
	珠宝设计
旅游	旅游服务业
印刷和出版	印刷技术

（三）课程体系

印度职业学士学位项目每一年的课程安排必须兼顾通识教育和技能教育的内容。通识教育内容要求按照普通大学要求设置，课程安排注重学生的全面发展。但是，通识课程不能超过全部课程的 40%。通识课程要注重语言和交流技能的培养。技能教育要求主要包括：技能培训内容的核心是要赋予学生适当的知识、实践和态度，为工作做好准备，技能培训内容应该和行业要求紧密相关；课程必须融入行业中具体职业角色所要求的国家职业标准（National Occupation Standards，简称 NOSs），最终能够使学生达到 NOSs 所要求的职业水平；技能培训内容的总体设计要与所选择的工作角色一致，总体要限定在一个或者两个专业化领域；考虑到 NOSs 还没有在每个具体领域或者职业角色中确定，高校要与行业专家共同磋商构建课程体系；在三年学习期间，课程设计都要注重工作准备和技能安排；在课程设计中，还要充分注意到实践工作、工作训练，培养学生的项目工作综合能力。

课程中的实践部分技能培训应以面对面的模式来传授，可以在高校或者与其合作的行业伙伴所在地开展。如果由于所习技能的性质的原因，行业可决定该技能的获取可以通过混合课程或者远程课程的模式进行。简而言之，课程体系设计重点放在学习结果上，而不是过程和方式。课程的通识教育内容只要保证质量，可以以任何模式开展。高校职业学士学位专业的选择要侧重于现有和将来的行业技能缺口，而且还需要同行业一道定期对课程进行监测、评估、更新，以满足 NOSs 的要求和变化。

（四）学分计算

印度职业学士学位项目要求每年修满 36 个技能学分和 24 个通识学分，1 学分相当于 15 个学时的课堂理论学习、专题讨论、实验、远程学习。实习工作的有效学习时间只按相当于课堂、专题讨论的 50% 来计算，因此实习工作要获得 1 学分需要 30 个学时。基于电子内容或其他方式的自学，其有效学习时间按课堂理论学习、专题讨论学习的 50% 甚至更少来计算，因此自学要获得 1 学分至少需要 30 个学时。[①]

（五）财政支持

大学拨款委员会给高校每个三年期的职业学士学位项目拨款 1 850 万卢比。①启动资金资助：一次性启动资助 500 万卢比，用来设立实验室，采购

---

① Guidelines for introduction of bachelor of vocation(B.Voc.): programme in universities and colleges under the National Skills Qualifications Framework(NSQF).［EB/OL］.［2021-03-18］. http：//www. ugc. ac. in/pdfnews/8508026_gukdelines-on-b-voc_final.pdf.

车间设施、教学和学习材料，设备改造。这不包括新的建设。②师资资助：一个副教授和两个助理教授，三年 750 万卢比。③每年拨款 100 万卢比运营费用维持项目周转。高校只能在职业学士学位框架的核心业务范围内招募新的教师。课时费为现有教师每课时 500 卢比，访问教师或客座教师每课时 2 000 卢比，访问教师或客座教师年薪大概 50 万卢比。

第三节　职业教育的保障体系

近年来，印度职业教育受到了举国上下的重视，发展较为快速。印度职业教育的保障体系日渐完善，从国家资格框架的初建与更新，到师资队伍的壮大与国际化视野的扩宽，印度不断借鉴国际经验，结合本土实践，不断夯实职业教育的保障体系，以推进职业教育高质量向前发展。

一、资格框架

国家资格框架是一个国家现代职业教育体系构建的制度支撑，是实现学历证书教育和职业资格培训等值和互融的重要依据，该制度已经获得世界职业教育发达国家的普遍认可。印度借鉴国际经验，快速制订并出台了印度职业技能资格框架。该框架的颁布在一定程度上标志着印度职业教育制度的进一步完善，也是印度职业教育迈向国际化水平的关键步骤。2013年，印度决定制订国家统一框架，并成立了相关的部际委员会，在人力资源开发部制订的国家职业教育资格框架、劳动和就业部制订的国家职业资格框架的基础上开发了国家职业技能资格框架。2013 年 12 月 27 日，印度财政部在印度公报发布公告，开始实施国家职业技能资格框架，同时，所有其他框架将不复存在，全部由国家职业技能资格框架取代。

（一）国家职业技能资格框架颁布的背景

印度颁布国家职业技能资格框架主要受以下因素影响：（1）印度人口红利的获得与实现迫切需要提高职业教育的质量。据相关统计，2014 年印度人口为 12.48 亿，预计 2030 年印度人口将达到 15 亿左右，平均年龄为 32 岁，比世界上许多国家的人口平均年龄低 10 岁。届时印度将成为全球最大的提供劳动力的国家，劳动年龄人口将超过 9.5 亿。[①] 面对如此巨大的人口红利，只有提升职业教育质量与水平，将巨大的人口数量转化为巨大的人力资源，才能使人口红利发挥其应有价值。（2）印度职业教育发展过程中存在许多突出的问题。职业教育体系规模虽然庞大，但教育质量一般，接受过正规职业教育的学生较少，即使接受过职业教育，毕业后仍缺乏一定的职业技能，操作技能的缺失使学生的就业能力不足，"毕业即失业"的现象在印度愈演愈烈。（3）世界上绝大多数发达国家都对职业教育体系进行了改革，制订标准框架，联通职业教育与普通教育，搭建终身学习的平台。印度亦是如此，在借鉴国外先进经验的基础上，建立印度职业教育与普通教育沟通的桥梁，培养高技能人才，打造终身学习社会。

（二）国家职业技能资格框架的基本内容

国家职业技能资格框架是根据知识、技能和资质组合而成的一系列资格标准。从某种意义上来说，国家职业技能资格框架是一个质量保证框架，保障了印度职业教育学习者的学习成果质量，也为企业招聘和选拔人才提供了参考标准。该框架包括 10 个层级和 5 个维度，另在 10 级以外还增加了 2 级先前学习认定等级，10 个层级中 1~7 级和 2 个先前认定等级都由 5 个维度来鉴定学习成果，分别是学习过程、专业知识、专业技能、核心技能、职业责任。8~10 级资格将上述 5 个维度进行了合并，学习过程、专业知识和专业技能合并成一个维度，对这一级别资格的知识、技能和创新能力提出了要求，另将核心技能和职业责任合并成一个维度，对相应的工作情境复杂性和承担的责任做出了规定，资格等级越高，工作情境相对越复杂，承担的责任越大。

资格等级的不同层次标准是依据知识、技能和能力的相对复杂程度或深度对学习者提出的一般性要求，每一资格等级均以学习结果来进行水平描述。资格框架的 2 个先前学习认定[②] 等级设定的等级标准如下：

先前学习认定等级 1：使个体通过正式的评价框架来证明自己已具备

---

① 　PAI T V M，VASHISTHA A，SAXENA R. Higher education in India：vision 2030［R］. New Delhi：FICCI Higher Education Committee，2013：7.

② 　先前学习认定（Recognition of Prior Learning，RPL）实现了学习经验与学分之间的互认，由具有一定认证经验的机构进行，如全国开放教育机构、社区学院以及技术学院等。

某些技能；熟悉常用工具、设备和程序，熟悉部分特定术语和特定专业，具有基本的计算和读写技能；能识别并恰当地使用工具和设备进行操作，会采取合适的安全和保密措施；能够证明自己具有完成常规基本操作任务的技能；在相关业务活动中，能够独立做出决定。

先前学习认定等级 2：使个体通过正式的评价框架来证明其掌握的技能，并促进其职业发展；熟悉常用工具、设备和程序，理解工作和业务中最基本的内容，熟悉局部性的特定专业，具有基本的计算和读写技能；能恰当地使用工具和设备，能采取合适的安全和保密措施，掌握必要的软技能，能有效处理专业问题；能够证明自己具有常规的、基本的、独立完成任务的技能；在业务活动中能独立做出决定，并且在类似工作环境中能够发挥出同样的能力。

表 8-3　国家职业技能资格框架的级别及标准规定[1]

层级	学习过程	专业知识	专业技能	核心技能	职业责任
1级	能够有规律地进行重复性操作，无须事先实践	熟悉行业术语，理解和掌握教学词汇	日常能够规律地采取安全保护措施	具备读写技能、个人理财技能，熟悉社会和宗教多样性，具备卫生和环境知识	不需负责任，需在持续不断的指导和监督下工作
2级	能够有规律地进行重复性操作，需对操作具备一定理解以及适当经验	掌握材料和工具的用法，并在特定情况下运用，了解工作性质和背景	特定工作环境下具备一定的服务技能，可以正确使用材料和工具，完成工作并保证质量	读写转换能力，基本计算能力，个人理财技能，理解社会政治及宗教多样性，具备卫生和环境知识	不需负责任，需在指导和监督下工作

---

[1]　Notification［EB/OL］.（2013-12-27）［2021-09-18］. https：//www. education. gov. in/sites/upload_files/mhrd/files/NSQF%20NOTIFICATION. pdf.

续表

层级	学习过程	专业知识	专业技能	核心技能	职业责任
3级（半熟练技工）	有能力在一定范围内从事可预测的、规律性的工作	掌握行业与就业的基本知识、过程和原则	能够牢记并展示已掌握的实践技能，在特定实践场合中进行日常重复的操作	沟通能力，流畅清晰的读写能力，代数和几何技能，金融技能，熟悉并理解社会政治和自然环境的能力	需在监督下工作，需对指定范围内的工作负责
4级（熟练技工）	有能力在熟悉的、可预测的、常规的环境中工作，并做出明确选择	掌握行业与学习过程中的事实性知识	能够牢记并展示已掌握的实践技能，在特定实践场合中进行日常重复的操作，正确运用工作规则、工具以及相关概念理论	语言沟通能力，流畅清晰的读写能力，代数和几何技能，金融技能，熟悉并理解社会政治和自然环境的能力	需对自己的工作和学习负责
5级（管理者）	有能力从事需要熟练技术的工作，并能够在熟悉的环境中做出明确的选择	掌握工作和学习中的知识、原则、原理和通识概念	掌握一系列完成任务和解决困难所需的认知和实践技能，能够正确选择和运用基础知识、方法、工具、材料和信息	较好的数学能力，理解社会政治运行的能力，处理信息和与各类组织进行沟通的能力	需对自己的工作和学习负责，并对他人的工作和学习负一定责任
6级（高级技师/培训教师）	具备广泛的专业技能，在各类标准化和非标准化的工作环境中具备清晰的知识和实践能力	在工作和学习中具备一定的通识和理论知识	在工作或学习中能够运用一系列认知和实践技能解决一般情况下的某些突发问题	良好的数学计算能力，理解社会政治和自然环境的能力，良好的数据处理能力，组织信息的能力和清晰的逻辑表达能力	需对自己的工作和学习负责，并对他人的工作和学习负全部责任

续表

层级	学习过程	专业知识	专业技能	核心技能	职业责任
7级 (本科毕业生)	具备在各类常规和非常规工作环境中运用广泛的专业理论知识和专业技术的能力	在工作和学习中具备广泛的通识和理论知识	在工作或学习中能够运用广泛的认知和实践技能解决一般情况下的某些突发问题	清晰的逻辑思维能力,数学技能,理解社会政治和自然环境的能力,良好的信息处理能力,良好的沟通和展示技能	需对团队工作和发展负全责
8级 (荣誉学位)	具备综合思维能力、认知能力、理论知识和实践能力,以备面对抽象问题时有能力提出创新型的解决方案。具备自学能力、独立思考能力、批判思维能力以及良好的沟通能力			在不断变化的工作和学习中练习管理能力与监督能力,对自己和他人的发展负责	
9级 (硕士)	具备高级的知识和技能,具备对课程的批判性思维,能够展示出创新型思维,完成大量研究和论文			在高难度、复杂的技术活动与不可预测的学习工作场景中承担责任	
10级 (博士)	具备高级专业知识和解决问题的能力,能够通过学术研究对知识提供原始贡献			在不可预测且复杂的工作和学习场景中做出策略性选择	

通过设计职业技术教育与普通高等教育平行、对等的教育层次和资格证书等级,实现职业资格等级框架下职业教育与普通教育的互通转换。其对应转换关系为:一是以非正式或非正规形式获得技能的学员可以通过国家开放教育学院获得阅读能力和计算能力认证,取得资格证书,然后既可进入九年级或者以上年级学习,也可进入工业训练学校学习或者返回工作岗位;二是职业教育十年级学员可以进入普通教育系统,继续学习并可获得学位;三是职业教育十二年级学员可以进入普通教育系统,继续学习并可获得普通学位;四是获得职业教育文凭的学员可进入普通教育系统,继续学习并可获得学位,或者继续在职业教育系统学习两个层级,获得高级文凭;五是普通教育十年级学员通过水平测试后,如果达到规定的1、2级技能水平,可进入职业教育系统3级;六是普通教育1、2级学员通过水平测试后,如果达到水平4级,可进入职业教育系统5级继续学习并可获得职业教育学位;七是学员获得7级的普通学位证明,可接受职业教育并可获

得硕士研究生文凭；八是学员获得 9 级的普通学位证明，可接受职业教育并可获得博士研究生学位；九是有意接受职业教育的学生有继续接受职业教育的权利，完成八年级或十年级学业的学生有选择工业训练学校的权利；十是经过对先前学习的评估，学员可在社区学院或社区技术学院学习某些弹性课程，可获得社区技能文凭。①

二、师资队伍

教师在培养职业教育领域人才的过程中扮演着重要角色。印度的职业技术教育教师不仅要掌握某一行业的高深技能，还要投身于为该行业培养后继人才的事业。在印度，高级中学阶段的教师须持有与其教授学科一致的硕士学位，职业技术教育培训院校的教师通常在中央教职员培训和研究学院接受培训，该学院为这些人员提供为期一年的课程，进行技能发展和教学能力的培训。结业后学员将获得培训教师资格，凭此资格才能成为职业技术教育培训院校的教师。

印度的中等职业技术教育主要包括正规学校教育系统的高中阶段（十一至十二年级）实施的职业教育以及非正规教育系统的各种技工学校所提供的职业培训，本节主要探讨高中职业技术教育的专业课教师以及各种职业培训学校的专业课教师和实训教师的职前和职后教育。②

（一）中等职业技术教育教师的职前教育

由于印度中等职业技术教育的两类机构在教育对象、培养目标、主管部门等方面有所不同，因此这两类教师在职前教育以及入职后的继续教育等方面也存在很大的差异。

1.高中职业技术教育教师的职前教育。

高中阶段职业化的目的是通过开设多样化课程使学校与产业紧密联系，提高学生自主就业的能力。开设的课程涵盖农业、商业、人文、工程和技术、家政、医疗保健等领域。尽管职业教育与普通教育有所不同，但印度对职业技术教育教师的资格要求与普通教育教师并没有差别，其职前培养方式

① 王娟，李晓彤.印度职业技能资格框架的特征与启示［J］.职教论坛，2020（8）：159-166.
② 屈书杰.印度中等职业技术教师教育管窥［J］.比较教育研究，2013（2）：92-96.

也完全一样。

印度培养高中职业技术教育教师的机构主要有教师教育学院及高等教育学院。前者主要承担中学教师的职前培养任务,后者负责开发教师教育课程、培养教师教育者以及为中学教师提供在职教育等。教师教育学院既有单独设立的,也有附属于某所大学的。为规范全国的教师教育,印度全国教师教育委员会为符合要求的教师教育机构提供认证。

印度最常见的教师教育课程为教育学院提供的学位后课程,即 1 年制的教育学学士课程以及 1~2 年制的教育学硕士课程。攻读教育学学士的学生一般要求拥有某个学科的学士学位,而攻读教育学硕士学位则要求申请者拥有教育学学士学位。此外,高等教育学院、国家教育研究与培训委员会下属的 5 个地区教育学院以及个别大学的教育学院也提供专业课程与教师教育课程相结合的综合性课程。这种课程面向高中毕业生,教育学学士的修业年限一般为 4 年,教育学硕士则为 5~6 年。全日制高中教师(包括职业技术教育教师)一般要求拥有所教科目的硕士学位及教育学学士学位。

众所周知,由于职业教育具有不同于普通教育的特点,因此职业技术教育教师也应具备有别于普通教师的能力。针对此,印度全国教师教育委员会特别规定了对职业技术教育教师必备能力的要求[①],并在 1998 年的教师教育课程框架中将职业教育单列,规定职业技术教育教师教育的课程框架由理论、教学实践和工作实践三部分组成。这三部分的内容都强调从职业教育的特点和要求出发,培养教师具备特定行业或职业领域的理论知识及教育教学技能。[②] 这个课程框架为各教师培训机构培养高中职业技术教育教师提供了课程设置的依据。但遗憾的是,该课程框架对各教师培训机构而言并不具有强制性,采纳这个课程框架培养职业技术教育教师的机构极少,大多数职业技术教育教师所攻读的教育学学士或硕士学位课程与普通教育教师学习的课程差别不大。

---

① Curriculum framework for quality teacher education [EB/OL]. (2011-01-03) [2021-09-07]. http://www.ncte-india.org/pub/curr/curr_0.htm.

② Curriculum framework for quality teacher education [EB/OL]. (2011-01-03) [2021-09-07]. http://www.ncte-india.org/pub/curr/curr_0.htm.

2.职业培训机构教师的职前教育。

印度面向青少年的职业培训主要由公立的工业训练学校和私立的工业训练中心来进行。这些学校提供全国职业培训委员会认可的课程，涉及 32 个工程行业以及 22 个非工程行业。培训时间从 2 个月到 3 年不等[1]，学生可考取行业证书。这些机构教师的培养主要由技能发展和创业部的培训总局负责，培养机构为技工教师培训学院。

印度最早的技工教师培训学院于 1948 年建立。随着 20 世纪 50 年代技工教师培训计划的启动，20 世纪 60 年代印度在孟买、海得拉巴等地相继建立了 5 所中央技工教师培训学院。后来，这 5 所中央技工教师培训学院改称为高级培训学院。这些学院不但为工业训练学校和工业训练中心培养专业教师，也为学徒培训中心等机构培养能够传授工业技能的专业教师。

这些学院面向全国招生，申请者的年龄限制在 18~40 岁。申请者要符合以下几个条件：通过入学考试或相同程度的考试；拥有全国行业证书或政府承认的工程学文凭；拥有全国学徒证书，并且有在公认行业或培训机构工作 1 年的经验；拥有前述资格，在工业训练学校或工业训练中心从事专业教学工作。

培训学院提供的课程主要有以下几种类型：（1）一年制课程，此为最传统的课程，课程内容包括专业性技能及教育教学原理。（2）模块性课程，分为工程类和非工程类。工程类的有 4 个模块，分别为行业技术 1（行业基础理论与实践）、行业技术 2（行业高级理论与实践）、培训方法（主要包括教学原理）、工程技术（主要包括科学、工程学、绘图等），每个模块学习时间为 3 个月。非工程类的模块有 3 个，分别为培训方法、行业技术 1 和行业技术 2，每个模块学习时间为 4 个月。（3）提高性课程，这些课程主要涉及某些行业的新知识和新技能，目的是更新专业教师的知识和能力结构。提高性课程一般属于短期课程，持续的时间为 1~2 个月。

学员可根据自己的情况选择学习的课程类型，所学课程结束后可以参加由全国职业培训委员会举办的考试，考试合格者可以获得该委员会颁发

---

① AGARWAL A. Vocational educating and training in India［EB/OL］.［2021-06-10］. http：//india. mit. edu/~varun_ag/readinggroup/images/9/92/Vocational_Education. ppt.

的专业教师培训证书。

（二）中等职业技术教育教师的在职教育

完整的教师教育是职前教育和在职教育的统一体。对职业技术教育教师而言，科学技术快速发展带来的职业领域的不断变化要求教师必须及时更新自己的职业知识和技能，掌握新的教学方法，这使得在职教育尤为重要。就普通学校的职业技术教育教师而言，在职教育主要由各邦的教育行政部门来组织。全国教师教育委员会以及国家教育研究与培训委员会一方面提供政策及方法上的指导，另一方面也组织教师的在职教育活动。职业培训机构教师的在职教育由技能发展和创业部负责，培训总局在其中发挥着关键性的作用。

1. 高中职业技术教育教师的在职教育。

印度从 20 世纪 60 年代就开始重视教师的在职教育。科塔里委员会曾提出教师的在职教育应该由大学和教师教育机构来组织，每位教师每 5 年应该接受 2~3 个月的在职教育。1985 年全国教师委员会的报告提出设立教师中心的设想，以促进教师的专业发展。《国家教育政策 1986》特别指出教师教育是职前教育和在职教育的统一体，提出要在每一个县建立县教育与培训学院，将 250 所教育学院升格为教师教育学院，开办 50 所高等教育学院。20 世纪 90 年代，印度一些全国性的委员会也提出了加强教师在职教育的建议。

印度承担教师在职教育的主要是各种教师培训机构。对高中教师（包括职业技术教育教师）教育来说，各邦教育部中的高中教育委员会负责组织教师培训，但各邦对高中教师在职培训的规定不完全一致。从培训时间上看一般都是短期的，从一周到三四周不等，大多在寒暑假进行。培训内容有的针对教育教学技能，有的针对教师的所教科目。就培训方式而言，各邦既有面对面的授课和研讨，也有电话会议或网络学习。

除了各邦的教育行政部门，印度中央职业教育研究所也开发了职业技术教育教师在职培训的课程，并为职业技术教育教师提供在职学习的机会。这些在职培训的课程一般为 1~2 周，主要针对某些专业和某些地区的教师。

2. 职业培训机构教师的在职教育。

职业培训机构教师的在职教育主要由技能发展和创业部的培训总局负

责，承担培训任务的主要是高级培训学院以及一些被升格为"卓越中心"的工业训练学校。培训总局设在加尔各答的中央教职员培训和研究学院主要负责职业教育机构管理人员和教学主任等人员的职前及职后培训。个别工业训练学校也提供校内的在职培训机会。

高级培训学院的课程有长达 1 年的模块性课程，也有持续几周的短期课程。例如，海得拉巴邦高级培训学院 2011—2012 年度提供的课程有持续10 周的汽车专业的各类课程，也有持续 2 周的基础类课程。中央教职员培训和研究学院设有针对职业培训机构不同人员的课程，如针对职业培训行政人员的课程有课程设计、培训方法、职业培训趋势，针对教学人员的有教学技能开发、宏观教学与视听辅助教学等，针对校长等管理人员的有培训学校的组织和管理、培训学校行政管理的提升、ISO9001 全面质量管理等。

三、计划保障

印度颁布了一系列有关职业教育的行动计划，推动和促进职业教育的发展，以满足国家经济和社会发展的需要。其中，仍在实施且影响较大的是 2014 年 3 月印度公布的新中等教育职业化计划，该计划主要对印度中等教育中的职业教育进行改革。

（一）新中等教育职业化计划的实施背景

实施新计划，既有历史原因，也有现实考虑。尽管早在 1966 年，印度就提出了中等教育职业化，并在 1988 年正式实施中等教育职业化计划，但这一主张受到经费短缺、师资缺乏、职业教育社会地位低下、教育质量不高等问题的制约而一直进展不理想。因此，印度需要一个新的替代计划，解决中等教育职业化存在的各种问题。2012 年，印度颁布国家职业教育资格框架，对中等职业教育提出了新的要求。为了更好地与国家职业教育资格框架实现对接，中等职业教育面临改革。面对 20 世纪的遗留问题和 21世纪时代的发展要求，印度政府愈加意识到，中学毕业生是印度劳动力市场的重要组成部分，为这部分学生提供职业知识和技能培训，提高其就业技能，可以为行业培养技能人才。

（二）新中等教育职业化计划的主要内容

新计划旨在为国民经济和全球市场多样的行业领域准备受过教育的、

可雇佣的、有竞争力的人力资源。具体而言，其目标包括：第一，通过需求驱动的、能力本位的、模块化的职业教育课程提高青年的可雇佣性；第二，通过提供多入口、多出口的学习计划，提高纵向流动性，建立资格互换，保证青年的竞争力；第三，填补职业教育与就业市场之间的鸿沟；第四，降低中等教育阶段的辍学率，减轻高等教育的压力。①

该计划作为一项政府提供经费的计划，向公办学校和经认可的私立学校提供资助。资源需求评估是人力资源发展规划的第一步。只有有效分析当今印度社会存在的技能差距，才能在此基础上有针对性地选择学校职业教育课程中应涉及的职业角色，从而使职业教育更好地服务于个人和社会的发展。由国家技能开发公司制订国家层面上的方向性的职业角色清单，各邦和中央直辖区政府以此为依据，根据实际情况与当地产业进行协商确定②，通过调查、评估、协商等最终确定开设职业教育的学校、专业和课程。在课程方面，新计划规定参加该计划的学校要至少开设两门职业课程。初中阶段职业课程可以是选修或必修课程，而在高中阶段，所有学生都必须学习职业课程。③新计划主张课程设置以能力为本位，即以提高学生的能力为核心，为学生将来进入劳动力市场提供必要的知识与技能。同时，实施模块化的课程，学生通过学习每个单元获得相应的学分，学分可以累积，累积达到要求便可获取相应的证书，为升学或就业做准备。④在师资队伍建设方面，该计划规定，中央职业教育研究所需出台各层次教师的资格要求，每学年结束时对教师的表现进行评价，是否留任与其教学质量相关。产业界可以推荐资深的技能培训者作为职业教育的客座教师，一些涉及传统技

---

① Revision of the scheme of "Vocationalisation of Higher Secondary Education" [EB/OL]. [2021-02-12]. http : //mhrd. gov. in/sites/upload_files/mhrd/files/upload_document/REVISED-SCHEMEVHSE1. pdf.

② Revision of the scheme of "Vocationalisation of Higher Secondary Education" [EB/OL]. [2021-02-12]. http : //mhrd. gov. in/sites/upload_files/mhrd/files/upload_document/REVISED-SCHEMEVHSE1. pdf.

③ Revision of the scheme of "Vocationalisation of Higher Secondary Education" [EB/OL]. [2021-02-12]. http : //mhrd. gov. in/sites/upload_files/mhrd/files/upload_document/REVISED-SCHEMEVHSE1. pdf.

④ 祝怀新，郑和淋.印度新中等教育职业化计划探析 [J].世界教育信息，2016（5）：41-45.

艺和职业的课程甚至可以直接聘用没有正式资格认证的专业人士任教。各邦每年需组织所有教师进行为期 5 天的常规在职培训；即将入职的教师必须接受 20 天的培训，如有特殊需要，可以延长为 2 个周期，每个周期时长 2 周。①

新计划遵循了印度一贯的教育公平理念，具有社会包容性，特别关注女性和特别重点群体。新计划指出应避免课程选择中的性别歧视，为女性接受职业教育提供有针对性的指导和咨询，在就业和给予贷款时消除对女性的歧视。新计划还强调中等职业教育要覆盖特别重点群体，如表列种姓、表列部族、少数民族、贫困线以下的儿童、有特殊需求的儿童等，尤其重视在表列种姓、表列部族和少数民族聚居地区引入职业教育。学校还应该监督特别重点群体学生的出勤，为他们组织辅导班，并跟进他们的学习状况。②

回顾过去，印度职业教育在独立后取得了突飞猛进的发展。展望未来，印度职业教育需要解决的首要问题是转变学生和家长等主要利益相关者普遍存在的一种心态，即职业教育不如普通教育，只适合那些无法应付主流教育的青年。《国家教育政策 2020》提出要进一步加强职业教育与普通教育之间的流动性，并提出"在未来十年内将职业教育纳入所有中学和高等教育机构，到 2025 年，保证中等教育和高等教育系统中至少 50% 的学生都接受过职业教育"的目标。未来，印度职业教育可以从以下几个方面不断改进和完善，以实现印度大规模职业教育的愿景：一是确保女性、残疾人和其他处境不利的学习者都能接受职业教育；二是大力推进职业教育培训数字化；三是充分利用印度的文化遗产，因地制宜，发挥社区优势，助力当地的经济发展。

---

① Revision of the scheme of "Vocationalisation of Higher Secondary Education" [EB/OL]. [2021-02-12]. http://mhrd. gov. in/sites/upload_files/mhrd/files/upload_document/REVISED-SCHEMEVHSE1. pdf.

② 翟俊卿，袁靖. 印度职业教育的新变革：解读"新中等教育职业化计划"[J]. 职业技术教育，2018（24）：72-77.

第九章

印度教师教育

教师教育是社会生产力发展和义务教育普及的产物，按照教师专业发展的不同阶段，可以分为职前培养、入职辅导和在职培训等连续的、可发展的、一体化的教育过程。

独立后印度教师教育发展过程大致可分为发展、探索、改革与重建三大阶段。1947 年印度独立到 20 世纪 50 年代末是印度教师教育的发展阶段，印度的教师培养机构数量在这一时期增多，印度教师教育的规模在这一时期有很大的发展，但其发展与印度独立初期经济与社会发展的要求仍然相差甚远。20 世纪 60 年代初期开始，印度教师教育进入探索阶段，这一时期印度成立了专门的委员会，出台了各种关于教师教育的政策文本和调查报告，从宏观层面加强了教师教育的相关研究，在完善顶层设计方面发挥着重要作用。从 20 世纪 70 年代起，印度教师教育进入改革与重建阶段，这一时期印度成立了全国教师教育委员会，作为全国性教师教育事务的咨询机构，探讨和制订了教师教育发展的总体规划和目标，调整和完善了教师教育的体制。

总体来看，教师教育作为印度教育发展的重要组成部分，具有培养目标与时俱进，教师教育机构众多，课程框架和内容明确具体，教师地位与待遇良好，师资队伍建设全面等特点，体系较为完善。

第一节　教师教育的管理与实施

由于印度人口众多，受教育的学生数量众多，因此，教师的数量也是相当庞大的，教师教育的发展受到格外的重视。印度教师教育的管理部门，除了联邦教育部之外，专业自治机构、国家教育研究与培训委员会、全国教师教育委员会承担了大量的业务管理工作，而教师教育的实施机构包括综合大学教育系、高等教育学院、县教育与培训学院、教师教育学院。

一、教师教育的管理

为进一步规范教师教育工作，促进印度教师教育工作持续健康发展，确保教师教育工作的实效性，高效的管理不可或缺。印度教师教育的管理主要由联邦教育部、国家教育研究与培训委员会、全国教师教育委员会、各邦政府及邦教育研究与培训委员会承担，构建了较为完善的管理体制，以保证教师教育健康、有序、高质量地发展。

（一）联邦教育部

在教师教育的管理方面，首先，联邦教育部主要通过制定国家教育政策，为印度教师教育的最新发展指引方向，并确保这些政策规定在精神和行为上都能贯彻落实。其次，联邦教育部还促进了印度教师教育有计划地发展，并投入大量的资金支持，在全国范围内扩大教师教育机构的规模，提高质量。再次，联邦教育部以奖学金、贷款补贴等形式为贫困学生提供经济帮助，尤其关注贫困生、女性等群体，确保人们能够接受教师教育。最后，联邦教育部作为印度教育的代表性机构，在鼓励教师教育领域的国际合作方面也功不可没：与联合国教科文组织和外国政府及大学展开了密切的合作，强化联邦教育部对于教师教育的顶层设计和管理。

（二）国家教育研究与培训委员会

国家教育研究与培训委员会（NCERT）创立之初的重要目标之一就是开展并管理职前和在职教师培训。NCERT 不仅是印度境内主要的教师教育机构，同时也有一定的国际影响。自 20 世纪 70 年代起，NCERT 就开始与其他国家、国际组织在教育领域合作开展双边文化交流项目，并于 1979 年成为联合国教科文组织教师教育工作者地区培训中心在印度的联合机构[①]，为来自其他发展中国家的教育人员提供各种教育培训。

培养一批合乎教育规模和教育质量要求的专业化师资，促进其终身职业发展是 NCERT 的重要职能之一。总体来说，NCERT 在教师教育与培训方面主要致力于催化教师教育改革，开发教师教育课程，提供教师职前和在职培训。具体而言，NCERT 在教师教育管理方面的职能由教师教育处完成。该处具体职能如下[②]：

（1）在教师教育中发挥政策引导和咨询的作用，并在中央资助的教师教育质量改进计划的制订、实施和评估方面为政府提供技术支持。

（2）在教师教育和教学领域发挥"智库"功能，具体包括更新不同阶段的职前教师教育课程，以及教师在职教育、继续教育和终身教育的模式的设计和制订。

（3）协助各邦教育研究与培训委员会的工作，并将它们发展为各邦中处理学校教育和教师教育等方面的专业自治机构。

（4）促进学校教育和教师教育领域的实验推行和创新。

（5）利用新兴的信息和通信技术，为不同级别的教师、教师教育者、关键资源人员等制订时间不一的在职和继续教育计划。

（6）就职前教师教育课程、在职培训设计、职前教师教育实践教学的基础组成部分等教师教育问题进行政策研究、跨学科研究、评估研究和比较研究等。

---

① 50 years of NCERT［EB/OL］.［2021-02-21］. https：//n20. ncert. org. in/pdf/leading_the_change. pdf.

② Department of teacher education［EB/OL］.［2021-09-28］. https：//ncert. nic. in/dte/index. php？ln=.

（7）开发材料，突出最新的课程框架中强调的教学法和教师培训的新方法。

总体来看，NCERT 在管理印度教师教育方面功不可没，在一定程度上保障了印度教师的数量和质量。

（三）全国教师教育委员会

作为全国教师教育的咨询和评估机构，自成立以来，全国教师教育委员会一直致力于提高国内教师教育的质量，负责向政府提供有关教师教育问题的建议，包括规范教师教育的标准。成立之初的全国教师教育委员会仅具有议事的职能，没有实施指导方针的权力，因此发挥的作用有限。随着《国家教育政策 1986》的出台，强调印度需要建立一个全国性的、固定的教师教育管理机构，以保证其在提高教师教育质量中发挥实质的指导作用，在此背景下全国教师教育委员会面临新的要求，并酝酿新的发展。1995 年 5 月，《全国教师教育委员会法 1993》（National Council for Teacher Education Act，1993）正式生效，此后全国教师教育委员会被认定为全国性教师教育管理机构，该法案赋予其自主权和法定地位。

全国教师教育委员会的组成十分广泛，除各邦政府的代表外，中央教育咨询理事会、全国教育研究与培训委员会、大学拨款委员会、全印技术教育委员会等都有代表参与，此外，还包括指定的各领域教师教育专家多名。在全国教师教育委员会倡议下，各邦及中央直辖区先后成立了各地的教师教育委员会。

全国教师教育委员会的职责涵盖广泛，涉及从学前教育到研究生阶段的整个教师教育体系。其具体职能包括以下几个方面：

（1）研究和建议。承担各种与教师教育相关的研究和调查任务，并负责公布结果；为政府、大学以及其他机构提供有关教师教育的项目规划和发展建议，协调并指导全国范围教师教育的发展。

（2）师资培训。对教师开展培训，使其能够胜任小学、初级中学、高级中学、非正式教育、函授教育、成人教育和远程教育等各级各类教育的教学工作；对各种水平的教师教育及培训机构进行规范，成立新的教师发展项目机构。

（3）课程改革与更新。制订教师教育培训课程框架和方案，并注意课程与印度文化、民族团结、体育运动、教育技术等的结合。

（4）制订并规范标准。制订中小学教师最低任职标准、培训机构的规范指标、教师教育培训课程的最低准入标准、教师教育资格考试标准、参加资格考试的准入标准、学费和其他机构收费标准等。

（5）建立评估体系。推动实施合理的评价体系、制度机制，定期对委员会制订的各种章程、标准进行评估，并为其他机构提供建议。

（四）各邦政府及邦教育研究与培训委员会

除了国家级的三大管理机构外，各邦政府也会承担一些教师教育的管理工作，尤其是针对县教育与培训学院的管理。县教育与培训学院（DIET）是受《国家教育政策 1986》的影响，印度在大约 500 个县设立的县级教师教育机构，进行职前教师教育和在职教师培训。各邦政府负责管理各邦内部的 DIET，以德里地区的 DIET 为例，德里政府负责了 DIET 的招生，所有 DIET 的学生由德里政府吸收为小学教师。作为邦一级的最高机构，各邦政府通过开展研究、推广试验、展开培训、进行材料开发乃至提供资源支持，为 DIET 教师教育工作的顺利开展提供支持。

1988 年，第一个邦教育研究与培训委员会（SCERT）在德里建立，旨在通过改变态度、增加知识和提高教师的教学质量以改善学校教育。为了达到上述目的，SCERT 开发了大量的教师在职 / 职前培训课程大纲、课程设计及培训资料，同时还开展了教师在职教育计划和基础教育教师教育课程，以探索解决教育问题的方案。SCERT 的建构仿照了 NCERT，是主管各邦教师教育的主要机构。SCERT 主要的职能为：提供中小学层次的职前和在职教师培养，组织大规模定向培训计划，为中小学校长及管理人员提供专门培训；开发高质量的教材，并向学校和教师提供各种教学的视听材料和教育配套用品；促进教育研究，协助人力资源开发部实施相应教育改革政策；与各邦教师教育机构保持联系，促进各邦教师教育的发展。[①]这些都是有助于实现高质量教育目标和响应教师教育培训目标的重要措施，SCERT 充分发挥了自身的创造性，高效、自由地改善学校教育的质量。

在组织结构方面，SCERT 由理事会、执行委员会、方案咨询委员会、

---

① 马俊红.印度教师教育机构现状研究［D］.哈尔滨：哈尔滨师范大学，2011：14.

常设委员会四大机构统筹，其中理事会为 SCERT 的工作制订广泛的政策与计划；执行委员会是 SCERT 的管理机构，根据规则、法规等管理日常事务；方案咨询委员会确定每年的培训计划，推广研究和活动；常设委员会则就财务和编制等事项向执行委员会提出建议。[①] 四大机构相互协助，为各邦教师教育发展服务。

二、教师教育的实施

多年来，经过不断的努力和艰难曲折的发展，印度形成了多种类型、多种层次的教师教育机构系统，整体上形成了具有一定规模及系统性的全国、邦和县的教师教育机构体系[②]，这也成为印度教师教育制度中的重要组成部分。与此同时，根据《国家教育政策 1986 年》提出的教师专业发展的方针政策，印度的教师教育在国家教育研究与培训委员会的指导下，由教师教育学院、县教育与培训学院、高等教育学院以及综合大学的教育系具体实施。

（一）教师教育学院（College for Teacher Education，CTE）

在面临扫除文盲和半文盲的严峻挑战下，印度大力发展基础教育，教师在提升基础教育质量方面的意义可见一斑，这在一定程度上刺激了印度教师教育学院的产生与发展。《国家教育政策 1986》中关于改善中等教师教育的决议促进了印度教师教育学院的重组与加强，1987 年人力资源开发部选取了 250 个中等教师教育机构给予财政支持，增加物质设施和人力资源。[③] 而后，这些中等教师教育机构更名为教师教育学院。

CTE 的创建是为了改善印度中等教育的质量，具体的职能涉及研究、培训、推广服务和出版四大类。在教师培训方面，主要为教师安排各种职前和职后培训。具体而言，CTE 负责初中、高中的教师培训，通过职前培养计划培养中学教师，为中学教师提供资源支持，使中学教师跟上学科和教学方法的发展步伐。在中学教育领域开展革新工作，大力开展课程发展、

---

①　Organisational structure［EB/OL］.［2021-02-23］. http：//scertdelhi. nic. in/wps/wcm/connect/doit_scert/Scert+Delhi/Home/About+SCERT/Organisational+Structure.

②　王长纯 . 印度教育［M］. 长春：吉林教育出版社，2000：555.

③　马俊红，姜君 . 印度教师教育学院及其对我们的借鉴意义［J］. 教书育人，2011（15）：28-29.

教学方法、评估技术方面的革新实践；为教师和其他教育人员提供在职培训，并针对一些教师个体、学校和专业机构提供长期的指导和服务。此外，还积极增进学校与家庭、社会的有机联系等。这些活动的开展为印度中等教育提供了良好的外部环境及师资支持，有利于中等教师教育体系的全面发展。

根据要求，每所 CTE 至少由 17 名师资人员组成，其中包括 1 名院长、3 名副教授和 13 名教师，此外，还需要有 7~8 名技术人员管理图书馆、实验室等。CTE 在职前培养方面一般设置 1~2 年的课程，分别学习学科内容和教学方法，课程完成后学员根据其资格可成为一至八年级的教师。而在职培训则有长短期之分，短期的是 3~10 天的主题培训，长期的是 3~4 周教学技巧和学科定向的培训。[①] 由于 CTE 师资及经费缺乏，该类教师教育培训机构发展较为缓慢，也在一定程度上阻碍了印度中等教育的进一步发展。

（二）高等教育学院（Institute of Advanced Studies in Education，IASE）

受到《国家教育政策 1986》和联邦资助的教师教育计划的影响，印度政府在 250 所重组后的教师教育学院中选择了 50 所，将其升级为高等教育学院。IASE 被定位为印度教学和研究的卓越中心，以教师教育为主要目标，分设在全国各个地区。多数 IASE 已经被大学拨款委员会认证为名誉大学，可以授予多种学士、硕士、博士学位。

IASE 作为教师教育的卓越中心，除了承担 CTE 的职前及在职培训重任外，还会组织中小学校长、学校管理人员的在职教育；主动与地区内部的技术教育学院等教育机构开展磋商与合作并筹集资金；通过教育硕士、教育博士等进修课程以及一些证书课程和讲习班，强化教师的教科研能力建设；成为区域内部的教师教育课程、研究、政策及发展中心，为县教育与培训学院和教师教育学院提供学术咨询和资源支持；同时还负责教科书等视听材料的开发，为教师提供信息技术培训的讲座，培训教师软件制作等技能。总之，IASE 作为地区性的教师教育机构，极大地促进了联邦、各邦

---

① 马俊红. 印度教师教育机构现状研究［D］. 哈尔滨：哈尔滨师范大学，2011：18.

及县教师教育机构的相互沟通与联系。

（三）县教育与培训学院（District Institute Education and Training，DIET）

受到小学教师培训质量不高、工作动机弱等因素的影响，《国家教育政策 1986》和行动计划（1992）提议建立县教育与培训学院作为小学教师职前和在职教育的专门机构。自此，DIET 在印度大规模建立，成为各地教育机构和学校的指导中心，同时也是教育研究和教育实践工作的重要平台。DIET 作为印度各邦教师教育机构的重要组成部分，为小学教师教育提供了重要的学术和资源支持，同时还可以根据县的需求调整培训计划，这对培养小学教师和提升小学教育质量发挥着积极作用。

总体来看，按照规定，每一所 DIET 都必须发挥制订培训和入职计划、提供学术和资源支持、进行实验和行动研究三方面的职能。首先，DIET 肩负对小学教师，校长或校区负责人和基层教育官员，成人和非正规教育中心的讲师和主管，县教育委员会成员、乡村教育委员会成员、社区负责人等的培训和指导责任。其次，DIET 需要开展大量的教育推广和现场互动活动，开设学习中心为当地基础教育系统教师或讲师提供资源，开发符合当地需要的材料、教具乃至评估工具等，开展大量小学教育课程的评估工作。最后，DIET 还必须处理区域内部基础教育和成人教育均衡的问题。这些职能赋予了 DIET 县教育供应、教育监督、教育控制和计划等职责，而 DIET 也成为县教育理事会的一个主要部门。

DIET 肩负的责任重大，内部的组织机构非常齐全：职前教育处、工作经历处、成人和非正规教育资源处、在职教师教育计划处、课程材料开发和评估处、规划与管理处、教育技术处。其中，职前教育处自 1990 年就开设了两年制的文凭和教育课程，而在职教师教育计划处为众多小学教师提供了在职培训 [1]，这为印度的教师教育发展奠定了基础。

---

[1]　District Institute Education and Training. Branches［EB/OL］.［2021-02-23］. http：//www. diet-goa. gov. in/branches. htm .

（四）综合大学的教育系

高等教育在印度的经济发展中一直处于重要的基础性地位，是印度国家竞争力的核心构成部分，而综合大学在印度大学中位居前列，教师教育的质量和综合实力也都极具代表性。印度的综合大学分类培养教师，制订不同的入学要求和培养方式，严格按照学士、硕士、博士分级培养；大学里教育系和附属学院主要开展职前教育，远程学院承担在职教育，保障了印度教师教育的适应性和针对性。综合大学在培养教师方面，尤其强调课外成绩，同时对课外实习也给予了一定的重视。这里以德里大学教育系为例进行说明。

德里大学地处印度首都新德里。德里大学教育系提供三种主要的教师教育课程：（1）为期四年的全日制专业课程，主要是提供初级的教师教育，学生获得基础教育学士学位。（2）为期一年的全日制专业教师教育计划，在本科或研究生毕业后，通过这一计划学习的学生可获得教育学士学位，其中有特殊教育（视力障碍）相关的学士学位。（3）为期一年的全日制教育高级课程或者为期两年的非全日制教育高级课程，学成之后可获得教育硕士学位。该课程专为在职教师和其他教育从业者设计，是成为教育研究人员、教育管理人员和教师教育工作者的关键一步。学生们在该课程学习期间还需要围绕不同专业领域进行论文写作，作为他们研究培训的一部分。[①]

第二节　教师教育的课程

师资培养的专业化是现代教师教育制度的基石，而其专业化则在于课程的专业化。印度独立之后教师教育进入了迅速发展的时期，1952 年，印度教师培训学院第二届会议决定废止"教师培训"（Teacher Training）一词，开始采用"教师教育"（Teacher Education）一词，标志着印度对教师教育

---

① University of Delhi Department of Education. About us［EB/OL］.［2021-09-07］. http：//doe. du. ac. in/.

有了新的认识和理解。①20 世纪 70 年代，印度教师教育课程进入改革重建时期。1972 年全国教师教育委员会成立，《教师教育课程：一种框架》于1978 年颁布。这一框架被誉为独立后印度教师教育发展的里程碑，对从学前到高中阶段的各级教师教育课程做出了明确的说明。20 世纪 80 年代以后，印度教师教育课程进入系统革新时期。1985 年，全国教师委员会报告强调印度需要有一个全国统一的核心课程。《国家教育政策 1986》也指出，教师培训是一个长期的工作，职前培养和后期发展是不可分割的两部分，必须重新制订教师招聘制度，保证教师的教学能力能够适应工作需要。自此以后，印度的教师教育课程倾向于学员教学能力的培养，系统改革了理论课程和实践课程的教学内容。进入 21 世纪以后，印度教师教育课程进入全面完善时期。新世纪印度教师教育的课程强调不同学科领域的知识内容，教学科目中包含适当的教学方法，在理论学习和教学实践中渗透对不同课程理论发展的理解。总体来看，印度教师教育的课程涵盖多方面的内容，以学段进行具体划分，以培养出认知、能力和态度都符合要求的教师，实现教师自身的专业发展。

（一）学前教育阶段的教师教育课程

近年来幼儿教育与保育已在印度获得了高度的重视，《国家教育政策2020》高度强调学前教育的重要性，并拟将该教育阶段纳入义务教育阶段，因此学前教育成为各邦教育的一个重点。学前教育阶段教师教育课程的设置旨在让受训者掌握哲学与社会学知识，儿童成长与发展的规律，有关健康、营养及社会福利方面的认识，对语言的引导与控制，专业成长等方面的知识与技能。②1977 年，在全国教师教育会议上，与会专家对学前教育阶段的教师教育课程进行了设想与提议，建议学前教育阶段的教师教育课程应由教育学理论、学科教学内容与方法、教学实习和社区工作三大领域构成，课程应详细涉及学前教育的哲学基础，儿童发展，语言与环境（自然科学与社会科学），学前教育的组织与社会的联系，健康、卫生与营养，

---

① 单中惠.教师专业发展的国际比较［M］.北京：教育科学出版社，2010：149.

② SHARMA S P. Teacher education：principles，theories and practices［M］. New Delhi：Kanishka Publishers Distributors，2003：109-110.

创造性艺术，教学材料的准备，实践能力的培养，社区活动，教学能力等方面。当然，必要时也需要依据教育的需求和基础设施的现状开设特殊的课程。

2010 年 6 月，全国教师教育委员会出台了学前教师教育证书计划（教学大纲如表 9-1 所示），学制 2 年。总体来看，印度对学前教育阶段教师的培养尤其强调实践能力，学生毕业时必须获得专业合格证书，才能在学前教育机构担任教员。同时，这一计划一部分由邦政府所办机构负责，另一部分由接受政府补助金的私立机构实施。

表 9-1　学前教师教育证书计划教学大纲 [①]

学年	课程类别	教学科目	时间
第一学年	教学理论	当代印度早期儿童发展 早期儿童学习权利 0~6 岁儿童发展	4 周 4 周 8 周
	课程与教学方法	学前儿童的护理教学法 组织管理学	8 周 4 周
	教学实习	自我形成与评价 社区实践 讨论会	1 天 / 周 20 天 6 天
第二学年	教学理论	0~6 岁儿童早期学习与发展	10 周
	课程与教学方法	儿童早期学习理论与实践教学 行为组织观察	10 周 4 周
	教学实习	社区实践 讨论会	40 天 6 天

（二）初等教育阶段的教师教育课程

初等教育是培养学生学习兴趣、增长学生知识的重要基地，因此对在初等学校任职教师的培养非常重要。印度学者乌地·山卡尔认为初等教育阶段教师教育的培养目标应该包括以下内容：（1）在学术培训方面，教师

---

① Diploma in early childhood education［R］. New Delhi：National Council for Teacher Education，2010：3.

应该接受严格的培训。教师作为"传道授业解惑"的重要主体，必须把健康和适宜的知识传授给学生。（2）在专业技能方面，有意向从事教育工作的人必须在专门的教师教育机构接受教学方法等专业技能的培训。未来教师应该掌握设计与改良教具、视听设备等技能。（3）在学生心理方面，教师教育的一大目标是要深入了解有关的学生心理，清楚学生心理活动的规律及基本需要，在学生成长发育的关键期及各个阶段，教师也必须学会探析学生所表现出来的社会性行为的原因和类型。（4）在教育目的方面，教师必须养成清晰明确的教育目的观以指引教学。教师需要在掌握教育理论、专业能力的基础上适当了解教育哲学，并结合国家整体的教育方针和教育目标，形成一定的教育目的观。（5）在社会参与方面，社会性是人的本质属性，教育具有一定的社会功能，未来的教师应该在培养学生家国情怀、提高学生家国责任感等方面发挥重要作用。教师教育的学员需要了解如何在课程及教学中融入国家认同等相关内容，把学生培养成为忠于国家的公民，培养学生对国家生活方式及所珍视的价值的热爱与崇敬，并向学生传递保护印度社会文化遗产及多样性的观念，培养出一代尊重并保护印度国家财产、历史古迹及文化传统的学生。（6）在师生关系方面，教师教育的一个重要目标是要培养学员对儿童进行亲切的帮助与指导的民主作风，强调学员在今后的教学生涯中必须与学生形成民主平等的师生关系。（7）在非正规教育方面，印度教师教育大纲强调教师要组织和参加不同类型的课外活动。（8）在社区合作方面，未来教师需具备参加社区活动的能力。印度教师是社会文化在社区的代理人，也是社区的指导者。[①]

在以上八大培养目标的指引下，印度高度重视初等教育阶段教师的培养。承担这一重任的多为县教育与培训学院，培训时长多为2年，第一年学习学科内容，第二年则专注于教学方法的学习。学员经过1~2年的培训后，根据其资格可承担一至八年级的教学工作。初等教育阶段教师教育的课程与学前教师教育有所不同，更加侧重于读写、算术及其他社会和情感方面知识与技能的增进，具体包括理论学习课、教学实习课、选修课、社区生活、课外活动、手工艺课等。其中，理论学习的课

---

① 王长纯.印度教育［M］.长春:吉林教育出版社，2000：568-570.

程一般是全国一致的，属于必考科目，每周须花 3~5 小时来学习。各
邦设置的课程会有所差异，有一些邦应发展需要增设了其他学科，如教
育统计、教育指导、视听技术、道德教育、瑜伽等，而有些邦的小学教
师培训课程包括手工工艺课，如裁剪、印刷、木工、书籍装订等。在
教学时长和教学实习时长方面，各邦各不相同，有些邦实习时间为 2~3
月，有些邦每周 2 次实习课，有些邦每周 3 次实习课，并且要求参与实
习的学校课程中，每个学科要有示范课。总体来看，印度全国教师教育
委员会在一定程度上统一了初等教育阶段教师教育的基本模式：（1）十
年级（初中毕业）以后的 2 年专业教育课程；（2）十年级以后的 3 年课
程；（3）十年级以后的 2 年职业教育课程；（4）将教育作为一门学科的 2 年
课程；（5）大学毕业后的 1 年课程。印度初等教育阶段教师教育课程的框架
如表 9-2 所示。

表 9-2　初等教育阶段教师教育课程框架 [1]

课程类别	教学科目
教学理论	印度社会的形成；印度小学教育的现状、问题和争论；6~11 岁年龄段学生的学习心理和教学心理；评估、评价和修正教学；身心健康教育；学校管理；特殊需求学生的教育；指导与咨询；小学学校的容量；行动研究
实践教学	小学科目的教育学分析；学校的实践教学；模板课程的观摩
实践工作	包括实习在内的学校经验；劳动教育；学校与社区的互动；行动研究的学习（计划与实施）；组织相关的教育活动

（三）中等教育阶段的教师教育课程

　　师资水平直接影响中等教育的教育水平，因此，中等教育阶段的教师
教育也广受重视。在培养目标方面，除了上述的初等教育阶段教师教育的
目标以外，中等教育阶段的教师还被要求具备三方面的能力：（1）中学教
师应该成为某一学科的专家，具备将某一学科知识传授给所有年级的能力。

---

[1]　KHAN M S. Teacher education in India and abroad [M]. New Delhi：Ashis Publishing House Publishing Corporation，2010：27.

因此，印度的中学教师在教育学院培训期间除需要深入学习某一学科的知识外，还需要适当掌握第二门学科，强化学科间知识的相互联系，减少学科之间的割裂，以适应未来学校教育的需要。（2）中学教师应当具备管理并引导青少年的能力。中学阶段的学生多处于青少年时期，青春期的个体在能力、兴趣及心理等各方面都和初等教育时期的儿童有巨大的差异，教师需要深入了解青少年的心理构成，对青春期可能面临的一些问题有深入的了解，以便对学生出现这方面教育或者生活问题时进行适当的帮助和指导。（3）中学教师还应该具备对学生职业选择进行指导的能力。印度的普通教育和职业教育分流较早，教师需要具备一定的职业生涯规划能力，为学生未来的发展指明方向。因此，教育学院也开设了专门的课程培养教师的生涯规划、职业选择能力，帮助教师对学生进行全人生指导。[①] 以此为目标，印度政府做了种种努力来提高中等教育教师的质量。

印度为中学教师提供培训的机构较多，各邦教育研究与培训委员会、高等教育学院、教师教育学院都在一定程度上承担了中学教师教育的任务。中学教师的培养与学前教育阶段、初等教育阶段教师的培养有所区别，更加强调中学教师应该成为所教学科的专家，了解青少年的心理发展规律，同时也要掌握一定的职业咨询与选择的技能。印度中等教育阶段的教师培训课程一般是面向广大的大学毕业生开放的，时长多为一年，即要想成为印度中学的教师，则必须在大学毕业后参加一年的教育培训。这一年的学习课程侧重于教学方法和教育原则的掌握，学生完成这一年的课程可以获得教育学士学位，顺利毕业后可在高级小学、初中乃至高中任教（一年制中学教师教育课程计划如表 9-3 所示）。此外，印度也有一些教育学院开设了学科课程和教育课程联合的一贯课程，学员可以从大学一年级学到大学四年级，毕业后直接获得理学 / 文学学士学位与教育学士学位，这一类课程面向已经向通过高中毕业考试或者大学入学考试的人开放。

---

① SHARMA S P. Teacher education: principles, theories and practices [M]. New Delhi: Kanishka Publishers Distributors, 2003: 112.

表 9-3 一年制中学教师教育课程计划 [①]

课程类别	教学科目	学分	每周课时数
教育基础	教育与发展	3	3
	教育改革前景	3	3
	当代教育发展	2	2
教学理论	学习者学习	3	3
	教学方法与策略	3	3
	教学理论学习评价	3	3
	学习资源	3	3
	班级组织与管理	2	2
教学内容与知识	学科教学 1	4	5
	学科教学 2	4	5
学校教学经验	中学教学	3	1 天 / 周
	教学实习	4	4 周
附加课程	语言学习	1	2
	多媒体教学技能	1	2

注：附加课程是必修课程，通常在开学之前开课，以讨论会和教学表演的形式进行；每周一天的学校教学经验根据具体学校的课程安排进行。

此外，印度的高中教育是面向全社会的教育。在高中阶段学生逐步具备成人的特点，其教育潜能、情感倾向也逐步个性化，因此需要根据学生的不同需求，将他们分流为学术轨与职业轨两类（与我国的普通高中和职业高中相对应）。因此，对于高中阶段的教师教育也应该分为两大类，学术轨教师教育的课程与职业轨教师教育的课程各不相同，如表 9-4 所示。

① National Council for Teacher Education. Curriculum for one year B. Ed. (secondary) programme [R]. New Delhi : National Council for Teacher Education，2009 : 2.

表 9-4　学术轨教师教育与职业轨教师教育课程 ①

课程类别	学术轨教师教育	职业轨教师教育
理论课	印度社会形成；高中教育的目的、性质、状况、问题；教育和学习心理学；课程、教育学和评价；研究方法；至少一门高中学科的教学法	当代印度社会；职业教育的原则、目的、需求、状况、问题；教学心理学，学习心理学，发展职业能力；企业家精神；组织能力；管理知识；项目制订；计算机教育
选修课	教育评价；教育技术；人口教育；环境教育；教育史及教育问题；比较教育；教育管理、规划及财政；教育改革；体育；计算机教育	—
教学实习	高中一门学科的教学法分析；教学实践、实际工作；实习及学校经历；有关研究方法和学习内容的工作目标；该领域的实际工作和研讨会；行动研究；实施实习；组织学生活动和身体教育活动；学校与社区关系；学校发展计划 / 项目；教具 / 教学技术的准备和使用	传授一个行业或一门职业的理论知识；培养一个行业或一门职业的技能技巧；讲授车间实际操作
实际工作	—	组织；学徒制；在岗培训；车间实习；计划、规划和实施；职业计划；教授职业教育的项目；广告；市场营销；初级财务管理

　　印度教师教育对每一阶段教师的培养都极看重实践能力，并且在知识与技能学习的同时也强调教师与学校及社区的联系，这表明印度对教师寄予厚望，期待未来教师不但要成为合格和熟练的专业人员，而且要成为有效的沟通者、学习资源的设计者与使用者、学生学习的辅导者、社区生活的积极参与者，为社区及社会做出贡献。

---

① KHAN M S. Teacher education in India and abroad[M]. New Delhi：Ashis Publishing House Publishing Corporation，2010：41-45.

第三节　教师的地位和待遇

教师地位实质上是指教师的社会地位，而社会地位则是指教师职业在整个社会职业系统中所处的位置，包括教师的专业地位、经济地位、政治地位和法律地位等。其中，教师的专业地位是指教师这一职业有一定的从业标准和门槛，具有不可随意替代性；经济地位则是指教师与其他职业相比，劳动报酬的差异状况及经济生活状况；政治地位指教师在国家的政治生活中所处的地位和所起的作用，集中表现为教师政治身份的获得、政治参与度和影响力等；法律地位则是指法律赋予教师的权利与责任。[1]

一、教师的地位

印度向来有着尊崇教师的文化传统，这深刻体现在印度梵文中，与印度教以及印度的种姓制度息息相关。在印度梵文中，教师被称为"古儒"（guru），从词源学角度分析，"gu"是黑暗的意思，而"ru"是驱赶的意思，"guru"意为驱逐黑暗、指引光明的人。[2]在古印度时期教师就已经被视为智慧、知识和洞察力的化身，是人们的精神导师。此外，除了知识和智慧出众外，牺牲、奉献和淡泊名利的精神品质也是古儒的重要标志。古印度时期，古儒办学是为了传授知识，并非将此作为谋生的手段，因此他们大多数时候都是拿出自己的钱来办学。虽然一些家长有时会给古儒一些金钱，但却仅仅是对古儒表达感谢之情的谢礼而已。显然，牺牲、奉献和不追求物质财富这些精神品质更进一步提升了人们对古儒的崇敬之情。[3]在印度教的影响下，古儒的社会地位不断提升，成为一种"权威式人物"。当然，在古印度，教师享有崇高的社会威望和社会地位还与印度的种姓制度息息相关。教师在当时既不是一种职业，也不是一种专业，而是婆罗门与生俱来的社会责任。他们作为印度社会中品德高尚、才华出众且具有高超的教育教学技巧的人，成为教师是为了给后代营造良好的教育环境，职责是教学、

---

① 杨洪.印度教师的地位［J］.贵州教育学院学报（社会科学），2002（5）：20-23.

② Guru［EB/OL］.［2021-03-11］.https：//en.wiktionary.org/wiki/guru#Etymology.

③ KALA P. The guru and the professional：the dilemma of the secondary school teacher in Poona，India［J］. Comparative Education Review，1970（3）：371-376.

布道、协助献祭仪式、发布施舍、收受捐物 [①]，因此深受学生和家长的喜爱，具有较高的不可替代性。在经济地位上，古印度的教师衣食无忧，国王和贵族为他们提供一切生活所需。总体而言，古印度的教师地位非常之高，受到世人的敬重。

印度独立后，政府强调教师的地位，并赋予了教师建设国家的新角色。在印度的多个五年计划中，都屡次强调教师在促进国家发展和保护印度文化遗产方面的关键作用，还在此基础上提出了具体的提升教师地位的建议。[②] 政府高度认识到教育的作用，认为教育是一个国家计划发展的基础，以此为背景，在印度的首个五年计划中，提出关于教师收入的策略——提供免费住宿、减免其子女相关费用、赋予乡村教师一块地以供其种菜使用等，还鼓励教师通过一些额外的补习课程及兼职工作以增加收入，丰富教学经验。[③] 在印度的第二个五年计划中，教师队伍建设被视为教育发展的重中之重，联邦政府和邦政府合力进一步提升小学教师工资水平的建议被提出，各邦政府也将小学教师纳入了邦一级公务员体系。[④] 第三个五年计划则尤为强调农村女教师社会和经济地位提升的必要性，提出应为其提供特别津贴和奖学金等，还增加了全国教学工作突出奖的数量以表彰优秀教师。[⑤] 从第四个五年计划开始，印度高度重视教师的培养与培训，在"十一五"计划末期，印度教师的数量大幅增加，基础教育的全国平均生师比已经达到 27：1[⑥]，而"十二五"阶段则在提升教师的职业地位的同时愈加重视学

① 萨默瓦，波特. 文化模式与传播方式：跨文化交流文集 [M]. 麻争旗，田刚，王之延，等译. 北京：北京广播学院出版社，2003：115.

② KALA P. The guru and the professional : the dilemma of the secondary school teacher in Poona, India [J]. Comparative Education Review, 1970（3）：371-376.

③ Planning Commission. The first five year plan [EB/OL].[2021-03-10]. http://14. 139. 60. 153/bitstream/123456789/7205/1/The%20First%20five%20year%20plan%20a%20draft%20outline%20 Planning%20commission%20July%201951%20CSL-IO016212. pdf.

④ Planning Commission. The second five years plan [EB/OL].[2021-03-10]. https://niti. gov. in/ planningcommission. gov. in/docs/plans/planrel/fiveyr/welcome. html.

⑤ Planning Commission. The third five years plan [EB/OL].[2021-03-10]. https://niti. gov. in/ planningcommission. gov. in/docs/plans/planrel/fiveyr/welcome. html.

⑥ Planning Commission. Eleventh five year plan 2007-12（social sector）[EB/OL].[2021-03-10]. https://niti. gov. in/planningcommission. gov. in/docs/plans/planrel/fiveyr/11th/11_v2/11th_vol2. pdf.

习成果动机、能力和责任的改善。

此外，印度教师的地位在横向的国际比较上也处于较高的水平。由瓦尔基基金会（Varkey Foundation）颁布的 2018 年全球教师地位指数（Global Teacher Status Index 2018）对 35 个国家的教师地位进行了调查与评估，印度在教师最受尊敬的国家中位列第八，并且在"希望自己的孩子从事教师职业"的调查排名中名列第一，这说明印度的教师地位较高，吸引力颇强，社会比较崇敬教师。[①] 与此同时，在 2019 年的一项国际比较统计分析中，印度中学教师的年平均收入是印度人均 GDP 的 173%，而同期我国仅为 76%。[②] 这从侧面凸显了印度教师的地位在国际层面是非常不错的。

从古至今，印度都综合运用了文化、政治、经济和法律等手段多管齐下来提升教师地位，使得印度的教师不仅在经济方面占有优势，在文化和政治方面也广受爱戴。

二、教师的待遇

在教师的众多地位中，经济地位尤为重要，即教师的工资待遇极大地影响了教师的地位，也是影响教师职业吸引力的关键因素。在提升印度教师待遇方面，各级政府都做出了努力，构建了一个多级政府多元化投入的模式，以综合提升教师的待遇水平。

首先，联邦政府主要以专项投入的形式提高教师的待遇。1994 年，政府推出县初等教育计划（District Primary Education Programme），联邦政府为该计划提供了 85% 的资金，通过该计划，印度的教师数量得到了大幅增长。2002 年联邦政府又推出了普及初等教育项目，这两大来自联邦政府的资助项目在保障教师队伍不断扩大且正式教师收入不下降方面发挥了重要作用。[③]

---

① Varkey Foundation. Global teacher status index 2018 [EB/OL]. [2021-03-11]. https://www. varkeyfoundation. org/media/4790/gts-index-9-11-2018. pdf.

② Where are teachers paid the most & the least compared to other professions in Asia？[EB/OL]. [2020-01-09]. https://www. valuechampion. sg/where-are-teachers-paid-most-least-compared-other-professions-asia.

③ 王玲，任启平. 印度独立后中小学教师社会地位保障策略分析 [J]. 外国教育研究，2020（12）: 11-24.

其次，各邦政府是教师待遇提升的重要主体。印度的第二个五年计划就已经建议各邦政府尽快将中小学教师纳入邦一级公务员体系，并使其处于较高等级，为其提供足够的养恤金、公积金、晋升和有资格取得较高成绩的机会等福利，并向他们提供适当的便利。这一举措意味着印度教师的工资待遇即使在公务员队伍中也是偏高的。在此基础上，公立中小学教师的公务员身份还赋予了教师诸多福利，比如，教师除了享受正常假期之外，还有 15 天的特别假期和 15 天事假，有资格申请免息贷款和用于房屋建设、交通和粮食预支等的低息贷款，免除在公立学校就读的教师子女的学费等。[①] 值得一提的是，各邦政府还尤为注重偏远地区教师及女性教师待遇的提升。2009 年《儿童免费义务教育权利法实施条例》（Model Rules Under the Right of Children to Free and Compulsory Education Act）颁布，其中规定邦政府和地方政府要根据具体情况就教师的薪酬及津贴、医疗设施、退休金、公积金及其他福利做出规定，并保障那些受聘于偏远贫困地区学校教师的薪酬及津贴须与一般教师相同。在该条例的框架下，印度各邦政府采取措施保障偏远贫困地区教师的权益和地位。比如，哈里亚纳邦就规定了偏远贫困地区学校提供给教师的工资不得低于联邦政府教育部门规定的最低标准。各邦政府也允许女教师带薪休产假、流产假，并增强教师招聘环节的女性倾向，为女教师提供特别津贴，实施专门针对女教师的培训项目，为女教师参加培训提供各种便利及保障其安全等。

再次，地方政府在提升教师待遇方面发挥辅助作用。印度的地方政府从地方财政中拿出资金来补贴教师，这既减轻了各邦政府的财政压力，也在一定程度上保障或提升了教师的待遇。

最后，印度的教师工会为教师提供诉讼服务，直接为教师提请诉讼或帮助教师提请诉讼，这也是维护教师权益的重要方式。

总之，各级政府乃至教师工会都为教师提供了较好的薪酬和福利待遇，这既保障了教师的合法权益，也让教师在印度成为令人羡慕的职业，吸引了更多优秀青年加入教师队伍。

---

① 　Azim Premji Foundation. Teacher motivation in India［R］. Bangalore：Educational Resource Unit，2005：14.

第四节 教师队伍的建设

印度深谙教师是教育发展的关键，始终重视师资队伍建设，为教育的发展提供人力资源，为师资队伍建设营造良好的文化氛围，总体上从政策保障、目标指引、资格体系和薪酬制度等方面加强了印度师资队伍的建设。

一、强化教师教育的政策保障，完善教师教育的顶层设计

印度独立至今共颁布了三份国家教育政策，作为印度教育整体的指引。这三大国家教育政策都对教师教育提出了要求和展望，在一定程度上为印度教师教育提供了政策保障。独立初期印度教师教育尚未得到足够的重视，印度独立以来的第一份国家教育政策——《国家教育政策1968》中针对教师教育的内容较少，仅有三条倡议：其一，强调教师是决定教育质量及教育对国家发展所做贡献多少的最为重要的因素，要努力提升教师的社会地位、报酬及改善工作条件；其二，保护教师从事独立研究和学术评论的自由；其三，教师培训，尤其是在职培训应该受到适当的重视。[①]《国家教育政策1986》则指出教师要起到多种作用，要对教学人员进行入门培训和在职培训，也要提供经过适当培训的后备人员。教职人员发展计划在邦一级要得到综合，而在地区和国家两级则须得到协调。此外，还单独以"教师教育"为主题，列出了六条倡议：要将教师的地位提高；改革招聘教师的方法；成立教师协会以维持专业的完善、增强教师的尊严和约束职业上的行为不正；促进师范教育向教师教育的转化，将职前和在职培养紧密结合；教师的培养计划要与继续教育以及教师培养的需要相联系；建立县教育与培训学院，提高教师教育实施机构的级别，并在教师教育机构和大学教育系之间创建网络组织。[②]进入21世纪后，印度政府对教师教育的重视日渐增多，在《国家教育政策2020》中，有三大部分内容与教师教育密切相关，分别是教师教育的方法及招聘部署、培养积极进取和能力充沛的教师、教师教育。具体的政策要求有：强调提升教师的整体待遇，营造一个良好的社会

① 瞿葆奎.印度、埃及、巴西教育改革［M］.北京：人民教育出版社，1991：300-301.
② 瞿葆奎.印度、埃及、巴西教育改革［M］.北京：人民教育出版社，1991：457-458.

和学校环境；促进教师持续的专业发展，打通教师职业进阶的通道，提倡基于绩效的纵向流动；制订一套通用的国家教师专业标准指南，明确规定不同专业/阶段的教师的能力要求；教师教育必须根植于印度的价值观与传统，同时与时俱进，跟进教育和教学法的最新进展；强调到 2030 年所有的教师教育计划都只能在综合性的多学科大学或学院进行，而四年制的综合学士学位将是教师的最低学位要求。[①] 国家教育政策中教师教育相关的内容随着时代的发展不断更新，由此可见，印度一直都以国家教育政策作为教师教育发展的政策保障，规范教师教育的发展，完善教师教育的顶层设计，保证教师教育基本的发展方向。

二、革新教师教育的培养目标，指引教师教育方向

教师的角色和教师教育目标的定位决定了整个教师教育的发展方向，独立之初，印度政府就明确了教师的角色定位以构建合理的教师教育目标。起初，印度要求教师具备渊博的知识，成为智慧、洞察力和知识的化身，教师也因此享有崇高的社会地位。而后，教师又被看作教学的职业，要求教师热爱学生和专业，深入了解学生，促进学生的个性发展，因此教师的角色逐渐具备了专业性，在专门组织的机构——学校中任职，其不可替代性有所增强。随着印度教师教育社会化程度的日益提高，当今印度又在更加宽泛的社会角度下革新了印度教师教育的目标，强调教师教育要塑造新型社会的建设者。结合印度多元化的宗教、信仰和社会文化，教师需培养出一批维护民主制度、崇尚公平和自由价值观的学生，因而教师也理应成为社会凝聚力和社会团结的传播者。除了不断发展的教师教育整体目标，印度还针对初等教育、中等教育及高等教育各个学段分别制订了详细的教师教育目标，促进教师教育的科学和系统建设。综而观之，从印度教师教育目标指引的发展历程及学段分化可以看到印度政府始终与时俱进，将教师的角色和教师教育的目标定位与学校、社会教育的目标保持一致，这也为印度师资队伍建设明确了前进的方向。

---

① National education policy 2020［EB/OL］.［2021-09-07］. https : //www. education. gov. in/sites/upload_files/mhrd/files/NEP_Final_English_0. pdf.

三、设立教师教育的资格标准，确保教师教育质量

为了提高教育的质量，印度建立了较为完善的教师教育资格标准体系，对教师的任职、准入及录用各个环节都做出了详细缜密的规定，对教师教育进行严格把关。

在教师的任职方面，教师入职标准的确立是具有一定排他性的，是教师教育的质量标准。[①] 印度政府严格规定了中小学教师的任职条件：在印度，要成为一名教师，不论学历高低，均需要接受教育专业的培训，并且必须通过全国教师资格考试。2010 年，印度全国教师教育委员会颁布了中小学教师最低任职标准（见表 9-5）。

表 9-5 印度中小学教师最低任职标准 [②]

学段	最低学历要求及专业资格
初级小学	1. 取得高中毕业证书或同等学力 2. 获得不少于两年的基础教师培训证书或文凭，或者取得初等教育学士学位
高级小学	1. 取得高中毕业证书或同等学力 2. 获得不少于两年的基础教师培训证书或文凭，或者取得初等教育学士学位，或者取得教育学士学位或同等学力
初中阶段	取得教育学士学位或同等学力，或者参加了四年的理学学士和教育学士的整合课程或同等课程
高中阶段	取得教育学士学科相关的硕士学位或同等学力，或者参加了四年的理学学士和教育学士的整合课程或同等课程

在教师的准入方面，印度初等教师教育是指为培养从事小学阶段，即从事一至八年级教学工作的教师组织的教育培训，其最低准入资格是已完成十二年的普通学校教育，并且在全国高中十二年级统一考试中至少获得 45% 及以上分数或同等级别。中等教师教育是指为培养从事中学阶段，即九至十二年级教学工作的教师组织的教育培训，其最低准入资格是要完成十二年普通学校教育，取得科学、社会科学、人类学、商业、农业等学科

---

① 荀渊，唐玉光.教师专业发展制度［M］.北京：教育科学出版社，2011：2.

② 李英.印度教师教育研究［D］.重庆：西南大学，2013：62.

的本科及以上学历，并且在其学士或硕士学位中至少有两门课程的总分达到 45% 及以上。

在教师的录用方面，印度教师的职前培养主要由大学负责授予学位，邦教育部颁发文凭，邦教育部或者诸如全国教师教育委员会等机构负责教师资格证书的认定。教师资格考试是教师从教的基本资格之一，2011 年印度颁布教师资格考试最新标准，初级小学和高级小学教师资格分别组织考试。印度的教师资格考试属于标准化考试，全部为多项选择题，内容涉及儿童发展、教育学以及语言、数学等相关学科内容。教师在通过了全国教师资格考试后如果要到学校或者教育部门任职，还需要参加各地区的录用考核。由此可见，印度教师的任用一般由各邦负责，每年招聘和录用教师的人数取决于学生的人数和各邦规定的师生比例。[①] 印度为了促进教师教育科学化，严格规定了资格标准，以切实保障印度教育的质量。

四、加大师资基地建设的力度，加强教师教育的组织建设

印度政府向来重视推动教师教育机构的组织建设，并不断对其进行合并与重组以拓展职能。印度庞大的教师教育机构作为师资队伍建设的基地，为教师教育的发展提供了有力的组织保障。印度的教师教育机构按组织机构的类型划分，可以分为政府管理类、研究机构管理类、政府资助的私人管理类、自筹资金的私人管理类等[②]；按照行政级别划分，印度的教师教育机构主要由联邦政府、各邦政府以及一些非政府机构负责。此外，在印度教师教育发展过程中，政府大力推动教师教育体系的完善，对一些教师教育机构进行了重组与改建。例如，印度各邦教育研究与培训委员会在教师教育与培训中一直发挥着重要的作用，承担着具体指导、组织、实施邦级和县级教师在职培训的任务，其主要职能在印度独立后经过了三次转变和扩展。该委员会的前身为邦教育学院，随后改组为邦

① 李英.印度教师教育研究［D］.重庆：西南大学，2013：67.
② 李盛聪，胡永甫，庞利.印度教师教育的目标及管理［J］.湖北大学成人教育学院学报，2006（1）：49-51，55.

教育研究与培训委员会，发展到现在成为一个独立的指导机构。这既标志着印度教师教育机构在与时俱进，也标志着印度为了促进教师教育从数量到质量的转变，通过教育机构改革的方式加强教师教育的组织建设，以推动印度教师教育的发展。

独立后印度在教师教育改革方面采取了一系列措施，重新定位教师的角色，及时更新教师教育目标，合并与重组教师教育实施机构，分学段设置教师教育课程内容，综合提升教师的地位与待遇，全方位促进师资队伍建设等，这些都是印度教师教育的主要内容，也是印度教师教育发展过程中的宝贵经验。作为发展中国家，印度的教师教育也不可避免存在着高质量师资短缺、教师能力有待提升、教师权益急需保障等问题。教师是教育实践以及课程实施的重要主体，印度政府及相关的教育机构在改革教师教育方面持续不断付出着巨大的努力，最新颁布的《国家教育政策2020》实施计划也对教师的准入标准和专业发展提出了新的要求。一方面，该计划指出，到2030年要实现将四年制综合学士学位确立为所有学校教师的最低资格标准，并根据这一标准由全国教师教育委员会和高等教育委员会共同出台学位课程相关法规，以保障有需要的专业教师能够在多学科学院和大学中进行较短的教育学士学位认证课程学习。另一方面，该计划也对如何提高教师队伍质量提出了政策实施建议。具体而言，全国教师教育委员会、国家及各邦教育研究与培训委员会将制订通用的国家教师专业标准，并规定5~10年进行一次教师教育国家课程框架修订，以适应教师教育的新需求。此外，各邦和中央直辖区也将制订透明的、基于绩效的晋升和工资结构制度，并为教师开发能够向更高水平职位流动的系统，以此打通教师流动渠道，推动教师持续专业发展。未来，在新的国家教育政策及配套实施计划的逐步推行中，印度教师教育将会在教师的招聘与任用、教师专业标准及教师待遇等方面集中进行改革。

第十章
印度教育的
改革走向

印度在 1947 年独立后获得了长足的发展，到 2020 年，印度 GDP 达 2.62 万亿美元，全球排名第六。教育在促进印度社会经济发展中起到了积极的作用，1950 年的印度宪法就规定在全国范围内实施八年义务教育，目前已经实现。2019 年，印度初等教育毛入学率已达到 96.83%，中等教育毛入学率为 73.79%，高等教育毛入学率为 28.6%，并且印度拥有的高等学校数量排名世界第一，其中，印度理工学院在世界上享有盛名。进入 21 世纪的第三个十年之时，印度教育的发展已成就巨大。当前，第四次工业革命方兴未艾，互联网为人类社会带来巨变。印度教育还需要不断改革，才能更适应未来社会发展的需要。面对上述挑战，经过五年的讨论协商，印度于 2020 年 7 月颁布了《国家教育政策 2020》。该政策作为 21 世纪印度的第一份国家教育政策，是印度未来 20 年教育发展的纲领性文件。

第一节　印度教育的特色与经验

在古代印度和殖民地时期，只有上层阶级才有机会接受教育，独立后，印度政府多年来一直把发展教育作为重中之重，普及义务教育，力促教育公平，这使得印度的教育取得了很大进步，形成了具有特色的教育体系，也为其他发展中国家教育的改革与发展提供了印度经验。

一、印度教育的特色

独立后印度教育的发展相对稳定，在承继英国殖民教育遗产的基础上，吸收印度传统文化价值观的有益成分，广泛向世界其他国家学习，并不断改革创新，形成了具有印度特色的现代教育体系。

（一）重视传统文化

印度作为四大文明古国之一，是一个民族和宗教众多、语言文化多样的国家，其文化宝库已延绵数千年，以艺术、文学作品、传统习俗、语言、文化遗产等形式外显出来。这些文化塑造了印度的传统及价值体系，在丰富公民文化自信和民族认同感方面至关重要。教育作为文化传承的一大载体，在继承传统和价值体系方面发挥着重要作用。

印度一直以来都将传统文化视为教育中的核心要素。《国家教育政策1968》提出要向世界各国宣传印度的伟大文化遗产和特殊贡献，《国家教育政策1986》提出全国课程框架要为促进诸如印度共同的文化遗产、平等主义、民主和世俗主义、男女平等、环境保护、消除社会障碍、遵守小家庭标准和灌输科学精神等道德价值观念而设计，《国家教育政策2020》也指出保护和促进印度的文化财富必须被视为重中之重。

印度今天的教育制度和政策是在吸收和综合印度优良教育传统的基础上形成的。古代印度思想家认为健康的社会需要受教育的人构建，古印度的教育体系以宗教教育为主要形式，构建起一套促进人格的多向度和谐发展的教育体系。[1] 印度当前的学校课程中同样闪耀着传统文化的光辉。基础教育阶段开设的瑜伽课程以及印地语、本地语（母语）、梵语等课程，都为传承和发扬印度传统文化发挥了重要作用。"十二五"期间，印度大力发展瑜伽教育和土著语言，以传承和弘扬印度的传统文化。2018—2019 年，大学拨款委员会向贾坎德邦中央大学、锡金大学和古斯达斯大学发放了共计 1 305.1 万卢比的资金，用于建立各校的土著语言中心。[2] 印度以瑜伽教育和土著语言为试点，在高校中大力开展弘扬传统文化的相关课程和各类活动，并逐渐扩展到印度其他传统文化领域，不断加强传统文化研究，确立了印度高等教育的研究特色。

（二）复杂多元的语言教育

多种语言是印度历史上本土文明与外来文明不断碰撞、融合的结果，由于种族与民族之间不断的渗透与融合，出现了语言纷繁混杂的格局。

1950 年，印度宪法出台，规定英语的官方语言地位在印度只能再持续 15 年，确定了印度"多官方语"的语言政策。1963 年，印度政府出台了官方语言法，将英语的官方语言地位无限期延长，同时也强调了印地语的官方语言地位，并提出著名的"三语教学模式"，即印度的学校必须教三种语言：在印地语地区教授印地语、英语和一种其他印度语言，在非印地语地区教授本地语言、英语和印地语。[3]20 世纪 90 年代以前，印度一直按照这种方案实施三语教育，1991 年以后，随着全球化的来临，印度经历了计划经济向市场经济的转型，公共领域对英语人才的需求与日俱增，因此，英语从纵向和横向迅速渗透印度的各个领域。[4] 教育领域中，英语经常被称为通用语，尤其在高等教育中体现更为明显：由于印度的多语性，学生去其他邦接受高等教育可能存在语言问题或者需要通过标准化竞争性考试，因

---

① BHATTA C P. Holistic personality development through education : ancient Indian cultural experiences [J]. Journal of Human Values，2009（1）: 49-59.

② Annual report 2018-2019 [EB/OL].［2020-12-12］. https : //www. ugc. ac. in/pdfnews/3060779_UGC-ANNUAL-REPORT--ENGLISH--2018-19. pdf.

③ 廖波 . 印度的语言困局［J］. 东南亚南亚研究，2015（3）: 77-80.

④ 潘巍巍 . 英语在亚洲的传播研究［D］. 北京: 北京外国语大学，2016 : 80-81.

此高等教育教学必须使用英语。①

在印度，除了印地语、英语两种联邦级官方语言外，宪法还承认包括印地语在内的 22 种邦级官方语言（表列语言），印地语是印度所有通行语言中最具影响力的一种。自 2014 年莫迪上台以来，印度出台一系列旨在进一步推广印地语的政策，不遗余力地推广印地语，希望印地语逐渐取代英语成为印度社会中不同方言群体交流的语言。印度的三语教育方案一方面致力于保护母语，尽可能使儿童接受母语教育，以保持国家语言的多元化性质；另一方面致力于印地语在非印地语地区的传播，使之成为全国教育体系的一部分，使所有学龄儿童都能掌握印地语。三语教育方案虽然经过多次修订，但是始终强调母语教育的重要性，印地语的地位始终没有改变。

（三）独树一帜的理工学院

印度高等教育中影响最大、最具代表性的就是印度理工学院，也被誉为"印度科学皇冠上的瑰宝"。1947 年印度独立，百废待兴，亟须大批一流的理工人才。时任总理尼赫鲁任命 R. 萨尔卡尔组建专家委员会，筹划建立高等理工学院。萨尔卡尔组建的委员会在深入考察欧美大学管理体制机制及治理结构之后，提交了一份关于"印度高等技术教育"的临时报告，提议以麻省理工学院为蓝本，在印度的东部、西部、南部、北部建立 4 所高等理工学院，培养与国外一流理工学院相媲美的工程技术人才。根据这一提议，1951 年，第一所印度理工学院在印度东部的卡拉格普尔成立。这所自诞生之日就肩负特殊使命的印度理工学院，是实现印度世界一流大学梦想的试验田，是印度"用脑力重建国家"战略的实践地。②

20 世纪 50 年代末至 60 年代初，印度理工学院孟买分校、马德拉斯（现称金奈）分校、坎普尔分校、德里分校先后建成。20 世纪 90 年代末至 21 世纪初，新建古瓦哈蒂分校，改制组建罗克分校。2012 年，贝拿勒斯印度教大学工程学院转制为印度理工学院瓦拉纳西分校，新增加罗巴尔分校、巴特那分校、曼迪分校、印多尔分校、布巴内斯瓦尔分校、海德巴斯分校、

---

① MURTHY N S R. The history of english education in India : a brief study [J]. Journal for Research Scholars and Professionals of English Language Teaching，2018（10）: 1-7.

② 肖乃涛，陈廷柱. 一流大学"双重自治"探析: 基于印度理工学院治理结构的考察 [J]. 江汉学术，2020（1）: 76-84.

焦特布尔分校和甘地纳加尔分校。

各地印度理工学院在创建过程中分别得到了美国、苏联、英国等的大力援助。得益于国外援助，印度理工学院聘请了很多海外客座教授，并长期派出本土教师赴国外培训，借助国际合作和走国际化的道路，印度理工学院在不到半个世纪的时间内迅速崛起为世界一流大学。到20世纪80年代，当这些20世纪六七十年代的毕业生基本成熟，在各自的工作领域充分展现出才干时，印度理工学院也收获了世界性的声誉。印度理工学院的入学条件十分严苛，可谓千里挑一，入学后的学习过程也十分艰难，实行学分制，对学生从严要求。在人才培养方面，印度理工学院注重产学结合，聘请产业界教师主讲课程，与产业界保持密切的联系，重视学生实践创新能力的培养。

（四）庞杂的附属学院系统

印度附属学院是指附属于本地区某所大学，提供某些学位课程的教学，并帮助学生准备纳附大学组织的外部考试以取得纳附大学授予的学位的机构。附属学院是伴随着印度大学附属制而产生的，具有附属学院的大学则被称为附属型大学或纳附大学。附属学院在印度数量多、分布广，是一种十分重要的高等教育类型。

附属学院的形成既有历史原因，也有现实考量。受到英国殖民的影响，印度大学仿效英国伦敦大学，接纳并管理附近地区的高等教育机构。1854年《伍德教育急件》提出：建议按照伦敦大学运行模式，在加尔各答、马德拉斯和孟买三大管区各成立一所高等学校，原先的私立学院改设为这几所大学的附属学院。同时，在印度条件和经费有限的情况下，附属学院成为担负高等教育大众化艰巨任务的最佳选择。

纳附大学对附属学院的教学及各项工作具有监督、指导、协助等职能，规定附属学院在办学条件和资金方面要达到的标准，规定教师与其他职员的最低聘用条件，规定教学计划与教学大纲的最低标准。纳附大学对附属学院的基本要求包括保持良好的学术水平，聘用足够的、素质良好的教职员工，有充分的经费保障，为师生提供充足的生活、娱乐和医疗设施。附属学院则要求纳附大学承担以下职能：在解决学术问题方面提供指导，帮助提高附属学院教师的水平，对附属学院力所不及的一些学科提供教学方面的支持，为附属学院教师提供使用大学图书馆和研究设施的机会，为附属学院提供参加大学学术、文化及课外活动的机会。[①]

得益于印度独特的附属学院，印度成为世界上高校数量最多的国家。有学者根据资料初步统计，附属学院的学生数量约占印度高等教育系统学生总数的 90%，附属学院承担了主要的大学本科教学任务。经过 160 多年的发展，截至 2019 年，印度已有附属学院 5 万所左右，平均每所大学拥有 52 所附属学院。这些附属学院遍布印度各地，包括偏远农村，可以说，附属学院支撑起了偌大的印度高等教育系统。但为了应对大学附属制日渐突出的消极影响和弊端，印度政府从 20 世纪 60 年代开始进行改革，采取将一部分附属学院转为自治学院的方式改进附属制度，但进展十分缓慢。

二、印度教育的经验

对印度而言，要实现成为世界级经济体的雄心壮志，关键是要构建世界级的教育体系。独立以来印度开始自主探索，教育改革取得令人瞩目的成就，基础教育、职业教育、高等教育等领域也有了长足发展，其经验值得重视。

（一）将教育列为优先发展事项，以教育改革促进经济社会发展

独立后七十多年，印度政府一直将教育看作经济发展的有机组成部分，将教育作为国家的优先发展事项，以教育促进经济社会进步。

印度的历代领导人都受过良好的教育，他们对教育在推动国家经济和社会发展中的重要作用有着高度的认识，并采取了一系列措施发展各级各类教育。印度的开国总理贾瓦哈拉尔·尼赫鲁宣布必须对教育体制进行革新。早在 1948 年，也就是印度独立后的第二年，尼赫鲁就明确地指出教育的整个基础必须进行一次革命，这就给独立后的印度提出了教育改革的重大任务。独立之初，印度就把普及八年义务教育列入宪法，表明印度极为重视提高国民的整体素质。在印度的第一个五年计划期间，国家教育经费的 56% 拨给了初等教育。在普及初等义务教育目标接近实现的情况下，印

---

① 安双宏.印度高等教育：问题与动态［M］.哈尔滨：黑龙江教育出版社，2001：55-56.

度提出到 2020 年普及中等教育，普及中等教育计划于 2009 年正式启动。尽管普及中等教育的工作困难重重，但不难看出印度大力发展教育的雄心壮志。①

此后的印度领导人也持续加强教育改革，印度时任总理拉吉夫·甘地在 1985 年的一次全国广播讲话中宣布要对现行的教育制度进行改革，随后，在全国社会各界对教育问题进行广泛讨论的基础上，制定了《国家教育政策 1986》。该教育政策在导言部分着重阐述了"通过教育达到兴邦"这一思想，认为发展教育制度是为了表现和促进国家独特的社会文化同一性，并依靠教育来迎接时代的挑战；要使经济和技术发展达到一个新的阶段，"教育就是达到这一目标的捷径"，"教育为经济的不同部门培养人才，教育也是研究和发展得以繁荣的基础"。②

1991 年，纳拉辛哈·拉奥出任总理，开始进行大刀阔斧的经济自由化改革，之后的总理都在不断深化经济改革。这场变革深刻影响了教育领域，尤其是 2014 年莫迪上台后，空前的改革力度尽管争议不断，但始终秉持真正实现尼赫鲁"有声有色的大国"的梦想。《国家教育政策 2020》的出台是这一届政府教育决心的展现。莫迪表示，2020 年的国家教育政策将使印度成为一个"知识中心"，《国家教育政策 2020》的实施将大大改变印度的教育体系，以满足 21 世纪的需求。

（二）构建立体的教育治理网络，全面高效治理教育领域

伴随着现代学校建立、现代政府职能转向以及公共教育制度发展而出现的教育公共服务，毫无疑问具备政府公共服务的属性。因此，从这个意义上来看，教育治理正是对 21 世纪教育公共服务日趋复杂、多元和碎片化的有力回应。印度教育治理也遵循此路径。

从纵向来看，印度政府将教育管理的权力逐级下放，各级教育管理机构均有明确细致的分工，以此提高民主行政的实效性。数十年的探索使印度形成了较为稳定的自上而下的教育分权结构，以此统筹整个治理格局：各邦教育部、各县级教育行政部门、众多"半行政机构"和社会力量成为

---

① 安双宏. 印度教育发展的经验与教训［J］. 教育研究，2012（7）：130-133.
② 赵中建. 战后印度教育研究［M］. 南昌：江西教育出版社，1992：50-51.

印度教育治理的中流砥柱，联邦发挥宏观调控作用，具体教育事务由以上这些部门配合补充行使，最终服务学校及受教育者。

从横向来看，多元主体参与治理，凝聚合力，互为补充。除社区参与这一最主要形式之外，还有多种参与方式，如公私双方合作，印度很多私立学校都是由某些基金会、大企业，甚至个人出资举办，以企业最为常见，私营合作伙伴的加入为印度教育治理注入新鲜血液。此外，还有一些智库团队和非政府组织也积极建言献策并补充协助政府进行教育管理：印度社区教育研究中心就是印度教育领域享有盛名的智库团队；起源于孟买的非政府组织布拉罕协会依靠与政府、企业和社区的合作成功开展多个学前教育项目，极大补充了为贫困儿童提供的基本教育服务。尽管在多次改革中印度政府依然在教育供给和决策方面占据绝对优势，但越来越多的管理主体和利益相关者参与到教育治理过程中，并发挥着应有的作用，共同促进有效的教育治理。

（三）重视教育公平，致力满足所有人的教育权利

印度作为一个多种族、多语言、多元文化的国家，其教育群体非常复杂。保障所有人的教育权利，尤其是女性、表列部落、表列种姓、经济落后地区的儿童、残疾儿童等弱势群体的教育权利就显得尤为重要。1950 年宪法第二十九条规定，任何公民不得仅仅因宗教、种族、种姓、语言或其中任何之原因被拒绝进入政府维持的或从政府资金中获得补助的教育机构。第四十六条规定，国家应特别注意增进弱势群体的教育与经济利益，特别是表列种姓和表列部落的教育和经济利益，并应保护他们不受社会之不公正待遇与一切形式之剥削。以宪法作为根本依据，从法律上保障了弱势群体的受教育权。

为了保障所有儿童接受义务教育的权利，促进义务教育的公平，印度政府先后推出了各种针对农村儿童、女童、部落儿童、表列种姓儿童等的政府专项拨款的补偿教育计划，包括非正规教育保障计划、操作黑板计划、县初等教育计划、营养午餐计划、普及初等教育计划等。政府颁布的《儿童免费义务教育权利法》尤其保障贫困儿童的受教育权，将私立学校 25%的名额留给贫困儿童，所有儿童的筛选都严格按照经济和种姓情况进行，要求调查所有社区，确定需要接受教育的儿童，并设立提供教育的设施。

1991 年至 1994 年，印度建立了 27 万个非正规教育中心（93.5% 设在农村地区），为弱势群体提供教育服务，约招有 675 万名学生。[①]

为了保障表列部落和表列种姓的教育，印度出台了独特的教育优惠政策——保留政策（Reservation Policy or Affirmative Action），指在中央和地方政府机构、公营企业和教育机构（主要是重点大学和中小学）内，给表列种姓 15%、表列部落 7.5% 和其他落后阶层 27% 的保留配额。[②]中央大学运行调查委员会报告（1984）指出，中央大学需为表列部落、表列种姓等弱势群体学生预留席位，以保证他们的学习机会。《中央大学法》指出，中央大学应当对所有人开放，无论是何种姓、信仰、种族，都可以在中央大学中享受和行使自己的权利。因此，中央大学不仅注重平衡地区差距，关注社会公平问题，同时更加关注表列种姓、表列部落等弱势群体学生，预留专门席位，保障他们的学习权利。诸如印度国立伊斯兰大学等中央大学，除了执行印度政府和大学拨款委员会直接资助的项目，还凭借优势教育资源，设立了专门的职业培训和职业规划中心，从而更有效地促进表列种姓、表列部落和其他落后阶层学生的就业。[③]以英迪拉·甘地国家部落大学为代表的部落中央大学，特别关注印度的部落人口，特别注意改善印度表列部落的社会、教育和经济条件及福利。该大学提供与部落艺术、传统、文化、语言、医药、风俗习惯、森林经济活动、动植物、与部落地区自然资源有关的技术的教学和研究设施，传播和增进部落知识。

（四）颁布和更新国家教育政策，指引教育发展走向

《国家教育政策》是由印度议会授权、政府部门颁布的涵盖各阶段教育的全国性教育政策，是关于印度教育制度及其发展的纲领性文件，主要是提供教育改革的宏观方向和计划。不同于一般性政策报告或建议，《国家教育政策》虽然不具有强制性但仍有一定的法律效力，其各项规定针对各级各类教育，如教育本质、地位和作用、教育机构管理权、学校制度、学生

---

① 李平. 20 世纪 80 年代以来印度农村教育改革［D］. 昆明：云南师范大学，2005：18.

② 荣黎霞. 发展中国家如何致力于更加公平的教育：以印度和南非为例［J］. 比较教育研究，2007（2）：1-5，92.

③ 盛荔. 印度独立后高等教育"反歧视"政策研究［D］. 重庆：西南大学，2016：133.

受教育权利、教师、教学语言、中央经费比例等。[①] 印度已经制定发布了三份《国家教育政策》，分别为 1968 年版、1986 年版和 2020 年版，指导和推动了印度教育的改革与发展。

教育政策的制定反映了不同时期政府对教育的态度，与当时教育系统的目标和战略有着密切的关系。印度教育政策的重点不断改变，以响应变化的社会经济需要。系统完整的教育政策对印度教育的发展至关重要。独立后，改变殖民时期遗留下来的教育问题，创建适合印度的新的国家教育体系是首要任务，因此第一份国家教育政策理所当然地承担起这份重任。《国家教育政策 1968》在科塔里委员会报告的基础上形成，全面阐述了印度教育发展的现状与问题，指出必须对教育进行彻底改革，提出的免费义务教育、三种语言教育方案、"10+2+3"学制等内容一直沿用至今，为独立后印度的教育发展奠定了坚实基础。《国家教育政策 1986》在保障教育稳步发展的前提下，更加关注教育公平、教育质量等教育深层次问题，同时提出要适应国际社会的发展潮流，培养国家所需的人才力量，转变教育内容与教学方法。进入 21 世纪后，世界教育格局不断变化，印度也适时改革，提出了新的发展目标，经过五年的讨论与修改，终于颁布了第三份国家教育政策。《国家教育政策 2020》与前两份教育政策相比，内容更加丰富，涉及的方面更加广泛，在学制、核心能力的培养、高校重组、文化传承等方面提出了具体的设想，成为指导印度未来二十年教育发展的纲领性文件。可以看出，国家教育政策作为最高级别的教育政策，在相当长的一段时间内指引着印度教育的发展方向。

第二节 印度教育的问题与挑战

印度复杂的政治、经济、社会、文化和历史等因素使印度教育充满了挑战。尽管印度的几代领导人都高度重视教育，纵向比较也取得了可观的成绩，但由于人口数量增长过快对教育造成了较大压力，殖民教育遗产在

---

① 施晓光.印度高等教育政策的回顾与展望［J］.北京大学教育评论，2009（2）：118-129.

给印度教育提供了基本依据的同时也在不同程度上阻碍了印度特色教育体系的建立，复杂多变的世界政治经济环境也给仍然处于发展中的印度的教育发展带来多种不利条件，因此印度教育仍存在许多亟待解决的问题和面临着严峻的挑战。

一、义务教育方面

（一）义务教育辍学率较高

1950 年颁布的宪法规定，国家应该努力在自宪法生效之日起 10 年内为所有 14 岁以下的儿童提供免费义务教育，第一次明确地把实施 6~14 岁的八年免费义务教育写进宪法。20 世纪 90 年代之后，在世界全民教育计划的推动下，印度通过推行县初等教育计划、普及初等教育计划，颁布《儿童免费义务教育权利法》，到 2015 年基本普及义务教育。但是高辍学率也是横亘在义务教育普及之路上的难题，尤其是高级小学阶段相对较严重，2019—2020 年度，高级小学的辍学率约为 15%，而初级小学低于 10%。

（二）义务教育质量有待提高

印度义务教育质量有待提高，尤其是公立学校的运作存在系统和结构上的缺陷。造成公立学校教学质量不高的原因有很多。一是印度很多学校的基础设施建设落后。"十一五"计划中提到，2005 年全国只有 28% 的学校通电，只有大约一半的学校有两间以上教室。很多学校都不具备黑板、饮用水、计算机、互联网接口、操场、厕所、体育器材等基本设施，其中，厕所的缺乏对女学生的影响最大，导致很多青春期女生辍学。二是教师专业知识不足，教学水平低；缺乏教学经验，教学方法不恰当；职业环境不好，教师看不到发展前途，工作积极性不高等。三是学校管理不善：教师出勤率低；学校管理不规范，运作无序；缺乏教师培训；课程设置、教育教学计划不当；学校之间缺乏交流；等等。①

二、高等教育方面

2014 年独立日，印度总理莫迪在全国演讲中提出了几个问题：为什么

---

① 石水海.印度基础教育存在的问题与应对措施［J］.世界教育信息，2013（8）：48-51.

印度不能成为教育出口国？为什么印度不能成为人才中心和全球领导者？这一重要考虑促使所有高等教育的利益相关者思考，印度如何才能实现高等教育的卓越目标。全球海外学习的学生人数超过 400 万，但印度吸引的国际学生不到总人数的 1%，英语优势、低留学成本、独特的文化并未带来留学生纷至沓来的景象，印度高等教育国际吸引力不足核心原因要归咎于高等教育自身发展的问题。

（一）高等教育扩张降低教育质量

独立之后印度高等教育开始迅速发展，特别是 21 世纪初的十年间高速扩张，随着社会经济发展加上激励措施的实施，印度高等教育规模较之以前有了大幅提升：大学和学院的数量分别由 2000—2001 年度的 256 所和 12 802 所增至 2011—2012 年度的 659 所和 33 023 所，另有 12 748 所可授予文凭的机构；在校生规模由 2000—2001 年度的 840 万人增至 2011—2012 年度的 2 590 万人，毛入学率由 1999—2000 年度的 10% 上升至 2011—2012 年度的 17.9%。[①] 虽然不能说高等院校数量的大幅增长必然会带来高等教育质量的下滑，但印度高等教育的膨胀式发展带来的种种衍生问题使得质量提升非常困难。市场化冲击下本已持续缩减的教育公共经费捉襟见肘，由此必然产生基础设施建设滞后、学费高、教学方法落后、高质量师资匮乏等问题。公共投入缩减导致私立机构蓬勃发展，追求利润的私立高等教育办学功利化严重，一些课程设置不能吻合社会需求，更有学校滥用宽松的监管政策，随意开设学位课程，教学和人才培养质量难以保障。

（二）高等教育国际化表现不佳

印度高等教育存在的种种问题极大影响其全球竞争力。

其一，缺乏世界领先的一流大学，难以吸引国外学生。高等教育的全球排名和声誉直接影响其国际化进程，印度大学的世界排名不尽如人意，教学活动、学术科研和教师个人成果等多项指标均表现不佳。除印度理工学院和印度管理学院等少数优秀院校之外，印度的高等教育机构缺乏世界一流的研究设施，更加缺乏本土的学术创新和研究文化，很多印度的高等

---

① 马君.印度高等教育面临的挑战及应对策略：基于印度"高等教育第十二个五年规划"（2012—2017）的分析［J］.高教探索，2014（3）：65-70，76.

教育机构不愿履行全球准则和标准，也不积极参与质量认证，难以形成教育机构的品牌效应。其二，高等教育院校的国际化水平参差不齐，公立院校和私立院校各有不足。私立院校发展国际化的内核动力是追逐更高利润，因此质量不是其最主要的关注点；而公立学校首要发展目标是立足国内，树立品牌，国际化意识相对较弱，并不将国际化视为优先发展事项。就发展优势而言，公立院校可以得到政府大力扶持，私立院校拥有更加灵活的治理体系，但长期以来公立院校和私立院校之间缺乏富有成效的合作，从整体发展着眼，公私二分法并不利于国家高等教育国际化水平的提高。[1]

（三）人员流动失衡加剧人才外流

学生流动是高等教育国际化的首要指标，但是印度高等教育在国际化过程中，学生的跨国流动不均衡问题持续存在，尽管政府对此采取了一些改善措施，但收效并不明显。

第一，学生流入和流出比例不均衡。学生跨国流动存在巨大顺差，出国留学的印度学生远超印度国际学生人数。[2]2011年，印度出国留学学生约占全球流动学生的7.5%，是来自单个国家（仅次于中国）的第二大学生群体，印度留学生的人数一直保持高增长速度，仅2000—2009年十年间，印度留学生人数就从53 266人增至190 781人，增长了258%。[3]第二，留学生生源地分布不均衡。进入印度大学的学生大多来自周边国家和高等教育体系不发达的非洲国家。这些国家的学生之所以选择印度主要基于地缘（邻近国家）、亲缘（大量印度移民）和经济（留学成本较低）等因素。因此，无论是与传统高等教育国际化强国（美国、英国、澳大利亚）还是后起之秀中国相比，印度在吸引全世界留学生的能力显而易见是较弱的。第三，出国留学人数上升同时带来人才外流困境。印度学生留学目的国主要是美国、英国、加拿大、澳大利亚、新西兰等发达国家，留学国家较为宽松的移民条件、发达国家较好的生活环境以及印度国内的就业形势都影响

① MITRA S K. Internationalization of education in India：emerging trends and strategies［J］. Asian Social Science，2010（6）：105-110.

② 刘婷. 印度高等教育国际化历史、现状及特点［J］.世界教育信息，2016（18）：57-61.

③ Cofederation of Indian Industry, Association of Indian Universities. Trends in internationalization of higher education in India［R］. New Delhi：Confederation of Indian Industry，2014：9.

到印度留学生的毕业选择，大量学生毕业首选并不是返回印度。此外，海外教育成本高昂，许多印度学生为了出国留学而背负巨额教育贷款，在印度找到相对体面的工作对于他们偿还外币贷款而言帮助并不算大。[①]

三、职业技术教育方面

近年来，伴随着几代人的大国梦想，印度经济高速发展，由此不可避免地出现了技能短缺现象。印度职业教育的发展进程并不能满足国家经济发展的人才需求，尤其是缺乏技能人才、高端人才等。印度前总统帕蒂尔曾发出这样的感叹："虽然我们的学生获得了学位，但没有获得就业实践（动手）技能。"[②]这充分反映了印度职业技术教育在人才培养方面存在的问题。

（一）产学融合深度不够，不少毕业生缺乏就业技能

从 2018 年全印技术教育委员会和印度工业联合会联合进行的年度调查中可以发现，印度技术教育机构与产业界的联系不够紧密。该次调查包括项目合作、行业实习、专利申请、资金支持等各种合作类型，但由于被调查机构在产学融合方面的努力局限于某一个或某几个方面，导致整体得分情况处于较低水平。该次调查满分为 100 分，根据参与机构的情况，将机构划分为三个等级，分别是低于 10 分的银级、10~30 分的金级、超过 30 分的铂金级。该次调查共有 9 576 家机构参与，但综合得分超过 50 分的机构仅有 24 家，其中只有 5 家机构的得分超过 60 分，共有 151 家机构在调查中获得零分，可见情况十分不理想。[③]

由此可以发现，印度职业技术教育的一大问题是产业界与学术界的融合发展深度不够，缺乏长效合作机制。企业追求经济效益的私人利益与学校人才培养的公共利益产生碰撞与矛盾，必然会导致产教融合的合作基础

---

① GOYAL M，BUREAU E. Indian students with foreign degrees returning home : lessons India can learn from China［EB/OL］.［2021-03-23］. https : //economictimes. indiatimes. com/nri/returning-to-india/indian-students-with-foreign-degrees-returning-home-lessons-india-can-learn-from-china/articleshow/32505745. cms.

② 马君. 印度高等教育面临的挑战及应对策略：基于印度"高等教育第十二个五年规划"（2012—2017）的分析［J］. 高教探索，2014（3）：65-70，76.

③ 王建梁，卢宇峥. 印度高等技术教育产教融合的现状、困境及对策［J］. 河北师范大学学报（教育科学版），2020（4）：78-84.

不够稳固，难以实现可持续发展。由于缺乏权威的质量评价机制，缺乏国家和政府机关的权威监督，难以对企业和教育机构形成强有力的约束，因此企业参与教学和科研活动的动力不足，合作容易流于表层。同时，由于教育机构和企业间的合作管理协议不够明确，因此协调过程中产生的冲突和矛盾不易解决，协调困难。企业容易产生投机行为，学校容易走形式主义，产教融合难以实现真正意义上的深度融合。受到产学融合深度不够的影响，印度职业技术教育培养的不少毕业生缺乏就业技能，学校教育重理论知识，轻实践技能，从而影响了职业技术教育培养目标的实现。

（二）高学历人才缺乏，院校差异较大

以科学与工程领域博士生培养和留学生招收情况为例，2014 年，全世界获得科学与工程博士学位的人数约为 23.3 万人，其中，美国授予博士学位人数为 4 万人，占全世界份额的 17.2%，欧盟国家共 7.3 万人，占 31.3%，而印度授予科学与工程博士学位人数仅占世界的 5.6%。2015 年，全球研发经费支出约计 1.92 万亿美元，美国依旧是研发投入最大的国家，2015 年研发经费支出 4 951 亿美元，占全球份额的 26%，中国约 4 090 亿美元，占全球份额的 21%，而印度仅占 3% 左右。[①] 可见，印度在研发方面投入不足，高学历人才和顶级科技人才匮乏。

同时，培养高学历人才的机构只集中在少数顶尖大学。以软件产业为例，真正高技术所要求的高素质软件工程师，基本上是印度理工学院、国家技术学院等机构培养出来的。虽然很多 IT 从业人员是由地方职业技术学院培养出来的，但他们从事的工作多为软件产业的低端部分。高层次软件工程师则来自为数不多的顶尖大学，"高质量人才培养密集于少量'精英'学校，80% 的工程学博士由 20 所顶尖大学授予，65% 的科学博士由 30 所大学授予，印度每年培养博士生不到 7 000 人"。[②] 这样的状况不利于高学历人才的大规模培养。

① 陈钰，徐英华.从《科学与工程指标》看世界科技创新格局［J］.全球科技经济瞭望，2018（1）：52-57.

② 周满生.国际竞争视角下中、印、美的教育创新与人才培养［J］.北京大学教育评论，2007（3）：157-166.

（三）优秀教师流失严重，普通教师缺乏先进的教学理念

教师行业薪资不高，缺乏晋升机会，造成许多优秀人才流失。优秀人才更愿意进入高薪、有发展前景的企业，而缺乏回到技术教育机构从事教学事业的意愿。这方面最突出的是 IT 产业。2006 年，印度软件业和 IT 业新招收员工的年薪约为 38 万卢比，有些公司招收印度理工学院优秀本科毕业生的年薪已经达到 60 万~80 万卢比，而这样的人才如果在高等技术院校任教，年薪只有大约 14 万卢比。就高层次人才来说，一位高等技术院校教授的年薪约为 42 万卢比，而 IT 业一位项目研发人员的年薪通常是 180 万~200 万卢比。[1] 企业与高校在薪酬方面的巨大差距使高等技术教育的教师流失严重，出现大量空缺，如印度理工学院的教师职位空缺率为 38%，一些中央大学的教师职位空缺率为 30%~40%。[2] 师资短缺，优秀教师的不断流失，在一定程度上影响了印度技术教育和职业教育的发展。

教育的质量取决于教师的素质，而教师的素质一定程度上意味着教师的专业能力。印度学者 Payal Sharma 和 Jagwinder Singh Pandher 等人的研究表明，技术教育机构中教师的能力或发展状况令人担忧，总体上缺乏教学和研究的基本敏锐度，在教学的过程中缺乏产教融合的先进意识和理念。第一，教师缺乏领导才能，无法调动学生的积极性，学生因此缺乏学习的兴趣，缺少主动探知的欲望。没有这种能力，教师无法指导学生做好应对未来行业发展不确定性、未知性挑战的准备，学生害怕面对课堂学习和实习工作领域内复杂的情况，缺少信心。第二，教师的研究能力不足，批判性思维和创造性思维不足，会导致其培养的学生缺少相应的思维能力，在解决问题、协同合作和进行跨学科项目时存在能力缺陷。因此，缺乏这种能力的教师可能会阻碍学生发展成为推动企业改革的专业人员。第三，教师缺乏评估能力。教师的评估能力不足，将无法准确判断和估计学生的能力与发展潜力，学生的最大潜力有可能未被发现和利用，因此有可能妨碍学生取得更高的成就。同时，教师也无法找出阻碍学生学习的障碍，因此

---

① KUMAR R V R. Engineering education in India-quality concerns and remedial measures［J］. Journal of Technical Education，2007（3）：73-90.

② MISHRA A. Higher education policy lacks direction，say academics［EB/OL］.（2015-05-21）［2020-12-22］. http：//www. universityworldnews. com/article. php？story=20150521173238702.

未能达到教学目标，即便学生通过考试，他们仍然缺乏良好的知识储备和难以获得充分的技能发展。[①]

四、教育公平方面

教育公平在印度独立后就上升到战略高度，第一代领导人把消除贫困、促进公平正义作为国家发展和进步的根本目标，制定了一系列优待弱势群体的方针政策，包括为表列种姓、表列部落和其他落后群体提供的优待政策，为女性接受教育提供的优待政策，为家庭困难的中小学生提供免费午餐的计划等。70多年来，这些方针政策起到了一定的积极作用，弱势群体的各方面条件有所改善，一些群体的政治、经济地位有了显著的提高。但是，推进教育公平过程中仍存在一些特定问题难以短期内解决。

（一）教育保留政策争议不断

印度的保留政策（Reservation Policy）是指根据宪法和有关法律的规定，政府根据表列种姓和表列部落在总人口中的比例，在政府部门和公共机构以及所有由政府资助的公立或者私立的教育机构，为表列种姓、表列部落和其他落后群体等在升学和就业方面保留一定比例名额的特殊优惠政策。自提出之日起，该项政策就存有争议，除表列种姓和表列部落外，给予其他落后群体保留特殊待遇是否仍然具有合法性？保留政策如何处理教育机会均衡和高质量标准之间的矛盾？围绕这些问题，形成了两种截然相反的观点和主张，这场争议成为印度社会和阶级矛盾的"导火索"和"骚乱温床"。[②]印度固有的传统观念根深蒂固，短时间之内难以解决法律上已经消除了的种姓问题，加之保留政策制度设计上的缺陷，导致保留政策的社会公平性被不断质疑。事实上，保留政策的效果也是有限的。

（二）女性受教育机会有限

印度女性的社会地位在世界各国中是比较低的，由于种姓制度等一些因素对妇女权益造成很多损害，她们遭受着多重不平等的待遇，至今仍

---

① SHARMA P，PANDHER J S . Quality of teachers in technical higher education institutions in India [J]. Higher Education Skills and Work-based Learning，2018（4）：511-526.

② 施晓光 . 印度教育"保留政策"问题探析［J］. 比较教育研究，2008（10）：46-50.

然不同程度地受一些社会陋习的影响，受教育的权利得不到保障。尽管政府不断采取措施帮助女性获得更多受教育机会，但数据表明，女性受教育比例仍与男性有较大差距。2010—2011 年，印度中学阶段男生入学率为 55.5%，女生入学率仅为 48.4%；辍学率也处于较高水平，表列种姓和表列部落女童辍学率比一般学生辍学率高，一般女生辍学率为 47.9%，表列种姓女童辍学率为 54.1%，表列部落女童辍学率为 71.3%；女性高等教育机会在世界主要国家中也是最少的，2010 年世界各国高等教育阶段女生占比的平均水平为 51%，美国、俄罗斯、巴西均为 57%，中国为 50%，而印度仅为 40%。[①]印度独立以后，随着国家法律政策对女性的保护和女性自我意识的提升，印度女性社会地位有了明显提高，已经有许多女性接受高等教育并且走上社会工作，独立自主的新女性越来越多，涌现出了大批优秀的女性管理者、律师、工程师、记者、媒体主编、营养师、科学家等，其中医生、教师等成为当下印度女性追求的热门职业，但必须看到的是，印度社会中传统文化的影响根深蒂固，女性地位依然处于劣势。

第三节　印度教育的发展趋势

由于历史原因，印度独立之初教育基础比较薄弱，印度政府制定了各种教育政策，针对教育系统的各个层次，在学校基础设施、教师配置、学生支持等方面采取不同的举措，力图保障所有人都能够享有平等的教育机会，促进教育在区域、群体和学校间的均衡发展。教育对印度的发展做出了至关重要的贡献，而印度教育的发展也被寄予厚望。有调查预计，到 2030 年印度人口将达到 15 亿左右，平均年龄为 32 岁，届时，印度将成为全球提供劳动力最多的国家，劳动年龄人口将超过 9.5 亿。毫无疑问，印度独特的人口优势将支撑其向世界第三大经济体的目标迈进。不过，这一切需要建立在对教育系统进行富有成效的改革的基础上，让教育为印度经济

---

① 安双宏，李娜，王占军，等.印度教育公平战略及其实施成效研究[M].杭州：浙江大学出版社，2015：250-251.

的发展提供足够的人才支持。为此，印度政府制定《国家教育政策 2020》，抓住了教育改革的迫切需要，为 21 世纪的印度制订未来教育计划，打造世界一流的教育体系。

一、持续巩固基础教育成果，实现高质量发展

印度独立后，普及义务教育被放在最重要的位置。随着普及义务教育各项教育计划的实施和逐步实现，中等教育的普及也被纳入议程，与普及八年初等义务教育一样，制约印度实现普及中等教育目标的因素仍然是"目标定得太高""经费难以保障""各地区教育发展不平衡"。[①] 因此，基础教育方面印度最主要的方向就是在巩固已有成果的基础上，向更高质量的发展方向努力。

（1）改革学校课程。重新编排学校的课程及教学结构，以适应学生在不同发展阶段（分别为 3~8 岁、8~11 岁、11~14 岁、14~18 岁）的发展需要和兴趣。新的课程设置更加注重学生的整体核心素养发展，强化学生批判性思维训练和体验式学习，强调学科交叉融合，促进文科与理科、校内与校外、职业与学术的深入融合，以更互动的方式进行教学，鼓励学生提问，课堂内容将包含更多趣味性、创造性、合作性和探索性的活动，让学生更深入、更有经验地学习。同时，为学生提供更加灵活的选课机制，开发地方特色教育资源，学生可根据自身需求选择不同科目进行学习，以便接触更多的学科知识和技能，设计个性化的学习道路和人生计划。

（2）提升学生核心素养。促进学生有效学习，提升所有儿童的基本识字和算术能力将成为印度一项重大教育任务，以实现到 2025 年在小学全面普及基础识字和算术的有效学习目标。为此，联邦教育部将优先设立一个国家基础识字和算术工作组，联邦和各邦政府负责密切跟踪和监测这一任务进展，确保 2025 年实现阶段性目标。在课程方面，将会增加对基本读写和计算能力的关注，探索所有可行的方法以支持教师实现普及基础识字和算术的目标，在知识共享数字基础设施上提供一个相应的高质量资源的国家资源库，促进学生的有效学习。

[①] 安双宏.印度教育战略研究［M］.杭州:浙江教育出版社，2013：82.

（3）改革学习评价方式。为促进学生有效学习，《国家教育政策2020》要求三、五、八年级所有学生参加由国家考试部门举办的统一考试，更加注重学生的整体素养发展，由原来的终结性评价转向形成性、发展性评价，从而促进学生有效学习和健康发展，使学生从被动接受评价转变成为评价的主体和积极参与者。同时，国家将设立评估中心，为印度所有正规学校制订学生评估规范、标准和指南，指导邦学业成绩调查和国家学业成绩调查顺利开展，监测学生学习效果，确保全国所有学校学业标准相统一。

二、着力解决教育公平问题，引导均衡发展

教育是实现社会公平和正义的重要工具。全纳和公平的教育本身确实是一个重要目标，对于实现包容和公平的社会也是至关重要的，每个公民都有机会实现梦想，为国家做出贡献。教育系统必须致力于让印度的儿童受益，任何儿童都不会因为出生环境或背景而失去学习和成才的机会。《国家教育政策2020》重申，缩小受教育机会、学习成果方面的社会分层差距将是所有教育部门发展方案的持久目标。

（1）表列种姓、表列部落以及其他落后群体的教育。为了实现团结的和有活力的社会，就必须对表列种姓、表列部落以及其他落后群体的教育制订特殊的方案。把社会文化和语言的特异性整合到教学和课程方面的要求之中，这对降低表列种姓、表列部落以及其他落后群体学生的辍学率是非常重要的。此外，还要增加针对这些特殊群体的各种政策和计划，如免费午餐计划、专项奖学金、有条件的援助计划、交通工具（如自行车）的援助等。还需要指出，由于各种历史和地理因素，这些儿童在日常学习生活中往往感受到学校教育与其生活的脱节，虽然对此已采取了一些干预措施并持续进行中，但仍需要设立特别机制，以确保这些儿童的学习生活需要得到实质性满足。

（2）性别教育。女性在塑造社会习俗方面发挥特殊和关键作用，为女童提供高质量的教育是提高女性受教育水平的最好方式，《国家教育政策2020》建议在制订针对社会经济弱势群体的发展计划时需要特别关注女性的教育问题。印度政府将成立性别全纳基金，以保证国家为所有女童提供

公平优质的教育。该基金将供各邦执行联邦政府确定的优先事项（如提供卫生设施和厕所、自行车、有条件的现金援助等），资金还将使各邦加强有效的社区干预措施，解决当地女性在接受教育时遇到的具体障碍。还有建立免费寄宿设施，特别是为社会经济地位低的女童做出针对性安排。

（3）特殊需要儿童的教育。确保残疾儿童平等接受从基础教育到高等教育的国家教育也是优先事项之一。2016 年颁布的残疾人权利法案将全纳教育定义为一种包容的教育体系，残疾学生和健全学生一起学习，教学体系应当适当地适应不同类型残疾学生的学习需求，目标是建立一个接受全纳教育的社区，努力在综合的基础上为身体和心理有缺陷的儿童提供整体教育。实施全纳教育的关键在于在那些支持特殊需要儿童的中小学建立资源中心，学校应当提供资源协助残疾儿童融入社会，招聘更多特殊教育工作者。

（4）校园文化。实现上述包容和公平的教育，还需要改变学校文化。学校教育系统的所有参与者，包括教师、校长、行政人员、后勤人员，都应当对所有学生的要求保持敏感性，维护所有学生的尊严和尊重他们的隐私。包容和公平应当成为教师、学校领导、行政和其他人员培训的关键方面。通过教师、训练有素的社会工作者和辅导员带来这种新的学校文化，通过相应的改变引入包容性的学校课程，课程材料要贯穿尊重、同理心、宽容、人权、性别平等、非暴力、全球公民、包容和公平等各项主旨，移除任何偏见和刻板印象，还应包括有关各种文化、宗教、语言、性别认同等更详细的内容，以促进对多样性的尊重。

三、强力推进高等教育国际化，提升国际影响力

随着全球化进程步入新的阶段，世界的相互联系与相互依赖程度前所未有，全球化社会的冲突和矛盾也同时加剧，全球化的新范式不断孕育，国际化会向更深入、更广泛的方向继续推进，从而拓展、深化对高等教育国际化的理解和实践，提升印度高等教育的国际影响力是印度政府下一步的努力方向。

（一）提出高等教育国际化的新方向

《国家教育政策 2020》对高等教育的国际化安排主要包括以下内容。

（1）在线教育促发展。2020年全球新冠肺炎疫情使在线教育成为重点发展的新行业，为促进在线教育，该政策提出了一套全面的建议，以确保无论何时何地，在传统面授的教育方式无法实现的情况下，都能采用替代的优质教育模式。联邦教育部将设立一个专责小组，负责统筹数码基建、数码内容及能力建设，以照顾各级各类教育的电子教育需要，安排跨学科的课程和教学方法，课堂教学、在线教学、开放远程模式以及学生支持等都将以达到全球质量标准为目标。

（2）跻身全球留学目的地。吸引更多的国际学生到印度学习，并为印度的学生提供更大流动性，承认国外大学取得的学分，适当情况下可以根据每个高等学校的要求授予学位。促进高质量的居住设施建设，在各高校设立留学生办公室，协调接待和支持留学生的各项事宜，加强印度机构与全球机构之间的科研、教学合作和师生交流，签署更多互利的合作协议。

（3）鼓励印度大学到海外办学和外国教育机构到印度办学。鼓励高水平的印度大学在其他国家建立分校，同样鼓励全球优质的高等教育院校（如世界前100名的大学）来印度办学。促进相关事项的立法工作，使这些外国大学在监管、管理和内容规范方面获得与印度其他自治机构同等的权利。这一政策得到国际的关注。

（4）输出印度文化。《国家教育政策2020》强调民族意识，尤其重视母语或地方语言的重要性，在高等教育阶段鼓励外国学生参加诸如印度学、印度语言、瑜伽、艺术、音乐、历史、文化和现代印度等学科的课程和项目，开设各个层次融合印度文化的课程。

（二）加强与中国的教育交流与合作

中印两国高等教育交流与合作经过多年发展，取得了可喜的成绩：中印双边搭建了高等教育交流合作平台，如中印教育与科技联盟、中印大学校长论坛等；进入21世纪，双方人员流动也日益频繁，印度一直位列来华留学生生源国前列，随着"一带一路"构想的推进，来华留学已经成为印度学生国际流动的新方向；共建了中印高等教育交流与合作载体，主要包括中印合作办学项目及印度孔子学院；互相开展对方国家语言教学，互设国别研究中心，增进两国理解，加强沟通。①

长期以来，由于受到国际政治关系、各自国家的教育政策、整体经济发展水平和历史文化等综合因素的影响，中印两国的教育交流在曲折中前行。作为"一带一路"沿线的重要国家，从中印双边关系来看，印度和中国人文交流与合作的压力，尤其是教育方面的压力要远远小于政治、经济等方面的压力，但两国之间的教育交流与合作仍面临着不少困难。为了克服两国高等教育交流与合作存在的障碍和问题，需要从两国政府、高校及民间力量多方面发力。

（1）构建中印教育交流与合作的机制和平台。尽管中印目前有一些平台，但尚未形成稳定的教育交流合作机制。因此，可以从高层交往入手，开创两国教育高层交往新模式，加强政府间交流与合作沟通。如两国教育部定期举办"教育部长会议"，交流两国高等教育发展情况，明确两国高等教育交流合作的方向；制订"中印高等教育合作计划"，签订"中印学历互认协议"等，深入推进两国教育政策互通。此外，进一步建立多领域合作平台，签署更多的双边、多边教育合作框架协议，谋求两国高等教育领域深度交流与合作，还可以在平等互利基础上，通过公私双方合作模式引入更多社会力量参与。

（2）继续加强人员流动，重视双方学生的互访互动。在进一步推进中印两国人员往来过程中，我国既要继续吸引更多的印度学生来华留学，同时还要鼓励中国学生赴印度留学，坚持人才"引进来"与"走出去"并举。一方面，我国要不断提升留学教育质量，完善本国留学生教育体系及留学生奖学金体系，以吸引更多的印度学生来华留学，为"一带一路"建设培养更多知华友华的建设者。另一方面，我国还要加大对印度教育及高校的宣传力度，以国家公派留学为引导，自费留学为主体，鼓励更多的中国学生走出国门。同时，在印度设立中国留学人员管理服务基地，保障中国留学生在印度的学业进展及人身安全。

（3）双方开展正面宣传和引导，鼓励两国高校开展直接合作。印度政

---

① 刘婷."一带一路"构想下中印高等教育交流与合作新方向［J］.大学教育科学，2017（4）：53-56.

府和民间的研究专家非常关注中国的发展动态，但这些人大部分不通汉语，高度依赖英文媒介，不可避免地受到西方观念的影响，很多印度学生来华之后，发现真实的中国与本国的媒体宣传有天壤之别。[①] 因此，两国都应该开展正面的宣传和引导，通过政府和民间的多种渠道，加强对对方的经济、技术、社会的客观报道和正面宣传，鼓励两国高校开展学生互换项目，开发短期游学项目，互相提供专业信息和招生入学信息，推动高校之间直接合作，这样才有助于双方走出刻板印象，看到对方的优势和潜力。

四、优先培养技能人才，大力发展职业教育

经济社会的发展新态势对技能人才的数量和质量都提出了更高的要求，印度也认识到了技能对于未来发展的重要性，提出了"技能印度"，把印度打造成"世界技能之都"等口号，对职业教育的发展提出了新的希冀与要求。据世界银行估计，2020—2040 年，印度 15~59 岁人口将从 8.85 亿增加到 10.8 亿。未来 10 年，印度新增劳动力人口将占到整个亚洲劳动力增幅的一半以上。而对印度政策制定者来说，一个重大的挑战是为新进入劳动力市场的印度人创造就业机会。[②] 发达国家超过 50% 的人口都受过正规职业教育与培训，而印度接受过正规培训的劳动人口只有 2.74%。[③] 为应对这一挑战，大力发展职业教育和优先培养技能人才是印度当前最佳的选择。

（一）提升职业教育的社会地位

一直以来，印度职业教育质量一般，存在种种问题，以致造成"职业教育不如普通教育，并且主要是针对那些无法应对主流教育的学生"的错误的社会观念，影响着职业教育的普及与发展。因此，发展职业教育的首要任务是改变人们对职业教育的错误认识，提升职业教育的社会地位。

2015 年，印度的国家技能开发和创业政策发布，该政策核心在于使每

① 吴霓，杨薇."一带一路"视域下中印留学生教育的发展历程与未来趋势［J］.河北师范大学学报（教育科学版），2020（3）：74-82.

② 殷怡.德勤：印度未来十年劳动力人口将大增 创造就业仍是挑战［EB/OL］.（2017-09-19）［2020-12-03］.https：//www.yicai.com/news/5347041.html.

③ 2020：Annual report，periodic labour force survey July 2018 – June 2019［EB/OL］.［2020-05-21］.http：//mospi.nic.in/sites/default/files/Annual_Report_2020_21_Eng.pdf.

个人认识到自己的潜能，通过职业教育为劳动者赋能。在政策文件中，印度政府进一步提出了职业教育的愿景：为了确保印度所有人过上可持续的富裕生活，保障公民充分就业，需要营造基于创业精神的创新文化，同时加速开展大规模高标准的技能培训，构建为职业教育赋能的生态环境。[①] 该政策明确了职业教育的价值与作用，为职业教育正名。《国家教育政策2020》则提出了职业教育的发展总目标，即到2025年，中等教育和高等教育系统中至少有50%的学生接受职业教育。通过大幅度提升接受职业教育的学生比例，可以在一定程度上改变学生及家长对于职业教育的认识和态度。

（二）制订系列政策文件，推进国家技能发展战略

除了三项国家教育政策以外，印度针对职业教育还出台了一系列相关的政策，2009年印度发布了第一个国家技能开发政策，规划到2022年为5亿名年轻劳动者提供必要的培训。2013年，印度发布国家技能资格框架。[②]2020年12月，联合国教科文组织新德里办公室发布了《职业教育优先：印度2020年职业教育报告》。[③]该报告分为报告背景、简介，职业教育与培训（TVET）的政策，进展与成就，挑战与困难，未来举措，结论与建议，共6个部分，全面梳理了印度职业教育发展的现状与挑战，通过案例分析的形式给出未来发展的路径。

为应对种种挑战，印度职业教育的研究者和实践者在报告中展望了未来发展的趋势和方向，提出了以下建议[④]：

（1）为所有的学习者提供职业倾向测试、职业生涯咨询和指导。

（2）对于那些从未有过就业经历，从未参加过教育或者培训的人来说，

---

① National policy on skill development and entrepreneurship［EB/OL］.［2020-12-03］. https：//www. msde. gov. in/reports-documents/policies/national-policyskilldevelopment-and-entrepreneurship-2015.

② National skills qualification framework（2013）［EB/OL］.［2020-12-03］. https：//www. nsda. gov. in/nsqf. html.

③ WADIA L C, DABIR N. Vocational education first：state of the education report for India 2020：technical and vocational education training（TVET）［R/OL］.［2020-12-03］. https：//unesdoc. unesco. org/ark：/48223/pf0000374969.

④ 王静. 职业教育优先：联合国教科文组织《印度2020年职业教育报告》解读［J］. 中国职业技术教育，2021（21）：65-73.

不仅要指导他们获取谋生手段，而且要给他们提供系统的教育，以使他们达到国家技能资格框架恰当级别的要求。

（3）政府给个人发行技能券，让印度的年轻人用技能券购买 TVET 课程，规范质量保证框架，让学习者自主选择课程，倒逼课程质量的提高。

（4）为配合国家教育政策所倡导的学术学分银行，配套建立技能学分银行，实施技能卡制度，以便学习者在终身学习中能够积累学分，得到更高的学位或者晋升到更高的级别。

（5）打通所有职业教育学生进入高等教育的通道，达到纵向衔接、横向贯通的目的，辅之以必要的桥梁课程，并依据资历框架的恰当使用，使得普职融合。

五、全面推动教育信息化，促进现代教育管理

20 世纪 80 年代，中国已经提出了非常清晰明确的信息和通信技术（Information and Communication Technologies，ICT）计划或政策，而印度较中国起步晚。为了促进 ICT 的普遍使用，印度所有的邦都在依据国家政策的基础上致力于研制教育信息化发展规划。

（一）基础教育的信息化

2012 年，印度开始在中小学实施基础教育信息化国家政策，旨在为所有学生和教师创造一个有益的环境，提供一个通用、公平、开放和自由的通道，并通过适当利用 ICT，促进社会各界的广泛参与。政府不仅需要长期提供计算机等基础设施，还需要提供资金、电力以及与信息技术相关的所有数字资源。另外，印度正在建立国家教育共享网络，已经有千所大专及四五百所大学加入了这一网络，教师们也充分认识到要最大化地利用共享资源。

基础教育的信息化更需要依靠教师的信息技术运用能力，印度虽然是信息技术大国，但在中小学教育领域，印度对信息技术的应用不够重视。进入 21 世纪，随着信息化社会的来临，印度认识到加强中小学信息技术教学的重要性，因此将计算机教育写入全国教学大纲，全国几千所中小学纷纷开设计算机课程。2004 年，为了进一步实施和落实信息化教育政策，印度启动了学校信息通信技术计划。该计划由人力资源开发部提供资金支持，

各邦主持运行、规划，逐步完成以下四项任务：向中小学提供计算机辅助教育，建立智能学校作为示范学校，开展提升教师信息化教学能力的培训，开发电子教材。

未来印度实现基础教育信息化将从以下几个方面与各方力量加强合作：第一，加强国家各个机构之间的合作，不单单与政策决策者合作，还需要加强与私营部门或其他机构的合作，从而获得利益机构或利益相关方的反馈；第二，加强教师和教育者的能力建设，尤其是 ICT 方面的能力；第三，集中方法，持续努力；第四，面向世界。[①]

（二）高等教育的信息化

互联网技术的日新月异有力地促进了远程教育项目的发展，印度相关机构和组织通过远程和混合模式在内部培训和教育项目上投入了大量资金。随着在线论坛的出现，远程教育的普及程度进一步提高。从课程形式上看，远程开放学习（Open and Distance Learning，ODL）为增加高质量高等教育机会提供了新的途径。跨学科的项目、课程、教学法（包括课堂上和 ODL 模式下的课程）以及学生的支持，都必须达到全球质量标准，这也有助于吸引更多的国际学生前来印度学习，并为希望去国外访问、学习、转换学分或进行研究的印度本土学生提供更大的流动性。为充分利用信息化技术的潜力，未来要进一步扩大和加强 ODL 的应用，鼓励印度高等教育机构将 ODL 计划的覆盖范围扩大，以满足国内和海外的需求。

印度大学也可以考虑对各学科开设在线和混合学习课程，扩大在印度和国外的影响力，还可以向所有感兴趣的高等教育机构提供必要的软件和资金支持。混合学习方式的灵活性使更多学生可以接受高等教育。许多国外大学拥有优质丰富的在线教育资源，通过革新技术，印度的高等教育资源得到补充，MOOC（慕课）就是典型的例子。印度是仅次于美国的 MOOC 学习第二大国，对于更具技术性的 MOOC 课程的需求日益增长，印度的教育机构已经开始参与印度 MOOC 的开发，并与大型外国提供商合作。例如，edX 是麻省理工学院和哈佛大学联合创建的大规模开放在线课堂平台，印度理工学院孟买分校与 edX 开展了合作，为工程学教师培训提

---

① 德希穆克.印度基础教育信息化［J］.世界教育信息，2013（20）：11-12.

供课程。2020 年印度政府首次允许大学提供完全的在线学位，大型 MOOC
提供商 Coursera 和 edX 都表示希望扩大在印度的现有业务，并与当地机构
进行更深入的合作。外国大学可以通过印度的教育机构，将充满活力的课
堂体验与全面的在线学习结合起来。外国大学和印度机构联合管理这些项
目，跨境教育的远程项目得到稳步发展。

（三）教育治理信息化

在实现多元主体共治之路上，政府、学校和来自社会的各主体相互支
持协作，优化各部门职能。信息化手段为教育治理提供了技术支持，E 治
理正是印度政府大刀阔斧进行治理信息化改革过程中领衔教育治理的重要
举措。E 治理即电子治理，是信息技术在治理范畴内的应用，也是实现智
能化治理的有效手段，其中"智能"指的是简单、道德、负责、响应及透明。

印度政府给予 E 治理极高关注，已经在这方面采取了许多行动，E 治
理行动计划是印度制订的多项长期计划之一，于 2003—2007 年成功实施。
除此之外还有其他举措，如 2000 年制定的信息技术法为所有涉及电子化活
动的教育治理提供法律框架，E 治理中心、电子办公室的建立成功联结了
地方、各邦及联邦的所有管理部门。具体到教育治理方面，印度也实施了
多项教育 E 治理项目，如基础教育信息化方面 Vidya Vahini 项目。该项目
2001 年由政府和一个非政府组织"Shiksha India"合作发起，最初的目标是
为印度的中小学配备充足的电子教学设备，随着项目的逐渐深入，其更加
针对农村及偏远地区的教育服务 E 治理。E 治理是印度教育治理改革的重
点方向，印度已经有了一些初步计划：广泛应用 ICT 进行学校教育管理（如
教师缺勤、教师短缺和基础设施缺口等相关问题）；进一步健全数据系统，
收集和发布教育过程的所有相关数据，增强邦、县、区不同利益相关者通
过数据分析采取干预措施的能力；努力提高社区参与治理的信息化水平，
升级并配备更多设施，使更多社区可以通过信息化手段配合学校教育。

经过独立后七十多年的发展，印度教育取得了世界瞩目的成绩，呈现
出重视传统文化、语言教育复杂多样、理工学院独树一帜、附属学院规模
庞大的印度特色，形成了弥足珍贵的经验：优先发展教育，构建立体的教
育治理体系，长期重视教育公平，国家教育政策指引教育发展。作为人口

数量巨大的发展中国家，印度教育也存在着问题和挑战，如义务教育辍学率较高，高等教育缺乏国际吸引力，职业技术教育发展不尽如人意，教育公平的成效未达预期等。

立足发展成就，直面现存不足，21 世纪以来印度一直注重教育改革，先后通过了普及初等教育计划、《儿童免费义务教育权利法》、中等教育普及计划，接连推出了多个世界一流大学建设计划，加快迈向世界教育强国的步伐。尤其是莫迪 2014 年担任总理后，积极谋划教育的全方位变革，并于 2020 年 7 月发布《国家教育政策 2020》，目的是将印度建成一个拥有健全教育体系的知识型社会和全球知识超级大国，到 2040 年拥有世界一流教育体系。该政策遵循世界教育发展的价值理念，重构中小学学制，将以往的"10+2"转变为现在的"5+3+3+4"，分别为基础阶段、预备阶段、初中阶段、高中阶段，中小学教育阶段聚焦培养 21 世纪核心能力；加强高等教育管理，打造跨学科的高等学校，以跨学科人才培养为目标。应当说，《国家教育政策 2020》为印度未来教育的发展勾勒了美好蓝图，但根据国际和印度国内形势，2040 年建成世界一流教育体系仍然是任重而道远。

参考文献

［1］赵中建.战后印度教育研究［M］.南昌：江西教育出版社，1992.

［2］姚卫群.印度宗教哲学概论［M］.北京：北京大学出版社，2006.

［3］孙士海，葛维钧.印度［M］.北京：社会科学文献出版社，2003.

［4］马加力.当今印度教育概览［M］.郑州：河南教育出版社，1994.

［5］瞿葆奎.印度、埃及、巴西教育改革［M］.北京：人民教育出版社，1991.

［6］王长纯.印度教育［M］.长春：吉林教育出版社，2000.

［7］赵中建，等.印度基础教育［M］.广州：广东教育出版社，2007.

［8］张双鼓，薛克翘，张敏秋.印度科技与教育发展［M］.北京：人民教育出版社，2003.

［9］霍力岩，等.美、英、日、印四国学前教育体制的比较研究：下［M］.北京：北京师范大学出版社，2013.

［10］安双宏.印度教育战略研究［M］.杭州：浙江教育出版社，2013.

［11］吴式颖.外国现代教育史［M］.北京：人民教育出版社，1997.

［12］徐辉.中等教育考试政策与实践：美、英、日、俄、印、中六国的比较研究［M］.重庆：重庆大学出版社，2012.

［13］王英杰，曲恒昌，李家永.亚洲发展中国家的义务教育［M］.北京：人民教育出版社，1997.

［14］李继延，等.中外职业教育体系建设与制度改革比较研究［M］.上海：复旦大学出版社，2014.

［15］冯增俊.当代国际教育发展［M］.上海：华东师范大学出版社，2002.

［16］杨洪.印度弱势群体：教育与政策［M］.北京：人民出版社，2011.

［17］王晓辉.比较教育政策［M］.南京：江苏教育出版社，2009.

［18］萨默瓦，波特.文化模式与传播方式：跨文化交流文集［M］.麻争旗，田刚，王之延，等译.北京：北京广播学院出版社，2003.

［19］荀渊，唐玉光.教师专业发展制度［M］.北京：教育科学出版社，2011.

［20］德布.印度理工学院的精英们［M］.黄永明，译.北京：北京大学出版社，2010.

［21］安双宏，李娜，王占军，等.印度教育公平战略及其实施成效研究［M］.杭州：浙江大学出版社，2015.

［22］林承节.印度史：修订本［M］.2版.北京：人民出版社，2014.

［23］朱昌利.当代印度［M］.昆明：云南大学出版社，2016.

［24］朱占府.拉吉夫·甘地：尼赫鲁家族第三代总理［M］.北京：光明日报出版社，1991.

［25］萨利莫娃，多德.国际教育史手册［M］.诸惠芳，方晓东，邹海燕，译.北京：人民教育出版社，2012.

［26］方立天.佛教哲学［M］.北京：宗教文化出版社，2013.

［27］易宁.走进古印度文明［M］.北京：民主与建设出版社，2001.

［28］王树英.中印文化交流［M］.北京：中国社会出版社，2013.

［29］马骥雄.外国教育史略［M］.2版.北京：人民教育出版社，1993.

［30］袁振国.对峙与融合：20世纪的教育改革［M］.济南：山东教育出版社，1995.

［31］王建梁.印度教育治理研究［M］.武汉：湖北教育出版社，2020.

［32］朱勃，等.印度比较教育学：启发提问［M］.北京：北京师范大学出版社，1986.

［33］曾向东.印度现代高等教育［M］.成都：四川大学出版社，1987.

［34］王燕.G20成员教育政策改革趋势［M］.北京：教育科学出版社，2015.

［35］徐辉，任钢建.六国普及高中教育政策与改革的国际比较［M］.北京：教育科学出版社，2010.

［36］杨洪，车金恒.印度教育制度与政策研究［M］.北京：人民出版社，2020.

［37］单中惠.教师专业发展的国际比较［M］.北京：教育科学出版社，

2010.

［38］安双宏.印度高等教育：问题与动态［M］.哈尔滨：黑龙江教育出版社，2001.

［39］吕美妍.印度初等教育普及计划（SSA）实施成效研究［D］.长春：东北师范大学，2017.

［40］马月.教育政策中的博弈决策分析模型：以印度《1986年国家教育政策》为例［D］.徐州：江苏师范大学，2018.

［41］刘媛媛.当代印度基础教育课程改革研究［D］.南京：南京师范大学，2008.

［42］顾静.印度职前教师教育课程设置研究［D］.重庆：西南大学，2012.

［43］钱隽至.印度教师教育认证制度研究［D］.武汉：华中师范大学，2020.

［44］潘巍巍.英语在亚洲的传播研究［D］.北京：北京外国语大学，2016.

［45］刘筱.印度学制改革探析［J］.教育评论，2013（2）：165-167.

［46］赵中建.印度的教育制度及其存在的问题［J］.比较教育研究，1986（6）：14-17.

［47］施晓光.印度高等教育政策的回顾与展望［J］.北京大学教育评论，2009（2）：118-129.

［48］郑名，华立.印度ICDS项目及其对我国学前教育发展的启示［J］.民族教育研究，2012（1）：83-87.

［49］苏若菊.印度《早期儿童教育课程框架（草案）》解析与启示［J］.教育评论，2016（7）：158-161.

［50］齐晓恬.美、英、印三国学前教育财政投入的保障机制特点分析［J］.河北师范大学学报（教育科学版），2012（6）：73-78.

［51］杨红霞.印度政府对私立中小学的资助及其启示［J］.华中师范大学学报（人文社会科学版），2008（5）：135-140.

［52］石隆伟，孙宏愿，王娟.面临挑战不懈改革：印度"十一五"规划初等教育发展战略探析［J］.西南大学学报（社会科学版），2011（3）：

73-77.

　　［53］于海英，陈敏.印度初等教育教师质量监控政策研究［J］.外国中小学教育，2017（8）：42-48.

　　［54］阚阅.公平与积极的反歧视：印度义务教育均衡发展策略透析［J］.比较教育研究，2011（8）：60-64，81.

　　［55］孔令帅.教育均衡发展与政府责任：试论印度政府在基础教育均衡发展中的作用［J］.比较教育研究，2010（5）：48-52.

　　［56］"完善农村义务教育财政保障机制"课题组，刘艳华.印度20世纪50年代以来的义务教育普及与保障情况［J］.经济研究参考，2005（46）：42-54.

　　［57］乌马洛夫.印度的教育政策［J］.比较教育研究，1981（4）：56-58.

　　［58］赵中建.中印教育发展的若干比较［J］.教育评论，1996（2）：46-48.

　　［59］谷峪，邢媛.印度农村基础教育述评［J］.外国教育研究，2004（3）：7-9，64.

　　［60］安双宏.印度教育近况［J］.比较教育研究，1997（5）：55-56，54.

　　［61］杨红霞.印度私立中小学政府管制的问题与启示［J］.外国教育研究，2008（5）：43-48.

　　［62］张学强，张晓冬.印度公私立学校的比较分析［J］.外国教育研究，2006（3）：26-29.

　　［63］顾静.印度高中的课程设置及其启示［J］.教学与管理，2013（16）：86-88.

　　［64］袁琳，杨茂庆.印度高中课程改革的经验与发展趋势［J］.比较教育研究，2011（5）：11-14.

　　［65］翟俊卿，袁靖.印度职业教育的新变革：解读"新中等教育职业化计划"［J］.职业技术教育，2018（24）：72-77.

　　［66］屈书杰.印度中等职业技术教师教育管窥［J］.比较教育研究，2013（2）：92-96.

［67］王建梁，武炎吉.印度高等教育结构：现状、评价及反思［J］.世界高等教育，2020（1）：67-78.

［68］王文礼.独特的存在：印度名誉大学的发展与嬗变［J］.比较教育研究，2016（9）：99-105.

［69］AGARUAL P.印度私立高等教育的新动向：私立名誉大学的崛起［J］.教育发展研究，2007（20）：86-87.

［70］王铄.远程高等教育中的信息通信技术应用：基于印度SCDL个案分析［J］.世界教育信息，2015（9）：38-42.

［71］钱雪梅.试论印度的地区研究：以公立大学为例［J］.国际政治研究，2016（5）：67-85.

［72］万大林.探索培养国际一流人才之路：印度英语教育的启示［J］.课程·教材·教法，2004（9）：84-89.

［73］刘淑华，王旭燕.印度高等教育大众化进程中的经费来源渠道探析［J］.外国教育研究，2016（3）：69-81.

［74］安双宏.印度高等教育的经费紧缺及其对策［J］.外国教育研究，2001（3）：47-51.

［75］范静.印度高校亟需招募30多万教师［J］.世界教育信息，2011（10）：79.

［76］李建忠.印度高校教师的工资制度及特点［J］.外国教育研究，1998（5）：44-47.

［77］王文礼.致力于大学教师的成长：印度大学教师发展中心的运行机制和培训模式［J］.外国教育研究，2016（5）：69-80.

［78］王丽华.印度现代职业教育体系及其特征［J］.职业教育研究，2015（10）：87-92.

［79］韩静，张力跃.经济强劲背后的冷思考：印度职业教育发展困境及其政府改革措施［J］.职业技术教育，2016（9）：68-73.

［80］彭慧敏.印度职业教育现状及发展动因［J］.职业技术教育，2007（4）：89-91.

［81］胡启明.印度职业学士学位设置述评［J］.学位与研究生教育，2014（12）：64-67.

［82］王娟，李晓彤.印度职业技能资格框架的特征与启示［J］.职教论坛，2020（8）：159-166.

［83］屈书杰，孙慧佳.印度职业教育的发展困境及其出路［J］.河北大学学报（哲学社会科学版），2011（2）：54-58.

［84］马俊红，姜君.印度教师教育学院及其对我们的借鉴意义［J］.教书育人，2011（15）：28-29.

［85］胥珍珍.印度教师教育的结构、课程及有关问题［J］.师资培训研究，2000（3）：50-54.

［86］宋晓华.印度高中教师教育课程设置及启示［J］.世界教育信息，2005（3）：20-22.

［87］杨洪.印度教师的地位［J］.贵州教育学院学报（社会科学），2002（5）：20-23.

［88］王玲，任启平.印度独立后中小学教师社会地位保障策略分析［J］.外国教育研究，2020（12）：11-24.

［89］廖波.印度的语言困局［J］.东南亚南亚研究，2015（3）：77-80.

［90］李娜，万秀兰.印度高等教育公私合作伙伴关系模式发展的动因、机遇与挑战［J］.黑龙江高教研究，2017（12）：60-64.

［91］安双宏.印度教育发展的经验与教训［J］.教育研究，2012（7）：130-133.

［92］安双宏.印度基础教育发展热点问题评析［J］.教育发展研究，2010（4）：72-75.

［93］石水海.印度基础教育存在的问题与应对措施［J］.世界教育信息，2013（8）：48-51.

［94］沈有禄，谯欣怡.印度基础教育投资政策存在的问题及均衡策略［J］.比较教育研究，2012（2）：70-75.

［95］马君.印度高等教育面临的挑战及应对策略：基于印度"高等教育第十二个五年规划"（2012—2017）的分析［J］.高教探索，2014（3）：65-70，76.

［96］刘婷.印度高等教育国际化历史、现状及特点［J］.世界教育信息，

2016（18）：57-61.

［97］施晓光.印度教育"保留政策"问题探析［J］.比较教育研究，2008（10）：46-50.

［98］安双宏.印度女性接受高等教育的机会［J］.比较教育研究，2001（7）：19-23.

［99］刘婷."一带一路"构想下中印高等教育交流与合作新方向［J］.大学教育科学，2017（4）：53-56.

［100］向元钧."一带一路"背景下中印教育交流合作［J］.南亚研究季刊，2020（4）：71-76.

［101］吴霓，杨薇."一带一路"视域下中印留学生教育的发展历程与未来趋势［J］.河北师范大学学报（教育科学版），2020（3）：74-82.

［102］德希穆克.印度基础教育信息化［J］.世界教育信息，2013（20）：11-12.

［103］王建梁，刘海洋.印度自治学院的发展历程、困境及展望［J］.河北科技大学学报（社会科学版），2020（2）：92-98.

［104］王建梁，王秀文.印度未来20年教育发展的战略指引：基于对印度《国家教育政策（2020）》的分析［J］.清华大学教育研究，2021（2）：106-116.

［105］褚宏启.教育治理：以共治求善治［J］.教育研究，2014（10）：4-11.

［106］东洪平，陆吉健，张维忠.印度初级小学数学教学大纲评介［J］.数学教育学报，2016（1）：10-14.

［107］张晓卉，解月光，董玉琦.印度中小学信息技术课程新世纪发展：以IITB的"学校计算机科学课程模型"为例［J］.中国电化教育，2013（10）：24-29.

［108］安双宏.印度政府对高等教育的管理［J］.比较教育研究，2006（8）：35-38.

［109］安双宏.印度大学拨款委员会及其对我们的借鉴意义［J］.比较教育研究，2003（12）：55-58.

［110］李雁南，王文礼.印度大学拨款委员会的建立及意义［J］.现代

教育科学，2015（2）：158-162.

　　［111］戚兴宇，谢娅.印度政府与大学的关系及启示［J］.南亚研究季刊，2010（2）：88-93.

　　［112］安双宏.论印度普通大学内部管理的特色［J］.比较教育研究，2005（8）：13-16，23.

　　［113］杨秀治，何倩.印度创建世界一流大学政策研究［J］.比较教育研究，2016（6）：15-21.

　　［114］李英.印度教师教育的历史变迁及主要特点［J］.教师教育学报，2014（2）：101-108.

　　［115］肖乃涛，陈廷柱.一流大学"双重自治"探析：基于印度理工学院治理结构的考察［J］.江汉学术，2020（1）：76-84.

　　［116］荣黎霞.发展中国家如何致力于更加公平的教育：以印度和南非为例［J］.比较教育研究，2007（2）：1-5，92.

　　［117］周满生.国际竞争视角下中、印、美的教育创新与人才培养［J］.北京大学教育评论，2007（3）：157-166.

　　［118］王静.职业教育优先：联合国教科文组织《印度2020年职业教育报告》解读［J］.中国职业技术教育，2021（21）：65-73.

　　［119］CHOUDHARY S K. Higher education in India：a socio-historical journey from ancient period to 2006-07［J］. Journal of Educational Enquiry，2008（1）：50-72.

　　［120］KINGDON G G . The progress of school education in India［J］. Oxford Review of Economic Policy，2007（2）：168-195.

　　［121］VARGHESE N V. DPEP：logic and logistics［J］. Journal of Educational Planning and Administration，1994（4）：449-455.

　　［122］DAS M N. Comparative study on objectives and curriculum of secondary education between India and Germany［J］. International Journal of Informative Futuristic Research，2015（8）：2570-2576.

　　［123］ANSARI A A. Challenges and opportunities of secondary education in India［J］. Journal of Information and Computational Science，2020（7）：188-200.

[124] PODDAR R. Status of secondary education in India: an analysis [J].
Shodh Sarita, 2018 (13): 51−54.

[125] RAVI N. Structure and organization of higher education in
India: a macro-perspective [J]. Indian Journal of Educational Studies: An
Interdisciplinary Journal, 2015 (1): 24−29.

[126] THUNE T, WELLE-STRAND A. ICT for and in internation-
alization processes: a business school case study [J]. Higher Education, 2005 (4):
593−611.

[127] KALE P. The guru and the professional: the dilemma of the
secondary school teacher in Poona, India [J]. Comparative Education Review,
1970 (3): 371−376.

[128] BHATTA C P. Holistic personality development through educat-
ion: ancient Indian cultural experiences [J]. Journal of Human Values, 2009 (1):
49−59.

[129] MURTHY N S R. The history of English education in India:
a brief study [J]. Journal for Research Scholars and Professionals of English
Language Teaching, 2018 (10): 1−7.

[130] KAUR S, SINGH K. Comparative analysis of universal primary
education policy and progress in India and Sri Lanka in the era of globalization [J].
Journal of Education and Practice, 2020 (8): 28−38.

[131] MITRA S K. Internationalization of education in India: emerging
trends and strategies [J]. Asian Social Science, 2010 (6): 105−110.

[132] MURALIDHARAN K, DAS J, HOLLA A, et al. The fiscal cost
of weak governance: evidence from teacher absence in India [J]. Journal of
Public Economics, 2017, 145: 116−135.

[133] AITHAL P S, AITHAL S. Implementation strategies of higher
education part of national education policy 2020 of India towards achieving its
objectives [J]. International Journal of Management, Technology, and Social
Sciences, 2020 (2): 283−325.

[134] DWIVEDI R, NAITHANI A. Primary education in India: role

and responsibilities of school management committee (under right to education act)[J]. Management Insight, 2015 (1): 6-15.

[135] RAJARAMAN V. Undergraduate computer science and engineering curriculum in India [J]. IEEE Transactions on Education, 1993 (1): 172-177.

[136] ALTBACH P A. India's higher education challenges [J]. Asia Pacific Education Review, 2014 (4): 503-510.

[137] KUMAR R V R. Engineering education in India-quality concerns and remedial measures [J]. Journal of Technical Education, 2007 (3): 73-90.

[138] SHARMA P, PANDHER J S. Quality of teachers in technical higher education institutions in India [J]. Higher Education, Skills and Work-based Learning, 2018 (4): 511-526.

后 记

研究印度教育到底有什么意义？自从最近几年，选择了印度教育作为国别研究的重点对象之后，这是我遭遇最多的问题。不仅是比较教育学科之外的人这样问，比较教育学科的不少同行也这样问，这样问题的潜台词就是"印度不如我国，研究印度根本没有什么学习的价值"。个人认为如此想法，反映的是有些人所持的实用主义态度。其实，印度与我国国情具有很多相似之处：同为世界四大文明发源地之一；近代同被西方资本主义国家侵略，印度1947年独立、1950年成立共和国，我国1949年成立中华人民共和国；同为人口大国；同为快速发展的发展中国家；同样在探索迈向现代化的独特道路。因此，印度是非常值得研究的。再者，我国作为负责任的世界大国，习近平总书记提出了构建人类命运共同体，我们有必要对共同体的其他国家和人民有充分的认识。

本书的写作让我体验到了比较教育研究的不易。这是我撰写的第二本印度教育方面的著作（第一本是《印度教育治理研究》，湖北教育出版社2020年6月出版）。在接受书稿写作安排时，本书计划为丛书中第一批交稿，当时我自认为已经有了第一本书稿撰写的经验，加之本书是全方位介绍性质的，对深度的要求并不是那么高，所以就信心满满地一口答应。然而，在写作过程中很快就发现根本不是那么回事，第一本书是专题性质的，只集中在一个领域，本书则是涉及印度教育的方方面面，特别是每一章中课程与教学方面的内容，写起来感觉非常吃力，因为比较教育研究以宏观的教育制度研究为主，多研究他国的教育政策、教育改革，很少涉及教学方面。还有就是因为要全方位地研究印度教育，就要求对印度教育的每一个方面都有细致入微的了解，但可供参考的中文著作不多。再有，比较教育学科的特殊性，要求参考最新资料，这就要求收集、引用印度教育方面的最新资料，众所周知，收集印度教育资料的难度要远大于收集英国、美国等发达国家的资料。以上种种原因导致本书交稿时间比原定时间整整推迟了一年。

本书的撰写要感谢丛书主编北京师范大学王英杰教授和刘宝存教授。

本书是在两位主编直接指导下完成的。在刘宝存教授邀请我参与丛书写作时，我非常高兴地答应了，这不仅是来自学术共同体的认可，更能够督促自己对印度教育的研究，还有就是能尽快让个人的学术成果面世。众所周知，学术成果的出版绝非易事。在丛书编写启动会上，王英杰教授和刘宝存教授提供了一份完善的编写提纲，为各位作者的写作提供了基本依据。初稿完成后，刘宝存教授在百忙之中仔细审阅，保证了书稿的质量。

本书可以说是三木书院师生共同合作的结果，我指导的研究生贡献良多，赵鹤、杨阳、刘海洋、王秀文、卢宇峥、粟嘉敏都多方查找、整理及翻译资料，卢宇峥、刘海洋还花费了大量精力进行了仔细的校对。对他们的辛勤劳动，在此深表感谢！值得一提的是，王秀文、卢宇峥都选择了印度教育作为硕士论文的研究内容。

本书的完成，还要感谢广西教育出版社的领导和编辑的关心和支持。

本书在写作过程中参阅了诸多学者的研究成果，在此表示真诚的感谢！当然，写作是一项遗憾的事业，因为百密难免一疏。本人虽然对印度教育饶有兴趣，但确实因为研究的时间不长，对印度教育之外的历史、政治、经济、社会等所知不多，本书一定会存在不当乃至错误之处，恳请读者批评指正！

王建梁

于武汉三木书斋

2021 年 11 月 18 日